i
imaginist

想象另一种可能

理
想
国

imaginist

Fallout

The Hiroshima Cover-up and the Reporter
Who Revealed It to the World

Lesley M.M. Blume

核爆余波

一位调查记者的无畏追寻
与他震撼世界的广岛真相报道

[美] 莱斯莉·布卢姆 著

李 杨 译

云南人民出版社

Fallout: The Hiroshima Cover-up and the Reporter Who Revealed It to the World
by Lesley M.M. Blume
Copyright © 2020 by Lesley M.M. Blume
Published by arrangement with The Friedrich Agency, through The Grayhawk Agency Ltd.
All rights reserved.

著作权合同登记号：23-2024-096 号

图书在版编目（CIP）数据

核爆余波 ：一位调查记者的无畏追寻与他震撼世界的广岛真相报道 /（美）莱斯莉·布卢姆著 ；李杨译. 昆明 ：云南人民出版社，2025. 2. -- ISBN 978-7-222-23597-7

Ⅰ. E195.2；G212

中国国家版本馆CIP数据核字第2024AH0020号

责任编辑：柳云龙　梁冠男
特约编辑：孔胜楠
封面设计：彭振威设计事务所
内文制作：陈基胜
责任校对：柴　锐
责任印制：代隆参

核爆余波：一位调查记者的无畏追寻与他震撼世界的广岛真相报道

［美］莱斯莉·布卢姆 著　李杨 译

出　　版	云南人民出版社
发　　行	云南人民出版社
社　　址	昆明市环城西路609号
邮　　编	650034
网　　址	www.ynpph.com.cn
E-mail	ynrms@sina.com
开　　本	787mm×1092mm　1/32
印　　张	11.375
字　　数	174千
版　　次	2025年2月第1版第1次印刷
印　　刷	山东韵杰文化科技有限公司
书　　号	ISBN 978-7-222-23597-7
定　　价	68.00元

献给近藤纮子

1945年以来,保护世界免受核弹灭顶之灾的,正是关于广岛核爆的记忆。

——约翰·赫西

目 录

引言 1

第一章 图不尽言 21
第二章 抢先世界 49
第三章 麦克阿瑟的封闭王国 75
第四章 六位幸存者 101
第五章 广岛二三事 139
第六章 引爆 179
第七章 余波 207

后记 251
插图 263
致谢 279
注释 295
译名对照表 347

引言

约翰·赫西（John Hersey）后来表示，曝光隐秘并非他的本意。[1]但在1946年的夏天，正是他亲手揭穿了一件致命性和影响力均在现代历史上位居前列的政府瞒报事件。1946年8月31日，《纽约客》（*New Yorker*）杂志专号刊发了赫西的《广岛》一文。文中，赫西用人类历史上绝无仅有的核爆幸存者中六位代表的证言，向美国人和全世界完整揭示了广岛核战争的可怖真相。

一年之前，也就是1945年8月6日早8:15，美国政府在广岛投放了重量近1万磅[1]、弹壳上写着对天皇不敬之词的铀弹"小男孩"（Little Boy）。那时，就连"小男孩"的

---

[1] 美国在广岛投放的铀弹实际重量为9700磅，约为4.4吨。——译者注（如无特别说明，以下注释均为译者注）

创造者们也不确定，这件尚处于试验阶段的武器究竟能否起效："小男孩"是首个用于实战的核武器，而广岛市民被选作了那不幸的试验品。随着"小男孩"在广岛上空起爆，成千上万广岛市民被活活烧死、被倒塌的建筑砸死或者活埋、被飞溅的碎片击翻。身处核爆震源正下方的人顷刻化为齑粉。很多幸存者受到辐射中毒的折磨，在核爆发生后的数月中大批死去——这样的"幸存"，不知究竟是幸运，还是不幸。

据广岛市最初估算，超过 4.2 万名平民[2]在核爆中死亡。不到一年，这一数字就上升到了 10 万[3]。据后来计算，截至 1945 年年底，约有 28 万人[4]因核爆影响而死，但准确的数字我们可能永远无从知晓。直到今天，广岛的大地上还时常可以挖出人类残骸。[5] "挖地半米见白骨，"广岛县知事汤崎英彦（Hidehiko Yuzaki）说，"我们就生活在白骨之上。不单是（核爆）震中，整个城市都是如此。"[6]

这是一场难以想象的浩劫。即便是核爆发生 75 年后的今天[1]，"广岛"二字给人的印象依旧是烈火熊熊的核弹屠杀，

---

[1] 本书英文原作出版于 2020 年。

仍然让世人不寒而栗。

但惊人的是,在《纽约客》杂志刊发赫西的报道之前,美国政府不仅在广岛核爆发生后大事化小,更成功地隐瞒了核弹长期的致死性放射影响。华盛顿的美国政府官员和对日占领军的军官们压制、管控、编造有关广岛和长崎——美军于1945年8月9日对长崎投放了代号"胖子"(Fat Man)的钚弹——现场情况的报道,直到这两场核爆几乎从媒体头条和公众意识中彻底消失。

最初,美国政府似乎毫不讳言自己拥有了一件新式武器。杜鲁门总统向世界宣布了美国在广岛投放原子弹的消息,他发誓,日本如不投降,将"迎来史无前例的毁灭之雨从天而降"。[7] 杜鲁门总统透露,"小男孩"的爆炸当量相当于2万吨TNT,是迄今为止实战中动用过的最大的炸弹。事先收到总统公告全文的记者和编辑们对此难以置信。时任合众社(United Press)[1] 驻欧洲记者的沃尔特·克朗凯

---

[1] 合众社(United Press,简称"UP"),是美国知名出版人爱德华·威利斯·斯科利普斯(Edward Willis Scripps)于1907年创建的新闻通讯社。1958年,合众社与国际新闻社(International News Service)合并组成合众国际社(United Press International,简称"UPI")。合众国际社自20世纪70年代以来陷入经营困境,并于1982年后几经易主。

特[1]后来回忆,他收到巴黎发来的关于原子弹的简报时认为,"显然……那些法国电报员搞错了。于是我把数字改成了20吨TNT"。很快,随着最新消息传来,"我才清楚地意识到是我搞错了"。[8]

乍看之下,媒体对于广岛和长崎命运的报道似乎是充分、全面的。随着世界进入原子时代的深远影响为公众所识,全球各地的编辑和记者们意识到,原子弹不仅是这场战争中的一大新闻,更是人类历史上的重大事件。经过了几个世纪对威力更强、效率更高的杀人机器的孜孜以求,人类终于找到了可以彻底摧毁自身文明的手段。正如E.B.怀特[2]在《纽约客》中撰文写道,人类"盗取了天机"。[9]

但事发多个月之后,靠着一位年轻美国记者和他的编

---

[1] 沃尔特·克朗凯特(Walter Cronkite, 1916—2009),美国记者、电视新闻节目的开创者,曾长期担任哥伦比亚广播公司(CBS)晚间新闻主持人,被誉为"美国最受人信赖的人"(the most trusted man in America)。克朗凯特1937年成为合众社新闻编辑,1941年作为合众社特派战地记者报道北大西洋战事,战时先后报道了德国对伦敦的空袭、入侵北非、盟军诺曼底登陆、纽伦堡审判等重大历史事件,并于1946年到1948年间担任合众社莫斯科分社社长。

[2] E.B.怀特(E.B.White, 1899—1985),全名埃尔温·布鲁克斯·怀特(Elwyn Brooks White),美国当代著名散文家、评论家,1927年起成为《纽约客》撰稿人,奠定了影响深远的"《纽约客》文风",其所著的《精灵鼠小弟》《夏洛的网》等作品更深受各年龄段读者喜爱。

辑们的勇敢之举，世人才得以窥见那一朵朵翻滚的蘑菇云下面究竟发生了什么。"广岛的情况尚不明朗，"《纽约时报》(New York Times) 1945 年 8 月 7 日报道称，"目标区域笼罩在遮天蔽日的尘雾和浓烟之下，侦察机无法看清地面上的情况。"[10] 可以说，直到赫西 1946 年 5 月在广岛的见闻发表问世，这座烟笼雾锁的城市才真正重见天日。尽管《纽约时报》是唯一派记者随行报道美军对长崎投放原子弹并在日本投降后维持东京分社运行的纸媒机构，但时任《纽约时报》记者（后升任《纽约时报》主编）的亚瑟·盖尔布（Arthur Gelb）曾表示："起初我们大多数人都没有意识到原子弹造成的破坏有多大。约翰·赫西令人猝不忍读的翔实记述才让美国人认清此事的分量。"[11]

广岛、长崎核爆发生后，各路媒体的报道连篇累牍，但由于美国政府和军方的信息管控，关于核爆后续的细节其实从一开始就寥寥无几。正如美国战争部部长所说，刚刚经过艰苦卓绝的斗争赢得对轴心国道义和军事胜利的美国，不愿"落下比希特勒还要狠辣的恶名"。[12] 安坐华盛顿的美国政府官员以及刚刚抵达日本的占领美军自事发伊始便开足马力，扼杀有关核武人道成本的报道。占领当局以防止"扰乱公众安宁"[13]为由,禁止日本媒体采写或者播发有关广岛或者长崎的新闻。对于先后进入日本的外国记者,广岛和长崎也被列为"禁地"。少数试图在第一时间深入核爆发生地报道的记者不仅受到了将被驱逐出境的威胁和美国官员的骚扰,更被指传播日本政治宣传,帮助战败国洗白侵略罪行、博取国际同情。

国内方面,美国政府官员用TNT当量描述原子弹的威力,否认核爆后的辐射影响,诱导民众将原子弹视作常规性的超级炸弹。"拥有比对手威力更大的火炮才能赢得战争,原子弹也是一样的道理,"杜鲁门总统说,"它就是单纯的炮兵武器。"[14]即便最终承认原子弹引发的辐射中毒真实存在,美国官方仍淡化其恐怖程度。["曼哈顿计划"(Manhattan Project)负责人、用时三年便制造出原子弹的美军中将莱斯利·R.格罗夫斯(Leslie R. Groves)曾表示,(辐射中毒)甚至可能是"一种非常令人愉悦的死法"[15]。]

美国民众看得到蘑菇云的图片,听得到执行投弹任务的美军轰炸机飞行员耀武扬威的讲述,却几乎接触不到关于蘑菇云下、核爆现场真实情况的报道。美军向媒体放出了广岛和长崎满目疮痍的照片。不过,这些核爆现场的照片本身尽管十分沉重，但对于过去五年里日复一日地见证了伦敦、华沙、马尼拉、德累斯顿、重庆等许许多多城市被毁的读者来说，广岛和长崎的残垣断壁不过是司空见惯。赫西本人也坦承，轰炸现场的照片能获得的情感共鸣注定是有限的；他认为，废墟虽然可能"壮观，但瓦砾往往不近人情"。[16]美国人没看到被跌跌撞撞地前来求助却痛苦地死在门口的幸存者包围的医院（院内大部分医生和护士都已死亡或者重伤），没看到不停焚烧数千具不知姓名的死难者尸体的火葬场，更没看到全身烧焦、头发大把脱落的妇女和儿童。

官方公开的广岛惨景远不能反映核爆劫后的全貌。虽说"一图胜千言"，但赫西用了3万字才充分地揭示和传达了美国最新超级武器的真相。日本人当然不需要赫西告诉他们"小男孩"和"胖子"拥有怎样的威力，但面对这两枚以它们之名引爆的核弹，终于看清庐山真面的美国读者陷入了震惊当中。

* * *

为何约翰·赫西能为他人之不能为，完整地呈现出核爆后的广岛？为何《广岛》至今仍是新闻史上最重要的作品之一？《核爆余波》讲述的便是这背后的故事。当然，赫西的《广岛》未能阻止过去70多年各国危险的核军备竞赛，其所揭示的真相也未能解决原子时代的问题——正如《华盛顿邮报》(Washington Post)关于"水门事件"(Watergate)的报道无法根除政府腐败。

但作为一份生动表现核战争真相以及核弹对人类真实影响、风靡全球的历史记录，《广岛》在阻止"二战"结束以来世界爆发核战争方面发挥了重大的作用。1946年，赫西的报道首次深入人心地对核武器给人类文明带来的存在性威胁发出了警告，得到国际社会的广泛接受。在它的激励之下，一代又一代倡议人士和领导人为阻止核战争而奔走，让人类文明在地球上的故事得以续写至今。我们之所以知道核战末日是什么样子，是因为约翰·赫西将它展现给了我们。《广岛》问世之后，没有任何一个领导人或者政党能在威胁动用核武器的同时令人信服地宣称自己对核打击的恐怖后果毫不知情。换言之,《广岛》之后,任何核打击都只能是刻意为之的装傻充愣,其更深层次的动因都是虚无主义的残酷无情。

伤亡统计数字往往让人麻木。虽然美国民众最初对于广岛命运的模糊认识很大程度上是因为美国政府对现场消息的主动封锁,但到了战争末期,见了太多战争暴行的美国人已经毫无疑问地变得迟钝。1946年,美国和全世界一道目睹了史无前例的杀戮。第二次世界大战至今仍是人类历史上伤亡最为惨重的大规模冲突。据美国国家二战博物馆(National WWII Museum)估算,全球共有1500万战斗人员战死,另有约4500万平民死亡[17]——尽管另有统计认为,仅中国一国的平民伤亡人数就高达5000万。俄国伤亡人数2660万;美国则有超过40.7万军人阵亡。[18]战争期间,美国报纸杂志每天都在刊登来自各条战线的恐怖伤亡统计。数字后面跟的零越多,对于普通民众来说也就越抽象。直到最终,这些数字似乎已经不再代表一具具的尸体;本是死难者人数的记录,却变得与人无关。

赫西的《广岛》告诉读者,这座城市有10万人因原子弹爆炸死亡。但是,如果以简单直接的新闻报道形式呈现这个数字以及赫西的其他发现，《广岛》绝不可能如此动人心魄，也绝不可能拥有如此深远的影响。正如赫西同时代的《纽约先驱论坛报》（*New York Herald Tribune*）记者刘易斯·甘尼特（Lewis Gannett）所说："如果新闻标题说死了一百个人，无论他们是死于战争、地震、洪水还是原子弹爆炸，人们的大脑都不会对这个数字做出任何反应。"[19]核爆发生之后不久，美国人看到过各种各样对广岛和长崎死亡人数的估算——所有数字都高得出奇，何况这么多人竟然都是被一枚炸弹炸死的——但最终，所有这些数字都没有真正触动读者。

"你吞下统计数据，惊得倒吸一口凉气，"甘尼特写道，"然后一转身就跟人讨论起羊排的价格来，把刚才看到的数字忘得一干二净。但是如果你读了赫西先生的文章，你永远都不会忘记。"[20]

对于赫西来说，原原本本地呈现冷冰冰的数字背后的可怖真相，是题中应有之义。他从1939年开始参与了多条战线的报道，他深知，无论是哪个国家的人，一旦他们不把敌人和俘虏当人看，多么残忍野蛮的手段都做得出来。赫西感到，在核战争时代，人类要保证自身不灭绝，唯一的办法就是重新看到彼此的人性。

这是一项十分艰巨的任务。要创作出一部可以重树人性的作品,赫西不但要穿透那些麻痹人心的数字,更要直面那些助长了全球种族灭绝暴行的粗暴、恶毒的种族主义论调。在美国受众面前强调日本人的人性,无疑尤其富有争议而困难。珍珠港事件后,美国人对日本人的仇恨和怀疑已经根深蒂固。"美国人的骄傲一夜之间土崩瓦解,取而代之的是狂怒和歇斯底里。"赫西后来回忆说。[21] 战争期间,有大约 11.7 万在美的日裔人士被关进了拘留营。[22] 好莱坞开足马力生产以东方非人种族黄祸(yellow peril)为题材的警示宣传片和故事片。关于日军在 1942 年巴丹死亡行军[1]期间残暴虐待美国战俘、在中国对平民施暴以及太平洋岛礁上的血战的新闻报道让美国人惊慌不已,强化了"日本人都是洪水猛兽"的印象。

在宣布轰炸广岛的讲话中,杜鲁门总统说核打击是对

---

[1] 巴丹死亡行军(Bataan Death March)是"二战"期间日军在东南亚战场制造的举世皆知的虐待战俘事件:驻守菲律宾巴丹半岛的美国和菲律宾守军在与来犯的日本陆军激战 4 个月后,因孤困无援于 1942 年 4 月向日军投降。日军强迫近 8 万战俘在无食无水的情况下步行到 120 公里外的战俘营,且路上遭到日军刺死、枪杀,约有 1.5 万人在途中死亡。

日本人多年前偷袭珍珠港的"加倍奉还"[23]，可谓说出了很多美国人的心声。广岛和长崎人罪有应得，事情就是这么简单。1945年8月中旬的一次问卷调查显示，85%的受访者支持对日本使用原子弹；而在另一份大约同期进行的问卷调查中，23%的受访者为美国"未能有机会在日本投降之前在日本投放更多原子弹"感到遗憾。[24]赫西曾在亚洲和太平洋亲见日军的残暴和坚忍。尽管如此，他还是决心让美国人在广岛市民身上看到他们自己。

"如果'文明'这个概念还有任何意义的话，"他说，"我们就必须承认，我们的敌人也是人——即便他们误入歧途、残忍凶暴。"[25]

赫西最终抵达了道格拉斯·麦克阿瑟（Douglas MacArthur）将军的军队严密控制下的日本，并克服万难进入了广岛，采访了多位核爆幸存者。他们中，有一位拉扯三个幼子艰难度日的日本寡妇，一位年轻的日本女文员，两位日本医生，一位年轻的德国神父，以及一位日本牧师。在他为《纽约客》撰写的文章中，赫西用令人触目惊心的细致笔触，从以上六位幸存者的视角，详细记述了核爆发生当天的情形。

"他们至今仍然不解，为什么那么多人都死了，他们却活了下来。"赫西写道。从那天开始,他们中的每个人亲历的死亡,都"远远超过了他们的想象"。[26]

透过这六位幸存者的视角,赫西也让美国人亲历了超乎他们想象的死亡——而且死亡的方式史无前例,骇人的程度绝无仅有。人们读到《广岛》,脑海中浮现的是纽约、底特律或者西雅图,想象着自己的家人和朋友在同样的人间地狱中煎熬。赫西不仅冲破万难进入了广岛,更成功地把美国民众对于苦难故事的审美疲劳和美日之间的种族壁垒打得粉碎。他成功激起了美国民众的同理心,这一点堪称奇迹。

而他所做的,不过是描绘了六个在同一时刻经历天翻地覆人生转折的普通人。其手法之朴素,一如小小原子中所蕴含的超凡能量。

* * *

在赫西看来,美国政府封锁广岛核爆消息的企图简直可笑,想要维持原子弹垄断更是荒唐。其他国家迟早(而且赫西认为,很可能是"早",而不是"迟")会摸清原子弹背后的物理原理，而广岛和长崎的真相大白于天下也只是时间问题。但在他踏上日本土地之前——也就是核爆发生的10个月后——广岛核爆真相已经不在美国媒体重磅报道的考虑之列，匪夷所思地将广岛的独家报道权拱手让给了赫西。

赫西的报道面对的，是当时美国狂热的新闻业大环境，数以百计的国内外事件争夺着媒体资源和公众的眼球。各路媒体不停追逐独家报道，痴迷于发现下一条大新闻。自从一年前日本投降之后，各媒体机构已经派出数十位驻外记者赶赴东京。有几位记者在来日初期曾大胆尝试报道广岛和长崎，但都基本被占领当局压了下来，而自此之后，占领当局也对驻日记者实行了严格的管控。随着时间的推移，赫西的很多记者同行已经对广岛的命运失去了兴趣。广岛似乎已经成为明日黄花，媒体的关注焦点也转移到了其他地方。在美国国内，媒体编辑都得到密令，涉及核问题的报道都要呈送战争部审核，否则就将危及国家安全。绝大部分媒体均依令而行。

战争期间，《纽约客》创始人兼主编哈罗德·罗斯（Harold Ross）曾要求撰稿人寻找其他记者视而不见的重大事件。

赫西显然将此牢记于心，而《广岛》在《纽约客》发表之后，不仅给了读者阅读揭露文章的观感，更成为人们心目中20世纪最大的独家新闻。[《纽约客》编辑部内显然正是按此标准处理这篇文章的：罗斯和执行主编威廉·肖恩（William Shawn）在文章刊发之前一直对"广岛"项目严格保密——甚至大费周章地将内部职员也蒙在鼓里。]赫西的报道问世之后，媒体全都为之疯狂：《广岛》成为全球各大媒体的头版新闻，仅美国就有500多家广播电台对《广岛》进行了报道[27]——虽然赫西的大获成功，恰恰意味着其他所有的新闻媒体都眼睁睁地错过了它们孜孜以求的大新闻。

同样被《广岛》拖入尴尬公关困局的美国政府急忙出手止损。但文章已经刊发，覆水难收。掩盖真相之事既已暴露，核爆现场的真相就成为足以影响政策走向的永久国际记录。有了赫西的文章，美国人再也无法对真相视而不见，再也无法像阿尔伯特·爱因斯坦（Albert Einstein）所说的那样"躲进轻松的慰藉当中"[28]了。

尽管如此，曾在歪曲、隐瞒广岛以及核弹信息中发挥关键作用的"曼哈顿计划"负责人莱斯利·格罗夫斯将军确确实实地在《广岛》问世的过程中扮演了出人意料的角色。

而美国政府和军方也在文章发表之后立即以一种颇具讽刺意味、匪夷所思的方式将它派上了用场。虽然赫西的文章的确让美国备感尴尬，但一些政府人士意识到，《广岛》对美国这件新式武器巨大威力的生动描述，客观上也对那些数年之后才能开发出核武器的竞争对手们发出了警告，因此也并非一无是处。（实际上，苏联的确深恨《广岛》及其作者，并且其敌意与日俱增，不仅驳斥文章的事实，更抹黑赫西本人，以淡化美国核弹的威力。）事后看来，对于哪些关于原子弹的信息可以对外披露、哪些则应该不惜一切代价掩盖的问题，美国政府内部也存在冲突，而这一点也在《广岛》发表前前后后的故事中得以展现。

尽管《广岛》一文在多个层面上都具有重要的意义，但赫西和《纽约客》的编辑们一直将这篇文章视为自己良知的表达。《广岛》一书在《纽约客》的文章发表后不久便以多种语言在全球发行，迄今销量数以百万计，并凭借其经久不衰的感染力成为阻止人类重蹈覆辙的支柱。多年之后，谈到亲历者的叙述如何阻止后世领导者们毁灭世界时，赫西说："真正起到威慑作用的，与其说是对某种武器的恐惧，不如说是记忆。对广岛发生之事的记忆。"[29]

***

新闻作品大多时效性强,但《广岛》却历久弥新。只是在一点上,《广岛》没有跟上时代:故事中那个毁天灭地的主人公"小男孩",仅仅过了几个月——也就是赫西1946年撰稿的时候——就已经相形见绌。此前,美国已经开始研制威力比投放到日本上空的原子弹高出数倍的氢弹。如今,世界各国的核武库中拥有成百上千枚破坏力远超"小男孩"和"胖子"的炸弹。[迄今为止,威力最大的核弹装置是苏联1961年引爆的"沙皇炸弹"(Tsar Bomba),其爆炸当量据称是广岛和长崎原子弹合计的1570倍,比第二次世界大战期间使用的所有常规武器的威力加在一起还要大10倍。[30]]据统计,目前世界各国的核武器库存共有超过13,500枚核弹头。[31]假使今天发生战争,人类文明能幸存下来的希望非常渺茫;正如爱因斯坦在两次日本核爆之后所说:"我不知道第三次世界大战会是怎样的情形,但我可以告诉你第四次世界大战的时候人们会用什么武器——石头。"[32]

近年来,气候变化作为人类面临的最大的存在性威胁,成为媒体头条和公众热议的焦点；但实际上，核武器灭绝人类的风险并未消退——甚至仍在不断加剧。气候变化对世界的改造固然剧烈，却并非一日之功。而核武器却可以在所有人几乎毫无准备的情况下，顷刻之间将全世界化为灰烬。20世纪80年代，赫西曾对可能发生的"滑移"（slippage）[33]表达忧虑——换言之，在两个有核大国的相互博弈中，一旦任何一方走错一步或者出现任何误读，都会立即将世界推入不可逆转的核冲突。如果此类"滑移"发生在现在，那么在各国领导人的推波助澜之下，地球上的所有生命在短短几分钟之内就将被彻底抹除。

长期以来，防止核战爆发的防火墙正在削弱。拥核国领导人纷纷再次加快核武器生产和升级换代步伐，限制核军备加速的国际条约被视为无物。面对朝鲜的核弹试射，美国表面上磨刀霍霍，实际上却视而不见；土耳其现在也极力希望跻身拥核国行列。核能监督组织"原子能科学家公报"（*Bulletin of the Atomic Scientists*）已经将衡量世界爆发核战争可能性迫近程度的末日时钟（Doomsday Clock）拨到了"距离午夜12点仅剩100秒"[34]——"午夜12点"即意味着核末日的来临。该组织发起人委员会主席、美国国防部前部长威廉·J.佩里（William J. Perry）博士将 1953 年称作"冷战历史上最危险的一年"，但即便是在 1953 年，末日时钟也从未如此迫近午夜。"世界正处于前所未有的危险境地；发生核灾难的可能性高于以往。并且我们没有采取任何措施来降低这样的危险。"佩里博士如是说。[35]

专家们坚称气候变化是目前危机四伏核武格局的成因之一，而部分国家和地区出现的内战在一定程度上也源自环境的剧变，并反过来助推难民人数创历史新高，加剧了国家之间的紧张。更加火上浇油的是，赫西试图利用《广岛》打破的、曾酝酿出第二次世界大战的极端民族主义和种族主义思潮正在全球卷土重来。种族主义言论充斥社交媒体，并且仍在不断升级。事实证明，美国人对这种非人化的趋势远不能做到免疫；比如，很多美国人曾表示，他们愿意发动先发制人的核打击，对敌国平民造成极端大规模杀伤。近期一项针对 3000 名美国人的问卷调查显示，三分之一受访者支持这样的核打击，即便这意味着 100 万朝鲜平民将因此丧生也在所不惜。"这是我们消灭朝鲜的最佳机会。"一位支持对朝核打击的受访者表示。另一位受访者认为，核打击的目的在于"终结朝鲜"。[36]

1946年，赫西曾写到，他的主人公们一直不理解，为什么他们身边有成千上万人在核爆中丧生，他们却能幸免于难。赫西感到，他们的幸存，在某种意义上就是要警醒后人，让他们看到这种爆炸后仍能持续致人死命的炸弹有多么残酷，以确保人类永远不再使用核武器。他希望，他对广岛命运的记录可以起到长久的威慑作用。但他同时也警告称，如果世人对广岛的教训置若罔闻，甚至将其抛在脑后，那么人类的延续就将被画上一个大大的问号。[37]

第一章　图不尽言

地狱边缘

1945 年 5 月 8 日，纽约。这天是欧洲胜利日（Victory in Europe Day），也称作"V-E Day"。欧洲的德军刚刚向盟军无条件投降。希特勒一周前自杀身亡。经过了多年的流血和破坏，欧洲的战争终告结束。

25 万人涌上时代广场。[1] 超过一千吨的纸屑[2]——碎报纸、电话本上扯下来的黄页、任何可以撕碎的东西——从广场周围的建筑窗户倾泻而下。华尔街上，股票报价带[1]漫天飞舞。哈德逊河和东河上的船只纷纷鸣响汽笛，笛声

---

[1] 股票报价带（ticker tape），是指 19 世纪 70 年代到 20 世纪 70 年代左右欧美等国股票市场使用的打印股票价格变动的细长纸带。

与陆地上的欢庆声交织在一起，汇成一场震耳欲聋的欢乐交响。[3]

对于约翰·赫西来说，值得庆祝的不止于此。作为一名曾报道过欧洲多线战况的记者，他不单应该像其他纽约市民一样为欧战的终结而欢欣鼓舞，更收到了一条个人的喜讯。当时他正和他的朋友、《时代》（*Time*）和《生活》（*Life*）杂志记者理查德·劳特巴赫[1]在东河附近的里普斯网球场（Rip's Tennis Courts）打网球。球场虽然就在曼哈顿中城[2]，却隐匿于时代广场庆典的喧嚣之外。一位球场工作人员突然从球场凉亭里出来，走到场边，冲着赫西大喊。

"刚才广播里说你得了普利策奖。"他说。

赫西不相信。一击之后，他朝着与他隔网相对的朋友说。

"劳特巴赫你个浑蛋，你是想趁我分心打我的快攻是吧，"他说道，"我就知道是这样！"[4]

劳特巴赫显然并没有试图说服赫西相信工作人员的话，两人接着打完了那一局。后来，赫西回到与妻子和三个孩

---

[1] 理查德·劳特巴赫（Richard Lauterbach，1914—1950），美国记者，师从费正清（John K. Fairbank），"二战"期间担任《时代》周刊莫斯科分社社长。

[2] 里普斯网球场现已不复存在，原址距时代广场约10分钟车程。

子共同居住的公园大道公寓时才发现,他确实凭借1944年的小说《阿达诺之钟》(*A Bell for Adano*)获得了普利策奖。

这年,赫西年仅30岁。即便是获奖之前,他的职业生涯已经令人艳羡。他不仅是战争时期《时代》周刊备受尊敬的国际新闻记者,更是一位战地英雄。在随军报道盟军与日军在所罗门群岛的战斗期间,他帮助受伤的海军陆战队士兵成功撤离,并因此收到了海军部部长的嘉奖信。("我应该把那封信退回去的,"他后来表示,"我之所以欣然出手帮助伤员撤离,不过是因为我想尽快离开那个鬼地方。"[5])在《阿达诺之钟》1944年问世之前,他已经写出了两部广受好评的作品:1942年的《巴丹将士》(*Men on Bataan*)是道格拉斯·麦克阿瑟将军和他麾下部队的传记——该书出版之后,麦克阿瑟将军便率军在太平洋战区一个岛屿一个岛屿地攻克,一路向北艰苦卓绝地朝日本进军;1943年的《深入山谷》(*Into the Valley*)则描绘了那险些让他命丧他乡的瓜达卡纳尔血战。《阿达诺之钟》讲的是西西里岛小镇上一口拥有700年历史的大钟被法西斯分子熔化用来制作子弹,一位驻在当地的美军少校帮助小镇居民寻找替代品的故事。这本书早在获得普利策奖之前,便已经被改编成一部电影和一出百老汇戏剧。

有了普利策奖的光环加身,赫西在文坛的声望更是如日中天。有文学评论家认为,赫西可与海明威并驾齐驱。赫西的妻子弗兰西丝·安[1]是一位在南方出生和长大的富家小姐,不仅饱读诗书,更相貌出众,曾在伦敦受到英国王室的接见,二人堪称神仙眷侣。《阿达诺之钟》原作改编的电影上映于当年6月,也就是欧洲胜利日的几周之后。人脉通天的八卦专栏作家沃尔特·温彻尔[2]甚至在专栏中提到,总统已经正式邀请赫西访问白宫。6

尽管如此,声名大噪的赫西仍然保持着与名气不相称的低调和极富魅力的谦虚。此后多年,赫西的朋友、同事们一直将谦逊视为赫西最具代表性的性格特征,并对个中缘由感到迷惑不解。毕竟他一路走来顺风顺水,光环无数。获得奖学金加入康涅狄格州精英寄宿学校霍奇基斯中学

---

[1] 赫西的妻子弗兰西丝·安(Frances Ann),娘家姓"卡农"(Cannon),是北卡罗莱纳州纺织业巨头卡农棉纺厂(Cannon Mills)创始人詹姆斯·威廉·卡农(James William Cannon,1852—1921)的孙女。1958年,弗兰西丝·安与约翰·赫西离婚。

[2] 沃尔特·温彻尔(Walter Winchell,1897—1972),美国八卦专栏作家、广播新闻评论员,善于利用广泛的社交关系网收集各种名人消息,被认为是"将新闻变成了一种娱乐"。

（The Hotchkiss School）的赫西在高三时被票选为"班级最受欢迎学生"和"最有影响力学生"。[7] 进入耶鲁大学之后，他又收到了来自精英社团骷髅会（Skull and Bones）的邀请——众多美国总统、外交官、出版业巨头都曾是该社团的成员。

赫西的谦虚可能来自他早期的经历：赫西生在中国[1]，父母是在华传教士。虽然他本人并不信教，但他矜持的性格、明确的道德准则以及他对自我吹嘘的坚决抵触，都很可能是受到家庭熏陶的影响。赫西的一个儿子后来回忆说，虽然年少得志，但赫西认为对他个人的关注是"毫无意义"的，因此很早就反感"王婆卖瓜"。[8] 他的女儿也表示，随着事业不断发展，赫西更喜欢"用作品说话"。[9] 虽然他生活在聚光灯下，但在公众看来，赫西却像密码一样神秘。[10] 他本人则对此怡然自得。

尽管名噪一时，但那年夏天，赫西却正站在职业发展的十字路口。此前他刚刚从莫斯科回到美国不久。他自1939年起作为《时代》周刊记者报道多个战区，1944年

---

[1] 赫西生于中国天津。

创立了《时代》周刊莫斯科分社。[11]但莫斯科之行错综复杂、令人沮丧。赫西不仅与他的苏联东道主不睦,更与他的老板、时代集团(Time Inc.)创始人兼主编亨利·卢斯(Henry Luce)发生了龃龉。苏联对赫西等常驻莫斯科的西方记者施加了诸多限制,并时刻监控他们的行动;赫西记得,他和其他记者只能大多数时间都在莫斯科大都会酒店(Metropol hotel)喝酒,"偶尔瞥一眼几百公里外的战况"。[12]

虽然当时的苏联是美国的战时盟友,但卢斯鄙视苏联和共产主义。在他看来,20世纪理所当然地属于美国、民主和自由企业。[13]他和其他驻纽约的高级编辑们几乎从不刊发赫西从俄国首都发回的报道,发出的稿子改得面目全非。赫西对此非常愤怒,威胁要辞职,甚至据称当面对卢斯说,《时代》周刊文章报道的真实性甚至还比不上苏联政府的喉舌《真理报》(*Pravda*)。[14]二人关系的恶化让卢斯感到惋惜:虽然卢斯一直压制赫西从俄罗斯发回的报道,但实际上卢斯暗中希望培养赫西在《时代》周刊不断扩大且颇具影响的出版帝国中扮演领导角色。

出于某种原因,身为《时代》周刊掌舵人的卢斯一直自我陶醉地对赫西念念不忘。两人的背景的确惊人地相似：与赫西一样，卢斯也生在中国[1]，父母也是在华传教士（正如赫西所说，两个人都是"传二代"）；与赫西一样，卢斯也先后就读于霍奇基斯中学和耶鲁大学，并同样获得了奖学金。表面上看，两人教育背景上唯一的差异便是，卢斯的研究生是在牛津大学读的，而赫西则在剑桥大学。

赫西起初将卢斯视为一个"充满可能性的奇人"，但后来将他与卢斯的关系降格为"几如父亲管教儿子"。[15] 当赫西明确提出要辞职，卢斯慌了手脚，赶忙表示要培养他出任《时代》周刊的执行主编[16]，希望借此把他拉回来。最后关头的挽留尝试最终以失败告终。1945 年 7 月 11 日，赫西辞去了《时代》周刊的工作[17]，回到纽约。

于是，1945 年夏天，有了大把自由时间的赫西开始盘算下一步的计划。现在的他已经褪去了出版帝国钦定继承人的光环，成了一个自由职业者。他的很多记者朋友和同事此时仍身在海外，报道着希特勒溃不成军的杀人机器的末日以及欧洲冲突的尾声。太平洋上战况正酣，一种令人

---

[1] 卢斯于 1898 年出生在山东登州（今属山东省烟台市）。

不安的焦躁感重新笼罩在纽约城上空。日本的负隅顽抗让欧战胜利日的庆典也变了味。庆祝的人群中有人举着乐观的标语，试图对日本的威胁表示满不在乎：

"向东京进军！"

"向日本进军！"

"干掉了两个，还差一个！"[18]

击败日本的胜利前景既振奋人心，但也令人惆怅。日本的海军已经被彻底摧毁；盟军已经占据有利据点，可以向日本本土发起空袭。1945年冬天，东京上空的燃烧弹轰炸一夜之间就将日本首都16平方英里[1]的土地化为焦土。但日本人似乎没有要投降的意思。像其他很多美国人一样，赫西担心盟军可能不得不对日本发动地面入侵，那样一来双方都必定伤亡惨重。

"我亲身参与过小规模对日作战，对日本人的坚忍和牺牲精神深有体会。"他说。[19]

美国战争部此前宣布将从欧洲战场调动部队开赴太平洋战区。[20]赫西的战地记者同事们跟随着部队纷纷涌

---

[1] 约为41.4平方公里。

入太平洋战区。其中,《纽约时报》的比尔·劳伦斯（Bill Lawrence）曾与赫西一起在莫斯科任职。劳伦斯通过书信远程向编辑和赫西介绍他的工作情况。在俄罗斯时，他与赫西是酒友；劳伦斯"虎背熊腰、精力旺盛，是女人们的最爱"。[21] 有一次，劳伦斯在列宁格勒的一次宴会上喝得烂醉如泥，最后被人拽着脚拖出了宴会厅。

劳伦斯的新任务是报道盟军入侵冲绳。在这里，他可没有那么多喝醉的机会。他在发回纽约的报告中称，焦灼的战斗令人痛苦；他在冲绳亲眼见证了美军飞机向满是防空洞的山头大量投放凝固汽油弹，随即燃起的大火被"战士们称作……'日本佬烤肉'"。[22] 如不这样，盟军就得登陆，通过肉搏战与日军进行地面争夺。在劳伦斯看来，对日作战必定要持续数年，而且他完全看不出日军有任何意志力减弱的迹象。[23] 美军当时正在筹划于1945年秋季对日本发动登陆战。

"身处太平洋战区的我们当时都不知道……战争已经快要结束了。"劳伦斯事后回忆说。[24] 到了7月中旬，史上首枚原子弹已经在美国新墨西哥州的沙漠里秘密试爆成功；最终落在广岛和长崎的核弹也在准备当中。

残酷之炸弹

1945年8月6日，赫西在纽约冷泉港（Cold Spring Harbor）听到杜鲁门总统在广播中宣布，美国刚刚对广岛使用了原子弹。[25]杜鲁门总统宣称，这件新式武器的可怕力量来自宇宙的基本能量。"太阳能量的源泉之力已经在那些给远东带来战争之人的头上降临。"他说。[26]除非日本无条件地服从盟军领导人一个月之前在波茨坦会议（Potsdam Conference）上提出的投降条件，否则就将面临玉石俱焚的命运。杜鲁门表示，更多原子弹正在研制之中，其中一些拥有比广岛核弹更强大的威力。他说，美国会继续向日本投放原子弹，一颗接一颗地投放，直到日本屈服。

赫西跟劳伦斯不同，他还在《时代》周刊供职的时候就对原子弹有所耳闻，因此听到这条新闻之后，他并没有像其他人那样一头雾水。[27]对于这个耗资20亿美元的核武器开发项目[28]，知之者寥寥。"曼哈顿计划"参与者数万，分布在全美多个隐秘地点，但就连很多项目亲身参与者也不知道这个项目具体建造的是什么。美军飞行员在犹他州和太平洋接受投弹训练，但上级却没有告诉他们任务的细节和目标：据当时驻在广岛原子弹投放任务执行小队起飞基地、太平洋天宁岛（Tinian）的一位观察员回忆，他们"对自己的工作性质一无所知。所有人都被询问是否愿意参加一个'能做些不同寻常的事情'的组织。除此之外就没有别的信息了"。[29] 就连杜鲁门总统也是在1945年4月他的前任富兰克林·D.罗斯福（Franklin D. Roosevelt）去世后才了解到这个项目的存在，而三个月后，第一枚原子弹就将在新墨西哥州成功试爆。

听闻广岛核爆报道的赫西顿时被绝望淹没。[30] 这并非罪恶感——甚至也不是对广岛遇难者的同情——而是对世界未来的深深担忧。他当时便已明白，人类历史上一个恐怖的新时代已经骤然开启。但他同时也感到宽慰：尽管广岛的核爆想必十分可怖，尽管其影响令人忧惧，但这场战争大概终于可以画上句号了。

三天后，美国对日本港口城市长崎投放了第二枚原子弹。赫西的宽慰土崩瓦解，惊骇不已。在他看来，第二次核弹攻击是无可辩驳的过激之举，一桩不必要地夺走了千万人生命的"彻底的罪行"。[31]

"我们此前已经向日本人展示了原子弹的恐怖。"他后来回忆说。他认为，"一枚原子弹足以让日本人投降"。[32]对于赫西而言，对日本和德国城市的燃烧弹轰炸本就是不义之举，而原子弹让人类在战争中制造大规模杀伤的能力拥有了"可怕的效率"。[33]

全世界的报纸杂志纷纷刊登广岛和长崎上空那象征死亡的蘑菇云的照片。一位随军全程见证了长崎轰炸任务的《纽约时报》记者将那朵在被毁城市上空升起的云描述成"一根活的图腾，上面雕刻着许多丑陋的面具，对着大地龇牙咧嘴"。大蘑菇云之中又生出一朵小蘑菇云，"仿佛被斩首的魔物重新长出了一颗头颅"。[34]执行投弹任务的小队在飞离200英里[1]之后，仍能看到长崎上空的蘑菇云。

这时，全世界都等待着关于广岛和长崎现场状况的报道。8月7日的《纽约时报》称，"目标区域笼罩在遮天蔽日的尘雾和浓烟之下，侦察机无法看清地面上的情况"，因此"广岛究竟发生了什么尚不明确。战争部表示'仍无法进行准确的报告'"。[35]

盟国的记者和编辑们等待着关于广岛和长崎现状的初

---

[1] 约为322公里。

步报告。驻在太平洋战区的记者试图从日本媒体和广播中捕捉到关于这两座核爆城市命运的消息。但日本情报部门已经授意各家媒体淡化核弹攻击。[36]["广岛受到了燃烧弹攻击,"日本最大的报纸之一《朝日新闻》(*Asahi Shimbun*)刊登的一篇文章如是说,"城区和周边地区似部分受损。"[37]]日本媒体最初表现出来的极度克制,让美国官员担心日本人还没有充分意识到自身处境的凶险。[38]

尽管如此,关岛美军基地监听到的至少一则东京电台报道声称,广岛遭到了多枚"伞投原子弹"的攻击。[39]合众社注意到了这则报道,并对美国政府的官方声明和敌台报道孰真孰假产生了疑问。日本电台播音员还指出,"美国人动用新式武器屠杀无辜平民,其残忍本性在世界面前暴露无遗"。[40]

8月15日,一条更加令人震惊的消息传来。被日本国民视为人间之神、玉音从未对公众放送的日本天皇裕仁(Emperor Hirohito)向国民昭告,受到"残酷之炸弹"[41]打击的日本,将向盟国投降。(虽然日本的投降对外宣称是无条件的,但盟军最后做出了让步,同意裕仁继续保留天皇之位。)裕仁天皇还表示,如果继续顽抗下去,不仅日本一国将被摧毁,"人类文明亦"或将"彻底灭绝"。[42]

世界欢声雷动。在纽约,对日战争胜利日(Victory over Japan Day,也简称"V-J Day")的庆祝远远超过5月份欧战胜利日。共有200万人涌入了时代广场和周边街道。一位《纽约时报》记者回忆说,当《纽约时报》在时报大厦(Times Tower)的电子滚动公告栏上打出"官方:杜鲁门宣布日本投降"的消息时,"胜利的吼声……震耳欲聋"。庆祝大会"瞬间陷入狂热","整个大都会的激情如原子能一般爆发"。[43]这次的欢庆更加激烈。近1000人因在庆祝活动中受伤而接受治疗。官方派出14,000名警察和空袭警戒民防队员、超过1000名海军海岸巡防队员以及四个连的军警镇压"过激的庆祝行为"。[44]有些庆祝者当街歇斯底里,还有些当众失声大哭。数千人挤进了教堂和犹太会堂参加礼拜。美国国旗挂满了全纽约的商店橱窗,飘扬在住户阳台、消防通道、汽车车窗;再次如烟雾般漫天飞舞的碎纸屑落在街上堆得齐膝高。陆海军大兵涌上街头,搂过女孩儿就吻。人们把十几个代表裕仁天皇的假人吊在全城各处的路灯杆上,然后扯下烧毁;小男孩儿们拿着"吊死天皇"的手写标语牌。[45]第二天,同样的狂热庆祝再次重演。

似乎没有人跟赫西一样对美国人了结战争的方式感到伤感和不安。对日胜利日后进行的一次问卷调查显示,绝大多数受访者支持对日本发动核打击。[46] 在当年8月进行的另一项问卷调查中,近四分之一的受访者表示,要是天皇投降之前,美国能再朝日本扔几枚原子弹就更好了。[47]

先头部队

对日胜利不久,美国领导人便敦促国民不要沉湎于对战争的反思,而应该朝前看。对日胜利日当晚,纽约市市长菲奥雷洛·拉瓜迪亚[1]发表了广播讲话。他在讲话中指出,胜利固然值得欣喜欢庆,但还有很多工作要做。在先后"战胜并一劳永逸地摧毁了德国纳粹、意大利法西斯和日本佬之后",他说,"我们决不能辜负这场胜利的意义"。欧洲的重建和民主灌输以及恢复美国战后秩序等任务,都需要美国人"立即"动手。[48]

---

[1] 菲奥雷洛·拉瓜迪亚(Fiorello La Guardia, 1882—1947),美国意大利裔政治家,共和党员,曾先后任国会众议员、纽约市市长和联合国善后救济署总干事。他曾因领导纽约市从大萧条中复苏而闻名全美,被认为是纽约最了不起的市长。

振奋而又疲惫的美国人欣然地将战争的恐怖抛在脑后，全身心地着眼于未来。但并非所有人都愿意停止对战争最后几天所发生之事的追问。数周过去，美国主流媒体关于广岛和长崎核爆后续的信息依旧寥寥无几——这主要是因为西方记者当时还未能进入日本。但日本媒体此时已经开始不受限制地报道核爆的后续，关于核爆幸存者因残留辐射纷纷死去的风声也因此开始传入美国。这样的时点简直糟糕透顶：美军此时正在日本岛集结，上万占领军正准备开进日本——当然，也包括两个核爆城市。

1945年8月31日，距离广岛核爆已超过三周，《纽约时报》刊发了首位进入广岛的西方记者发回的报道。战前持有美日双重国籍、战争期间一直滞留日本的前合众社记者莱斯利·中岛（Leslie Nakashima）于8月22日进入广岛，在废墟焦土中寻找他的日裔母亲。（美军投放原子弹时，她身处广岛郊区，幸免于难。）8月27日，合众社［后更名"合众国际社"（United Press International，简称"UPI"）］发表了他在广岛的见闻。中岛在报道中称，这座此前拥有30万人口的城市已经化为乌有。建筑物尽数被毁；广岛一片瓦砾，惨不忍睹。

中岛在原稿中还提到,"小男孩"8月6日爆炸后,一直"阴魂不散"。他在报道中指出,核爆幸存者"饱受核弹紫外线造成的烧伤之苦,每天都有人死亡",而"(幸存下来的医院)收治的病患大多已经无力回天"。[49]他见到的很多幸存者已经烧得不成人形。对于美军炸弹的真实效果,广岛当地谣言四起:有人说炸弹释放的铀已经渗入土壤,有人说广岛未来75年都不再适宜人类居住,也有人说核爆受害者之所以会辐射中毒,是因为他们"吸入了炸弹释放的毒气"。[50]中岛在报道中称,他本人也"吸入了铀"[51],并自此一直浑身乏力、食欲不振。

四天后,《纽约时报》在第四版不显眼的位置刊登了中岛合众社报道的缩略版——这个版本几乎删掉了全部有关辐射中毒和铀中毒的内容,新增的编者按指出,"美国科学家表示,原子弹不会对受损地区产生长期的副作用"。[52]这篇经过大幅删改的文章否认受害者们是因辐射中毒而死,并将他们的死因完全归结于爆炸时受到的烧伤和外伤。此外,就在这篇文章的下方,《纽约时报》同时刊登了一篇题为《日方报道受到质疑》的文章,称"曼哈顿计划"负责人莱斯利·格罗夫斯中将直指"日本有关核爆辐射致人死亡的报道是彻头彻尾的政治宣传"。[53]

"对于那些心存疑问的人，我认为我们最好的回答就是，我们不是这场战争的发动者，"格罗夫斯将军还说，"他们如果对我们了结战争的方式有意见，应该想想战争是谁挑起的。"[54]

几天之后，又一篇极度令人不安的报道浮出水面。大批外国记者此时已随同美国占领军一起进入日本。多位不畏艰险的盟军许可战地记者争先恐后地希望在广岛和长崎的现场获得重大发现。尽管占领当局禁止西方记者在日本自由行动，但代表伦敦《每日快报》（*Daily Express*）的澳大利亚战地记者威尔弗雷德·贝却敌[1]仍然成功地进入了广岛。贝却敌搭乘一艘满载美国海军陆战队士兵的美国货船从冲绳出发，抵达日本本岛后立即登上了开往广岛的火车。在他看来，广岛与其说是被炸了，倒不如说是被压路机碾了一遍。这篇报道用通栏标题在《每日快报》刊发：《原子瘟疫》（"THE ATOMIC PLAGUE"）。

---

[1] 威尔弗雷德·贝却敌（Wilfred Burchett，1911—1983），澳大利亚记者、作家，曾加入澳大利亚共产党，先后报道了第二次世界大战、朝鲜战争等重大国际事件。

贝却敌写道,这是他就原子弹的本质"向世界发出的警告"。[55](用他后来的话说,他在广岛看到的,不仅是第二次世界大战的终结,更是"第三次世界大战爆发后第一个小时内全世界所有城市都将面临的命运"。[56])物理上的破坏超乎想象。整个城市化为焦土,而他亲身所见更证明,日本媒体关于辐射中毒的报道并非妄言。核爆发生30天后,广岛仍然不断地有人——包括很多在爆炸中毫发无伤的人——"神秘惨死"。[57]他们头发脱落,耳鼻口流血。束手无策的医生尝试采用维生素A注射治疗,却眼睁睁看着病人的皮肉从针眼处开始一点点烂掉。贝却敌报道称,这样的患者最终无一幸存。医生们也不知道究竟是什么引发了"瘟疫",但怀疑与"受裂变铀原子放射浸透的土壤所释放出的毒气"难脱干系。[58]《每日快报》同时刊发了一张广岛废墟的航拍照片,并配文:"此图不能反映事件全貌。"[59]

同日(即9月5日),《纽约时报》改变策略,刊发了本社记者从广岛发回的报道。这次的报道发在头版,主笔是赫西的朋友比尔·劳伦斯。文章标题宣称,广岛的确是"世界上被毁最严重的城市"。劳伦斯写道,他"从未见过如此残败不堪的景象",而空气中飘浮着"令人反胃的死亡的恶臭"。文章确认了贝却敌关于核爆幸存者遭受痛苦折磨的报道，证明原子弹的确存在某种神秘、可怕的持续效应。患者均表现出体温升高、大量脱发、白细胞几乎全部丧失以及食欲减退等症状，并且最终大多"吐血而亡"。[60]

但很快，《纽约时报》和劳伦斯本人的态度似乎发生了180度的逆转。"世界上被毁最严重的城市"的报道刊发一周之后，劳伦斯又撰写发表了一篇新的文章，标题是《敌方试图博取同情》。[61]

劳伦斯在文中写道，他现在坚信，"尽管核弹的残酷毋庸置疑，但日本人确实夸大了它的效果……以博取同情，希图让美国人民忘记日本人长期的冷血兽行"。[62]这样的立场突变令人困惑，背后定有隐情。

正面宣传

如果说核爆让赫西感到苦恼的话，那么核爆发生之初从广岛传来的报道只让他感到更加不安。[63]比尔·劳伦斯的第一篇广岛报道在《纽约时报》刊发后不久，赫西收到了一封劳伦斯的来信。尽管他刚刚亲历并报道了惨不忍睹的核爆现场，但劳伦斯在信中仍为抢到了广岛的独家新闻而自鸣得意。

"（文章）基本全文发在了《纽约时报》（的头版）——你可能时不时也会读那份报纸。"他对赫西吹嘘说。"所有人都说是因为原子弹，"他接着写道，"但我并不觉得有什么残留的辐射。至少我希望没有。哪怕有的话，我也希望它不会把所有人都变成不孕不育。哪怕别人都变了，我希望至少我没事。"[64]

劳伦斯告诉赫西，他跟威尔弗雷德·贝却敌不一样，不是以独立记者身份进的广岛，而是按照空军新闻官的安排，出了一趟公差。当年7月，就在对日发动核打击之前，一群被筛选出来的报纸和广播记者、摄影师和新闻短片摄像师被紧急召入五角大楼（Pentagon）。劳伦斯名列其中，此外还有来自美联社（Associated Press）、合众社、《纽约时报》、全国广播公司（NBC）、哥伦比亚广播公司（CBS）和美国广播公司（ABC）等媒体机构的记者。

在五角大楼，接见他们的是别名"泰克斯"（Tex）的约翰·里根·麦克拉里（John Reagan McCrary）中校。麦克拉里此前也是一名记者，后来"弃笔从戎"成了美国空军的一名公共关系官员。根据记者们的回忆，生在得州"野猫农场"（Wildcat Farm）的麦克拉里中校精力旺盛、活力四射。[65]演艺才华出众的麦克拉里后来成了一名广播电视名人，还开创了晨间谈话这种新的节目形式。[66]

麦克拉里中校告诉记者们，他们被选中执行一项最伟大的战争任务。（"怎么，又来？"一位记者当场嘲讽道。[67]）他受上级指派向记者们介绍空军在战争期间取得的成绩，但他同时也告诉在场的记者，空军召集他们来报道另一件事：一件将在太平洋发生的，"将会震天动地、改变人类历史进程的绝密中的绝密"。[68]显然，当时官方已经认定，有必要对美国的新式炸弹进行一定的宣传——在高度可控的条件下开展的正面宣传。无论是美国的盟友还是美国的对手，都应该了解到新炸弹极端强大的破坏力，并清楚美国作为这枚炸弹的创造者和唯一拥有者的强势地位。

麦克拉里完全没有参与过"曼哈顿计划"，只是曾经请求格罗夫斯将军同意他参与广岛投弹任务。（他的请求被驳回了。[69]）他的本职工作更多的是为记者们组织战场豪华观光游。麦克拉里采访团拥有两架闪闪发光的波音 B-17 "飞行堡垒"（Flying Fortress）[70]，麦克拉里分别将它们命名为

"标题号"(*Headliner*，这个名字用黑体大写字母涂在机头上)和"电头号"(*Dateliner*)[1]，装备有豪华舒适的座椅、桌子、台灯以及当时最先进的远距离无线电发射机。麦克拉里中校的桌面上方则挂着一个"已审查"(CENSORED)字样的印章。

采访团的第一站安排在欧洲，以便让记者们亲眼看看被炸欧洲城市的受损情况。据一位记者的回忆，这样安排是为了让记者们"能在我们战胜日本后跟日本的破坏进行对比"[71]，从而突出原子弹给日本带来的破坏之重。8月6日，采访团刚刚动身前往亚洲不久，在路上与世界人民一道听说了广岛核爆的消息。[72] 8月底，"标题号"与"电头号"在日本汇合，采访团的记者也成为战争结束后第一批到达日本的媒体记者。麦克拉里中校让两架飞机飞到长崎上空，好让记者从高空中一览长崎的惨状。他还鼓励记者们立即将他们的第一印象传回各家媒体。

"就在我们的飞机绕着长崎盘旋的时候，我对着一只麦

---

[1] "headline"和"dateline"分别指新闻稿件的标题和电头（即报道发出单位、时间、地点）。此处"Headliner"和"Dateliner"的命名既具有新闻特点，又与意指"航班、班机"的"airliner"一词谐音。

克风将临时写好的报道发给《纽约时报》,而军方派给我的审查员、驻在关岛的情报官员休伯特·施耐德(Hubert Schneider)中校就坐在我的旁边监听,"比尔·劳伦斯后来回忆说,"施耐德中校还帮我提供了军方情报中对于长崎遭到攻击之前的景观的描述。"[73]

麦克拉里在长崎的目标是在保证媒体对核爆事件有所报道的同时,避免报道太过生动,或者过多透露关于核爆后情形的信息。即便几天后采访团获准进入了遭到严重破坏的广岛和长崎,军方也只允许记者们在现场停留几个小时。现场所见让记者们大惊失色。一位参加了麦克拉里采访团的记者后来回忆说,他们看到的广岛就是一间受到重创的"死亡实验室",随处可见"人类小白鼠"的尸体。[74] 麦克拉里采访团的记者们在瓦砾灰烬中穿行时,竟然碰到了《每日快报》派来的澳大利亚记者威尔弗雷德·贝却敌,他正在阴燃的废墟中间抱着一台便携式的爱马仕打字机猛敲,创作他的《原子瘟疫》文章。贝却敌鄙视这群"已经被规训得服服帖帖的记者"[75],认为官方承诺他们可以抢先目睹美国"制胜法宝"的威力,用获得史上最大独家新闻的愿景诱他们上钩,让他们甘于做官方公告的传声筒[76]。

贝却敌后来写道，官方筛选这批人的真正目的，是让他们参与一场特大型障眼法。

对于他在采访团的经历，比尔·劳伦斯在给赫西的信中还有很多没有提及。他没有提到，当记者们完成了广岛的现场考察，重新登上"标题号"发送报道时，麦克拉里中校指示他们淡化核爆现场的恐怖细节，因为国内的人民"还没有做好准备"[77]。比尔·劳伦斯在信中也没有告诉赫西，当采访团回到东京之时，盟军最高统帅、日本实际上的新天皇麦克阿瑟将军和他手下的军官们正以雷霆手段压制日本当地和外国的媒体。被麦克拉里的采访团惹恼的麦克阿瑟，据称威胁要将采访团全员送上军事法庭审判。[78]虽然麦克拉里的团队已经在飞机上进行了审查，但采访团成员通过"标题号"的发报台发出的很多已经发表的报道——包括《纽约时报》刊发的比尔·劳伦斯的第一篇报道——都严重越界，从突出原子弹正面意义的优秀报道变成了彻头彻尾的负面宣传。更糟糕的是，威尔弗雷德·贝却敌为《每日快报》采写的《原子瘟疫》独立报道已经刊发并引起了全世界的强烈反响。（贝却敌能把这篇报道发出去已经算是奇迹了：文章是用一台摩尔斯密码手持发报机[79]，从广岛传给贝却敌一位在东京的同事的。)

东京和华盛顿的美国政府官员都意识到,必须立即着手对媒体和相关报道进行管理。驻日美军很快对外宣布核爆城市不对记者开放,并把所有记者都赶到了美军登陆点横滨,关进了贝却敌所说的"媒体隔都"(press ghetto)[80]。占领当局还在横滨通往东京的跨河大桥上设置了哨兵。[81]对于刚从广岛返回东京的贝却敌,占领当局用其他方式施以颜色。贝却敌因表现出辐射中毒的症状住院,随身携带的相机的胶卷里全是他拍摄的广岛实景照片;但就在他住院期间,相机胶卷神秘失踪。出院之后,他发现,"麦克阿瑟将军吊销了我的采访证",他后来说,"我被逐出日本,因为我'曾经未经允许跨越"他的"占领区边界'"。[82]

麦克阿瑟将军的媒体审查团队此时已经各就各位。他们迅速出手,几天之后就将第三篇潜在的负面报道扼杀在襁褓之中。喜欢惹是生非的美国战地记者乔治·韦勒[1]——《时代》周刊曾用"久经沙场的乔治·韦勒"[83]来描述他——独自潜入长崎,想撰写一篇关于长崎受损情况的报道发回

---

[1] 乔治·韦勒(George Weller,1907—2002),美国知名记者,曾获1943年普利策新闻奖。

《芝加哥每日新闻》(*Chicago Daily News*)。

韦勒对麦克阿瑟将军的禁令和审查毫不在乎。"不管长崎是否封闭,我都有权去到那里,"韦勒后来说,"两次核弹攻击已经过了四周,日本境内没有暴乱或者反抗,在我看来麦克阿瑟应该放松对这两个城市的钳制才对……谁也堵不住我的嘴。"[84]麦克拉里中校警告称美国人没有做好接受广岛和长崎真相的准备,但韦勒的看法恰恰相反。他认为,美国现在亟须的正是"一次长长的现实的冷水浴"[85]——不仅是政府,普通民众也需要。

与威尔弗雷德·贝却敌一样,韦勒成功地避开了麦克阿瑟将军占领军的监视,甚至假扮美军上校,要求日本当地警方保护他并协助他采访。他在长崎停留数日,写了1万字,用极富画面感的细节描绘了一种邪恶的"X病"如何在核爆幸存者中肆虐。(具有讽刺意味的是,同贝却敌一样,他在麦克拉里的采访团短暂探访长崎的时候与他们偶遇。在韦勒看来,采访团的记者看上去"像一群乘坐游艇经过一座小岛,于是上岛购买编织工艺品的游客"。[86])仍然保持着上校伪装的韦勒甚至征用了当地的日本宪兵队帮他把文稿运回东京、传回美国。东京的审查官们显然没有送信的宪兵队员那么天真，于是韦勒的报道被拦截、拒收，最后"佚失"。

以上这些内情后来才水落石出。比尔·劳伦斯在9月10日给赫西的信中只说麦克拉里的采访团是一场盛大的"聚会"、一段"美妙的旅行"。[87]劳伦斯不久之后便将返回美国。但此时,他仍然坐在机舱壁镶板的"标题号"B-17轰炸机中，对着舷窗外富士山的美景，给赫西写信。

"这段日子太美好了，"他对赫西写道，"是不是有点嫉妒我啊，老兄？"[88]

读到此信的赫西是否嫉妒劳伦斯能进入广岛采访，我们不得而知。但核爆刚刚结束不久，赫西当时就已经感到，媒体呈现给公众的广岛报道是严重扭曲的。"作为一个记者"，他后来回忆说，他"别无选择，只能记录下那个（在首枚原子弹降临广岛时）新生的世界"。[89]而那只是一个时间问题。

第二章 抢先世界

乡巴佬与赌徒

位于西 43 街 229 号的《纽约时报》总部令人印象深刻。《纽约时报》原来的总部大楼[1]曾一度是纽约市第二高的建筑,时代广场便因其得名。报社新总部大厦散发着权威与庄重的气氛。这座古堡风格[2]的建筑以石灰岩和红土为材料,设计楼层 11 层。随着《纽约时报》的业务不断扩大,大厦多次加盖和修建配楼,最终成为——正如《纽约时报》对外宣称的——"世界上规模最大、最完备的报纸工厂"[3]。

与《纽约时报》总部大厦同在一条街道上的,还有另一家大不相同的出版发行机构——《纽约客》杂志编辑部。占据西 43 街 25 号楼若干楼层的《纽约客》杂志的办公室比不上不远处的那家媒体巨头，以任何人的标准评判都是破破烂烂的。"编辑部员工以脏乱差为傲，"一位长期与《纽约客》合作的撰稿人表示，"仿佛杂志社想通了，既然没钱装得漂亮，那就干脆越丑越好。"[4] 石膏天花板时而脱落；墙上的漆皮翻卷翘起；排列在主走廊两侧的办公室像一间间"漆色斑驳的幽暗小牢房"[5]，专职撰稿人和编辑们就在里面埋头干活。

电梯厅里摆着一个金属火盆，里面堆满了烟头和揉成一团的退稿通知单：很多作者和画家都想给《纽约客》供稿，但最终未能入选。在这里，才华和机智才是潮流。况且，这压根就不是一份雅俗共赏的杂志：每当《纽约客》的读者数超过30万时，创始人兼主编哈罗德·罗斯都会感到恐慌。（"太多了，"他有一次这样说，"肯定是我们有什么地方做错了。"[6]）自《纽约客》以幽默刊物的定位创刊之初，他就定下规矩，他的这份杂志只面向城市文化精英阶层。正如罗斯1925年创刊时所写，《纽约客》将勤勉不倦地无视"迪比克老妇人"[7][1]那迂腐的敏感。

---

[1] 迪比克（Dubuque）是美国中部艾奥瓦州（Iowa）迪比克县首府，是传统的制造业中心。罗斯此话被认为将迪比克永远地定义为"美国中部地区乡下的典型代表"，而受到当地媒体的反对。

如今赫西已经摆脱了《时代》周刊和亨利·卢斯，他可以为任何刊物撰稿。幸运的是，他跟《纽约客》互相有意。赫西深知，如果卢斯发现他那同为"传二代"的接班人竟然抛弃他而去了《纽约客》，一定会大为光火：时代集团的老板和哈罗德·罗斯相互看不上。罗斯讨厌卢斯那张扬外露的超级爱国主义叙事，以及卢斯的编辑们要求记者们在写作中采取的所谓"时代周刊体"(Timesstyle)。赫西也承认，这种《时代》周刊官方指定的文风的确矫揉造作，并且大量使用不自然的倒装句。对于走机智风趣路线的《纽约客》来说，卢斯和"时代周刊体"都是完美的嘲讽对象——罗斯和他的撰稿人也恰恰精于此道。（"倒装句子全都，头晕眼花让人，"一位《纽约客》撰稿人在一篇戏仿《时代》周刊的文章中写道，"啥时是个头，知道上帝才！"[8]）[1]

实际上，赫西一年前发表了他在《纽约客》的首篇文章，当时他还是卢斯的手下。那是一篇人物侧写，讲述了一位

---

[1] 此句为《纽约客》撰稿人沃尔科特·吉布斯（Wolcott Gibbs，1902—1958）于 1936 年在《纽约客》杂志发表的一篇文章中所写。原文"Backward ran sentences until reeled the mind. Where it all will end, knows God!" 如果按照英文正常语序一般写作："Sentences ran backward until the mind reeled. God knows where it will all end!"

名为约翰·菲茨杰拉德·肯尼迪（John Fitzgerald Kennedy）的年轻海军上尉此前在所罗门群岛的遭遇：他所乘坐的鱼雷快艇在一艘日军驱逐舰的冲撞下断为两截，他手下的两名士兵当场牺牲。身为船长的肯尼迪身先士卒抢救船员，亲手将几位伤势最重的士兵拖到了附近一个荒岛上。

这个肯尼迪恰巧是赫西的妻子弗朗西斯·安的前男友。他们分手后一直保持着朋友关系。1944年2月的一天晚上，赫西夫妇与肯尼迪在曼哈顿一家高档夜总会[9]偶遇，聊天中肯尼迪对赫西讲述了他的故事。赫西当场告诉肯尼迪他要以肯尼迪的故事为题，写一篇深度文章。["他作为肯尼迪家族的成员、（前）驻英大使（约瑟夫·）肯尼迪的儿子，有很强的新闻价值。"赫西后来回忆说。但他同时也补充说："当然，不管他是不是肯尼迪家族的人，他的经历本身都是一个好故事。"[10]] 已经在战地记者岗位上摸爬滚打了五年的赫西，不仅被死里逃生的经历和人类在极端压力条件下展现出的坚忍所吸引，更擅长撰写相关题材的故事。肯尼迪的人物侧写完成之后，他首先投给了同属卢斯旗下的《生活》杂志。但出乎赫西意料之外的是，《生活》杂志把稿子退了回来。

事后看来，这次退稿成了赫西与未来新东家建立联系的契机，是另一个让卢斯团队追悔莫及的决定。赫西获准可以寻找其他出版方，于是他将稿子发给了哈罗德·罗斯的副主编威廉·肖恩。[11]肖恩马上抓住了机会。实际上，按照罗斯告诉肯尼迪之父约瑟夫·肯尼迪的说法，肖恩"之前两年中一直试图约到赫西的稿子"，并因此"为终于如愿以偿而感到心满意足"。[12]

战时《纽约客》编辑部，人手已经紧张到了极点；很多撰稿人、画家和编辑都被军队征调或者主动入伍。罗斯和肖恩每周工作六到七天，对杂志非虚构文章进行全方位的管理。（罗斯曾对一个撰稿人抱怨说，他的"麻烦已经够多了，快要上不来气了"。[13]）那是赫西第一次接触这个业内最为古怪、却也最令人兴奋的组合。赫西觉得罗斯尤其有趣。"他长了一张乡下人的大嘴，脸上的皮肤像月球表面一样粗糙，留着剪得只剩2英寸[1]的短发在他硕大的头上支棱着。"赫西后来回忆说。[14]在赫西看来，"一份面向城市精英的高水平杂志的主编、一个每天深夜都在城里最时髦

---

[1] 约为5厘米。

的斯托克俱乐部[1]占据内厅最高级桌位的男人,竟然表面看上去就像一个乡巴佬、一个彻头彻尾的土包子"[15],这真是绝妙的讽刺。

罗斯挥金如土,骂起人来创意十足。他开会时偶尔会拿着一根毛衣针指指点点[16],会开完了总是大手一挥,再轻快地说一句"散会……上帝保佑你们"。[17]他喜欢在稿件边缘写上几十条问题和修改意见,把撰稿人发来的稿子改得面目全非。(一位《纽约客》撰稿人回忆说,被罗斯改稿子堪比"被一群蚊子叮咬致死"。[18])赫西发给《纽约客》的肯尼迪人物侧写返回来的时候,文稿边缘的空白处密密麻麻地写了50多条罗斯的批注。

"(罗斯的批语都是)审讯式的怒号,"赫西回忆说,"我在故事的结尾写道,肯尼迪遇到了几个当地人,他在一只椰子上'写了一句话',然后把椰子交给了那些当地人。'我的天啊,他这句话是用什么写的呢?'罗斯的批注质问道,'用血吗?'"[19]

---

[1] 斯托克俱乐部(Stork Club)是1929年到1965年在纽约曼哈顿经营的一家高档夜总会。斯托克俱乐部是当时世界上最豪华的夜总会之一,各界精英人物云集,肯尼迪家族、罗斯福家族以及前英王爱德华八世夫妇等名流都曾造访。

另一方面，威廉·肖恩则内向到几乎毫无存在感。"我在场，但是没人意识到我在场。"他曾经对《纽约客》撰稿人，同时也是他情妇的莉莉安·罗斯（Lilian Ross）如是说。[20] 他身材瘦小，在有些人眼里甚至像一只小精灵。[21] 当美国政府放话说可能要把肖恩也征调走时，罗斯给白宫的官员写信说他的副手是个"现年三十七岁，扁平足、驼背的药罐子，除了打字之外基本上干啥啥不行"[22]，以此成功保住了肖恩。

肖恩的举止有时近乎神圣。"他以一种矛盾的方式散发出超乎寻常的人格魅力，"一位《纽约客》的编辑回忆说，"他看起来极其害羞、极其恭敬，但同时他却拥有非凡的能量。人们如果坐下来与他交谈，往往会痛哭流涕。他有一种……奇特的存在感。"[23] 在他的撰稿人看来，他悲天悯人的情怀简直难以理解。对肖恩来说，"每个人都一样宝贵……每个生命都是神圣的"。莉莉安·罗斯回忆说。[24] 肖恩真心相信每个人的生命都有价值，这一点就连她也感到难以置信。

"包括希特勒？"她曾经问他。

"包括希特勒。"肖恩回答道。[25]

尽管两人性情迥异，但罗斯和肖恩是完美的搭档，敏锐果决而又机智狡黠。二人都是毫不掩饰、精益求精的完美主义者，都对准确性有近乎癫狂的追求。年轻时，二人都曾为了追求新闻事业而放弃学业。

第二次世界大战的爆发逼出了二人骨子里新闻工作者好胜的本性。罗斯对肖恩长期以来的指示都是"我们的任务不是报道新闻，而是创造出可与新闻媲美的作品"[26]；但1941年12月7日日军袭击珍珠港之后，这样的思路便被抛到了九霄云外。在接下来的年月中，《纽约客》派记者奔赴世界各地采访报道。虽然这份杂志自问世以来的宗旨便是关注"地下酒吧、夜总会和歌舞女郎"[27]，但严肃性同样是罗斯自杂志创刊以来的追求。战争来临之后，他有了选择。他可以试图维持杂志原本狂欢作乐的调调——尽管这样的风格突然完全脱离了时代["现在大家都不觉得好笑了。"他曾对前妻、《纽约客》联合创始人简·格兰特（Jane Grant）这样抱怨道。[28]]——也可以像肖恩后来总结的那样，利用"这个史上最大的新闻机遇"[29]。最终，他们选择了追逐历史机遇。

进入"战时模式"的威廉·肖恩变成了"赌徒"（hunchman）[30]，在完全不确定有什么故事可写的情况下，凭借直觉把记者派到千里之外寻找线索——只要有文章发回来就好。而罗斯则在发现独家新闻方面颇有心得——即便是从各路记者扎堆的战争废墟中。1945年,《纽约客》记者珍妮特·弗莱纳（Janet Flanner）从同样被炸弹摧毁的德国科隆的废墟上发回了关于德军残酷虐待战俘的报道。[31] 虽然当时跟弗莱纳同在科隆的记者还有很多，但只有她挖掘出了这个"远在天边、近在眼前"的题材。她的系列报道直击人心，引起了读者强烈的反响。在这场竞赛中获胜的罗斯也开始变得扬扬自得。

"在全世界的眼皮子底下抢头条简直太容易了，就算别的记者都拥有同样的事实、同样的机会，也还是比不过我们。"他告诉弗莱纳。[32]

但罗斯并没有被一时的胜利彻底冲昏头脑。他担心，很多重大的战争故事可能永远不会为人所知，这要么是因为记者视而不见，要么是因为暴行的报道太多会挫伤士气，要么是因为读者吸收信息的能力有限，要么就是以上皆有。他告诉弗莱纳，战争终将结束，"难以计数的真实发生的暴行"[33] 很可能就这样被人忽视、被人遗忘。

"除非《纽约客》能出手做点什么。"他接着说道。[34]

《纽约客》的团队仍保持着创刊时的那份桀骜不驯。肖恩宣称,"我们愿意发什么就发什么"[35],不管别人愿不愿意看。不过,罗斯和肖恩还是严守美国政府给媒体制定的战时规则行事,有时也会为了配合军方而付出额外的努力。他们尽职尽责地将所有文章都呈报给战争部进行强制审查——包括赫西那篇肯尼迪的人物侧记。(那篇文章很快就过审了,"上面"只做了少量修改。[36])他们有点溜须拍马地撰文宣传盟军战士和头面人物。《纽约客》的"袖珍本"——杂志的小开本合集——被发放给全球各地的美军部队。罗斯和肖恩甚至发表了一些美国战争部公共关系官的投稿,大概是为了维持双方关系融洽。对于罗斯来说,培养和维持各个层面的合作渠道至关重要。

对于赫西而言,与罗斯和肖恩的这次合作极具启发意义。尽管经历了被罗斯改稿的痛苦,但这对他仍是"一次非常重要的经历"[37]——正是这次合作让他意识到,是时候离开《时代》周刊和卢斯了。赫西回忆说,肖恩作为编辑,就像一个"作者的提词器",他"有一种天赋,可以帮我找到用起来最自然的那个词"。[38]

赫西的肯尼迪侧写《死里逃生》("Survival")最终在

1944年6月17日的《纽约客》刊发。老约瑟夫·肯尼迪毫不掩饰他对于这篇文章最后落到《纽约客》手里的失望：他觉得《纽约客》这本杂志不仅规模不大，受众也小——罗斯对这样的评断十分介怀。在他看来，战时的《纽约客》在与那些新闻巨头们的竞争中总是处于弱势。

"我们一直感觉，那些大块头总是欺负我们，要么就是其他什么人物仗着那些大块头的势力欺负我们。"他告诉老肯尼迪。当对方要求他把稿子让给一个发行量更大的杂志时，罗斯回答道："我们不打算现在就投降。"[39]

在老约瑟夫·肯尼迪喋喋不休的说教下，罗斯最终同意授权发行量较大的《读者文摘》（*Reader's Digest*）转载约翰·肯尼迪的侧写——《读者文摘》也因此招致了罗斯的忌恨。约翰·F. 肯尼迪1946年竞选众议院时，老肯尼迪派人在马萨诸塞州第十一选区派发了10万份《死里逃生》[40]；约翰·F. 肯尼迪后来竞选总统时，也大规模分发了这篇文章，作为其战斗英雄身份的证明。很多人认为，赫西采写的文章开启了美国第35任总统的政治生涯。但实际上，促成赫西与《纽约客》首次合作的《死里逃生》，不止开启了一段改变世界的职业生涯。

那里的人怎么样了

1945年秋天的一天,赫西与肖恩共进午餐。那顿饭很可能平平无奇;毕竟,"(在肖恩看来,)在阿尔冈昆酒店[1]的玫瑰厅就着橙汁吃麦片就算是商务宴请了"[41]——《纽约客》一些最毒舌却也最才华横溢的撰稿人日常都在阿尔冈昆酒店聚会。

肯尼迪的人物侧记之后,赫西又为罗斯和肖恩写了几篇称颂军方的文章。[42] 其中一篇讲述了军中的识字项目,另一篇则以一个刚刚被从欧洲战场调往日本执行占领任务的美军陆军师为主人公。赫西当时已下定决心再次赴海外进行采访报道,并正在筹划一次预计将长达数月的亚洲之行。他计划首站前往他出生的地方——中国——报道当地战后的情况,然后再奔赴被盟军占领的日本。

席间,赫西与肖恩在讨论选题的时候聊到了广岛。作为唯一曾派记者直击长崎核爆现场的新闻媒体,《纽约时报》

---

[1] 阿尔冈昆酒店(Algonquin Hotel)位于纽约曼哈顿,是美国一家具有悠久历史的酒店和纽约市保护地标。阿尔冈昆酒店曾是文学戏剧界名人齐聚之地,活跃于1919年到1929年之间,由作家、评论家、演员组成的阿尔冈昆酒圆桌会议(Algonquin Round Table,哈罗德·罗斯是其主要成员)便是因其得名。

常在广告主面前自夸他们如何抢先报道了核爆和原子时代降临的独家新闻[43]；而正如一位《纽约时报》撰稿人所说，这仍然是"世界历史上最大的新闻"[44]。但在赫西和肖恩看来，关于核爆的现有报道都存在某种重大缺陷。细聊之下，他们终于发现了此前的媒体报道显得不完整而又令人不安的原因。

"当时大多数报道关注的都是炸弹的威力及其对城市的破坏。"赫西后来回忆道。[45]这样的报道虽然看似全面，但其提供的信息主要是现场如何满目疮痍。广岛核爆已经过去数月，但关于原子弹对当地人民影响的报道少之又少。虽然此时已经有大量颇有抱负的资深外国记者进驻东京，但仍然没有看到一篇关于核爆余波的全面、像样的跟进报道。

久负盛名的《生活》杂志摄影师阿尔弗雷德·艾森斯塔特（Alfred Eisenstaedt）和 J.R. 艾尔曼（J. R. Eyerman）都曾到广岛拍摄，但《生活》杂志最终发表出来的照片都平淡无奇。（艾森斯塔特拍过一张令人心碎的人物特写，图中是一位日本母亲抱着幼子坐在焦土废墟之中。这张照片如今已经发布，但《生活》全国版从未刊登过。）艾尔曼有两张照片破天荒地出现了原子弹的受害者，但他们的伤几乎不值一提；其中一张照片的说明文字还提示读者，图中广岛受害者的烧伤让人不禁想起珍珠港事件中美军战士的伤情。[46]艾尔曼的其他照片则表现了戴着太阳帽、打着阳伞的日本小女孩儿，以及靠在一座似乎完好无损的火车站墙上的日军士兵。所有这些图片都传达出这样的信息：核爆后广岛的生活终究不是什么世界末日。

而且，之前本已十分有限的报道如今更是日渐稀薄。广岛和长崎已经被其他事件挤出了媒体头条。现在，普通美国人每天早上翻开报纸的时候，看到的是美军归国、欧洲重建、德国战犯纽伦堡审判、美苏紧张局势加剧等国际动态。

我们不知道赫西和肖恩是否清楚驻东京记者们所受到的各种限制，但他们应该至少略知一二。当时的美国新闻界是一个团结紧密的小圈子，赫西有很多记者朋友都被派往日本报道对日占领。比如，艾森斯塔特就是赫西在《时代》周刊工作时的老相识，还在赫西凭借《阿达诺之钟》名满天下后给他拍过写真。

显然，在占领初期的混乱中泄露出来的广岛现场报道让美国政府不得不采取守势。无论在华盛顿还是麦克阿瑟将军治下的东京，美国官员都开足马力，控制和引导对核爆影响的舆论口径。

就在泰克斯·麦克拉里采访团的一系列报道以及威尔弗雷德·贝却敌的《原子瘟疫》报道出炉之后，美国各出版机构的编辑9月14日收到了一封战争部代表杜鲁门总统发出的公函，要求各家机构在刊物中限制有关原子弹的信息——罗斯和肖恩大概也在收件人之列。战争部在公函中指出，此举并非要延长原定于当年秋天废止的战时审查制度，而仅是要求各家报纸杂志编辑将所有涉核材料提交战争部进行审核。[47] 毕竟，核弹牵涉"最高国家机密"[48]，要避免原子弹有关涉密信息落入外国势力之手。

上述指令发出前后，政府紧急召开了一系列新闻发布会，以正视听，避免公众感到良心不安。甚至早在对日占领正式开始前，白宫新闻秘书查尔斯·G. 罗斯（Charles G. Ross）就曾在一份给战争部的备忘录中，建议7月16日在新墨西哥州核弹试爆现场举行一次媒体活动，向公众展示当地不存在长期核辐射，让公众无须担心广岛和长崎核爆的后续影响。"鉴于日方持续政治宣传，此举应为上策。"

他写道。[49]

9月9日,在"曼哈顿计划"负责人莱斯利·格罗夫斯将军和J. 罗伯特·奥本海默（J. Robert Oppenheimer）亲自引领下,约30名记者参观了新墨西哥州的核弹试爆试验场。尽管官方对记者们保证,现场几乎没有任何残存的地表辐射,但记者们仍被要求换上特制的白色防护鞋套。根据一位参加了这次活动的记者报道,这是为了确保"我们的鞋底不会沾到地面上残留的辐射材料"。[50]

"日方宣称有人死于辐射,"格罗夫斯将军告诉记者们,"即便确有此事,死者数量也屈指可数。"[51]

记者们各自依令而行。《纽约时报》记者威廉·劳伦斯（William Laurence）——根据《纽约时报》内部人事档案的记录,他也享受了战争部的津贴,并且从前一年的4月开始就"借调到原子弹项目工作"[52]——报道称,"日本持续不断的舆论宣传攻势意在创造我们胜之不武的印象,并借此博取同情,希图争取更有利的条件"。[53] 他还指出,辐射致死的"东京传说"（Tokyo Tales）是谎言的捏造,他亲历过的新墨西哥州核爆试验场就是"无声的证言"——现场的盖革计数器读数显示,"地表辐射量已经微乎其微"。[54]

但实际上，事先对这件试验性武器真正的效果一无所知的美国政府和"曼哈顿计划"负责人们，如今正紧锣密鼓地对广岛和长崎这两个"死亡实验室"展开秘密调查。他们亟须确定这两个核爆城市是否确有残存辐射，以及辐射对人体的影响——这并非因为美国想要为日本核爆受害者提供医疗方面的帮助，而是因为美军即将占领这两个城市。

就在9月份新墨西哥州的"辟谣"发布会之前，格罗夫斯将军紧急派他"曼哈顿计划"的副手托马斯·F. 法瑞尔（Thomas F. Farrell）准将赴日本调查广岛核爆现场。9月8日，法瑞尔将军率领"曼哈顿计划"科学家团队抵达广岛，开展被一位记者称为"抽样检查"[55]的现场调查。（一位随行的美国物理学家看到广岛的惨状时感叹，这片外人看来可能是1000架B-29轰炸机杰作的现场，竟然实际上"仅用了一枚炸弹便大功告成"。[56]）根据法瑞尔随行团队一名成员的回忆，团队执行任务期间受到了来自华盛顿的极大压力；格罗夫斯将军不停地对法瑞尔进行远程电报轰炸，愤怒地要求他汇报最新情况。

在广岛，调查小队成功计算出原子弹引爆的确切高度。

"炸弹如预定计划在广岛高空爆炸。"一位参与"曼哈顿计划"的物理学家回忆说。基于此，他们得出结论，大部分辐射已经被大气吸收，因此"广岛市的辐射十分微弱"。[57]根据法瑞尔团队简短调查所得出的结论，格罗夫斯将军向媒体宣布，几乎不可能有日本人死于辐射暴露，广岛目前基本处于无辐射状态。

"你可以放心地一直住在那里。"他说。[58]

回到东京的法瑞尔将军也在帝国饭店（Imperial Hotel）召开了新闻发布会，公布其在核爆区的调查结论。他承认，确有几个日本人因8月6日受到的伽马射线暴露而病入膏肓，但关于广岛的相关报道大多夸大其词。[59]发布会进行得非常顺利，直到刚刚结束广岛《原子瘟疫》报道返回东京的《每日快报》记者威尔弗雷德·贝却敌突然出现在发布会现场。灰头土脸的他此时筋疲力尽，又身患疾恙。他当着满屋的记者与正在通报情况的法瑞尔将军对质，讲述了自己在广岛的所见所闻，但对方告诉他，"我在医院里看到的，都是爆炸和大火的伤者，这在任何大规模的爆炸之后都是很常见的"。[60]当贝却敌要求对方解释核爆幸存者染上的怪病是怎么回事时，对方却说，"恐怕你已经被日本的政治宣传洗脑了"。[61]（赫西的朋友比尔·劳伦斯当时也在发布会现场。他给《纽约时报》的报道以《广岛废墟无辐射》为题[62]，并略去了贝却敌与官方对质的戏剧性场面。文章对核爆受害者着墨甚少，而是将读者的注意力引向了核爆造成的物理破坏：劳伦斯在报道中指出，有 6.8 万栋建筑在核爆中被毁。[63]）

在接下来的几个月里，格罗夫斯将军又开展了一系列公关活动，竭尽全力地试图将他一手创造的核弹包装成一件仁慈的武器。当年 11 月受国会传唤就对日使用核弹及其影响做证时，格罗夫斯将军终于承认广岛和长崎的个别死亡案例确与辐射有关，但他同时告诉参议院原子能特别委员会（Senate Special Committee on Atomic Energy），医生们曾向他确证，辐射中毒是一种"非常令人愉悦的死法"。[64]当年秋天走访"曼哈顿计划"实验室和外包商时，格罗夫斯将军在讲话中指出，没有必要为对日使用原子弹而心怀愧疚。他告诉听众，他本人对此没有任何不安。

"这并非一件不人道的武器，"他告诉一位听众，"我不会为了使用原子弹而感到抱歉。"[65]

赫西和肖恩认为，是时候深入挖掘幕后的故事了。政府的官方采访团、新闻发布会、领导讲话，以及控制媒体报道等手段已经达到了预想的目的：在美国，公众的抗议和震惊已经减弱成了小声的嘟囔，掀不起什么大风浪。在日渐冷漠的大众看来，将原子弹作为主力武器纳入国家武器库已经变得顺理成章，核武阴影下的未来似乎也不再不可接受。很多——甚至是大多数——美国人在核爆的真相还没有得到充分揭示的时候就已经放弃了对广岛和长崎的关注。在《纽约客》团队看来，人们显然没有理解广岛核爆的真正意义，及其对世界的可怕影响。[66]

赫西和肖恩决定，要让赫西进入日本，写一写"那里的人怎么样了，而不是建筑毁了多少"。[67] 他们没有确定的切入角度，但他们确信这件事非做不可。如果驻扎东京的记者团不愿意或者无法完成这篇报道，那么《纽约客》将当仁不让。如果真如罗斯担心的那样，只有少数战争暴行得以流传于世，那么这件事应该是其中之一。当年早些时候，《纽约客》记者乔尔·塞尔（Joel Sayre）随盟军进入德国时，曾谋划从经历了轰炸的平民的视角报道科隆的毁灭[68]，并且罗斯和肖恩也做好了刊发的准备。虽然那篇报道最后未能完成，但它的思路可以用于对广岛的调查。

那以国家、民主和正义之名引爆的炸弹,其真实面目早应大白于天下;而广岛和长崎的死者作为个体的面孔和命运,亦应予以还原。干瘪刻板的统计数字和大同小异的废墟照片已经成为真相的敌人;对日本受害者人性的抹杀,使美国民众得以心安理得地沉浸在对核武器的扬扬得意之中。

"二战"的经历让赫西深知,对敌人人格的剥夺正是最残暴恶行的根源。他亲眼见证了在对罗马平民空袭中的"残暴恣肆"(wanton savagery)[69]以及德国纳粹在集中营的暴行。战争期间,他也曾和其他人一样将日本人视为野兽[70],但即便是在瓜达尔卡纳尔岛上面对着日军的枪林弹雨,他也努力地让自己不要忘记,朝他开枪的是一个活生生的人——他也有父母,或许还有妻子,甚至还可能有孩子。

"有很长一段时间,我一想到(日本人)就心生厌恨。"他在从瓜达尔卡纳尔岛死里逃生后不久写道。他说,"敌人"这个概念只会引起无限的仇恨。"但我并不恨这个人。他或许来自箱根,抑或是北海道?他的背包里装的是什么干粮?被征召入伍夺走了他怎样的愿望或是梦想?"[71]

这场以广岛和长崎核爆而告终的战争,让赫西看清了"人性的堕落"(depravity of man)[72],也让他明白,自己也同样可能做出辱没他人人格之事。他因此意识到,"(如果)文明还有任何意义的话,我们就必须承认我们的敌人也是人——即便他们误入歧途、残忍凶暴"。[73]

他开始着手筹划自己的日本之行。

特洛伊木马

无论是赫西本人还是《纽约客》的编辑团队,都从未对偷偷潜入日本调查广岛核爆的可能性抱有任何幻想。就连威尔弗雷德·贝却敌和乔治·韦勒那样的人物都得乖乖地以认证战地记者的身份随盟军大部队进入日本。当然,他们二位都利用占领初期的混乱成功摆脱了各自所在的部队,但即便是在那个时候,麦克阿瑟将军[盟军最高统帅(Supreme Commander for the Allied Powers),简称"SCAP",这一缩写也用来指代他治下的占领当局]已经把外国记者管得死死的,贝却敌和韦勒都使尽浑身解数才甩掉了贴身监视的公共关系官(public relations officer,简称"PRO")。按照原定计划,贝却敌本应与认证外国记者团的大部队一起报道"密苏里"号战列舰上的日本投降仪式;但他的

PRO前来招呼他一起前往活动现场时,他假装腹泻严重,无法动弹[74],对方只得让他待在驻地"休养"。在日本同盟通讯社[1]一位善意的编辑以及一位同盟通讯社驻广岛的协调员的帮助下,贝却敌终于乘火车辗转抵达广岛——一年之后,这些可以引为外援的渠道都已经完全处于SCAP的掌控之下。尽管贝却敌《原子瘟疫》的报道成功问世,但他的相机胶卷显然被官方没收,采访许可也被吊销。

乔治·韦勒则借助夜色的掩护甩掉了他的PRO,搭乘摩托艇逃离了所在部队的基地,又前后换乘了至少四趟火车才到达长崎——还全程对他遇到的日本人假装自己是美军上校。同样,尽管韦勒采到了自己想要的故事,但等到他试图把文稿传回美国的时候,东京SCAP的审查也已经严得风不透、雨不漏了。

驻日本的外国记者们从一开始就感到,与在美国国内竭尽全力严控广岛报道的格罗夫斯将军相比,麦克阿瑟将

---

[1] 同盟通讯社(Dōmei News Agency, Dōmei Tsūshinsha),"二战"时期日本的官方通讯社,由日本新闻联合社(Associated Press)与日本电报通讯社(Japan Telegraphic News Agency)于1935年12月合并而成。日本战败后,同盟通讯社被盟国占领当局于1945年拆分,其业务并入共同社(Kyodo News)和时事通讯社(Jiji Press)。

军之所以果断压制对核爆城市的报道、淡化原子弹的作用，还有另一重个人原因。正如乔治·韦勒所说，"他浴血奋战了四年，最后决定胜局的竟然是两枚在他不知情的情况下研制、未经他许可投放的炸弹"，麦克阿瑟对此十分不爽。韦勒认为，麦克阿瑟将军"决心全力将核辐射对平民的影响这一重要的教训从历史上抹除——或者至少尽审查机制之所能将这段记忆变得模糊不清"。[75]

如今，SCAP已经基本全面控制了所有进入日本的人员，任何人想要入境都必须先征得麦克阿瑟将军麾下部队的许可。SCAP密切监视着所有获准进入日本记者的一举一动[76]：驻东京的新闻官记录着各位记者的行踪、政治倾向、对占领当局的态度甚至是健康状况。麦克阿瑟将军几乎每天都会收到关于记者团的简报，随简报附上的还有涉及太平洋战区的最新媒体报道摘要，以及每篇报道的口径倾向是正面还是负面。占领当局还会针对各家媒体机构的一般性的活动编制月报，赫西的老东家时代集团也在被观察之列。记者们进入日本后，出行之前要首先征得占领当局同意，每次出行的时间也受到官方的限制。

占领军遍布日本全境。[77]那年秋天，约2.7万名占领军进驻长崎，大约4万名占领军进驻广岛。广岛的占领军大都驻扎在城市外围的营地，而长崎的占领军则主要在市区安营扎寨[78]，部分士兵甚至就住在核爆零点附近的建筑中。

所有这一切都预示着赫西此次采访必将十分艰难。但对于他和《纽约客》的编辑团队来讲，也有一条小小的好消息：从《生活》杂志的专题报道来看，SCAP显然已经开始允许部分记者进入广岛和长崎。至少赫西还有进入广岛的希望——当然，前提是SCAP允许他进入日本。麦克阿瑟将军痛恨某些记者和刊物。[在他看来，《纽约先驱论坛报》、《芝加哥太阳报》(*Chicago Sun*)、《旧金山纪事报》(*San Francisco Chronicle*)都是些"彻头彻尾的江湖骗子"。[79]]

总体来看，赫西在战时的良好表现让他获准进入日本的希望大增——而站在《纽约客》的角度，他也是完美的特洛伊木马。他战争期间一直规矩行事，他的作品更给人以忠于职守的爱国记者的印象。（相比之下，乔治·韦勒多年来与麦克阿瑟将军的PRO龃龉不断，并坚持跟麦克阿瑟的"审查铁幕"[80]作对。）赫西还是受奖的战斗英雄。他热情洋溢地赞颂过美国的三军将士。他的第二本著作《巴丹将士》在创作过程中征求了战争部的意见并获得了许可[81]，塑造了麦克阿瑟将军本人的光辉形象。(赫西后来表示,《巴丹将士》对麦克阿瑟将军"太过谄媚",希望能够停止再版。[82] 不过这本书对于亟须进入麦克阿瑟将军治下的太平洋帝国的赫西来说,无疑是一件宝贵的资产。)

赫西作为《时代》周刊记者在莫斯科工作的经历有可能给他的政治可靠性打上问号,引起SCAP官员的疑虑。另一个可能出现问题的点在于,赫西的第三本书《阿达诺之钟》隐晦地将乔治·S.巴顿(George S. Patton)将军塑造成一个精神状况堪忧的危险的自大狂。这表明,对于他认为美国背弃自身所宣称理想的行为,赫西会毫无顾忌地进行批评,并且他也愿意向世人证明,美国在道义上并非无可指摘。(赫西后来表示,巴顿将军"在西西里失去了理智",成了"一个残忍专制的统帅",而"在我看来,这些恰恰是我们浴血奋战所要反对的"。[83])

不过综合来看,赫西获准进入日本的希望应该比较大。1945年圣诞节前,赫西搭乘运输船横跨太平洋,抵达上海。12月30日,他给肖恩发去了一封电报:他已经成功获得了美军驻华海军军团的许可。这是一个令人振奋的信号。特洛伊木马已经抵达城门外。

第三章　麦克阿瑟的封闭王国

比基尼

尽管赫西怀着崇高的目标想要报道广岛的真相,但他本人在战争期间也曾对日本人抱有偏见。日本人都是"畜生一般的敌人"[1],他在一篇战争期间写给《生活》杂志的文章中如是说;日本人"生理上发育不良"[2],他在另一篇文章中写道。还有一篇赫西撰写的文章配图是他本人头戴着从死亡日军士兵头上摘下来的头盔伪装网。[3]他在记述随军报道灾难性的瓜达尔卡纳尔血战期间种种遭遇的《深入山谷》一书中,用"一群智慧小动物"[4]来形容分散在岛上各地的日军。

他显然不是唯一一个对日本人抱有这种看法的美国记

者。前一年8月随同麦克阿瑟将军的部队进入日本并留任东京分社负责人的美联社记者拉塞尔·布莱恩斯（Russel Brines）在首次进入日本的时候曾担心，"日本人可能并非人类"[5]，因此在盟军占领下可能变得善变而危险。（对于广岛人会对辐射作何反应的问题，格罗夫斯将军私下曾怀疑，是否"日本人的血液有什么特殊之处"[6]，导致日本核爆城市的居民更易受到原子弹的长期影响。）

赫西后来坦承，他为自己在一些战时报道和文章中对日本人的刻画感到羞愧。"像其他美国人一样，我对日本在珍珠港和巴丹半岛对美国做出的羞辱做出了不当的反应。"他说。[7] 1937年，"关于日军在南京恣意施暴的记述和图片"让他"万分惊骇"。[8] 1939年，赫西作为《时代》周刊记者来到中国报道。"在我出生的那个城市，我亲眼见到了日本占领军的傲慢和残暴。"他回忆说。[9] 当时，中国正经历着日军无情的轰炸。[10] 在赫西看来，日军的作战毫无章法，似乎唯一的目的就是无差别地屠杀尽可能多的中国人。他在中国当时的陪都重庆采访期间，日军空袭"引起了冲天的大火，每次袭击过后都有几千人被活活烧死"。[11] 最终，战争夺走了上千万中国人的生命。

1946年,赫西再次回到中国。接下来的几个月里,他将上海作为主要的活动根据地,但也走访了从北平到东北的多个城市和地区。他给《纽约客》的编辑们发去一系列文章,描绘了对日作战刚刚结束、国民党政府与中国共产党的战争即将打响时的中国。他还向肖恩提议做一篇关于南京的报道,定能与接下来要做的广岛灾后报道遥相呼应、相得益彰。但这篇构想中的报道最终并未成形,不过肖恩还是对赫西在中国的工作给予了高度的认可。"你简直创造了奇迹。"他通过传真告诉赫西。[12]

当年3月,赫西一度担心他的广岛报道恐怕将胎死腹中。当时,陆海军一号联合特遣队(Joint Army-Navy Task Force Number One)正在筹备开展更多原子弹试爆,这一次的预定试爆地点在马绍尔群岛的比基尼岛(Bikini Atoll)。军方邀请了媒体记者参观原子弹引爆。这次任务对外宣称的目的是研究使用核武器攻击海军战舰的实际效果。任务包括一次在若干目标船只上空引爆的原子弹试爆试验,以及一次在水下90英尺[1]引爆的原子弹试爆试验。一些参观

---

[1] 约为27米。

试爆的记者私下得出结论,此次试爆任务背后另有原因:"我们拥有对原子弹的垄断,可以毫无顾忌地展示它的威力。"一位记者回忆说。[13]这位记者还指出,军方还邀请了世界各国代表到场,与美国日趋剑拔弩张的苏联代表也在受邀之列。[14]

赫西从上海给肖恩拍去电报,担心新的试爆可能分散公众的注意力,导致报道的效果达不到预想。实际上,联合特遣队曾经联系过《纽约客》编辑部,希望他们派记者到比基尼岛,并表示政府可以提供往返交通。但肖恩冷淡地婉拒了军方的邀请,并指令赫西继续按照原计划行事。

"时间越久,"他告诉赫西,"我们就越坚信,这个故事将拥有神奇的可能性。何况这还是一个没有人触碰过的题材。"[15]

尽管如此,比基尼岛的试爆无疑让赫西的"广岛作战"变得更加紧迫。在比基尼岛上,第一枚核弹成功地在90多艘舰艇上空引爆[16],击沉了5艘。数十名记者和摄影师在战争部的军舰上观看了试爆,有人"阴郁地打趣说,如果来访的生殖器官遇到了比基尼炸弹,下场又将怎样"[1]。[17] 14英里[2]外戴着焊工护目镜观看试爆的记者中,有人觉得核弹爆炸有点虎头蛇尾。《星期六文学评论》(*Saturday Review of Literature*)的记者诺曼·卡曾斯(Norman Cousins)当时也在船上。一位似乎对核爆的奇观印象平平的记者转过头来对他说:

"我在想,再打一次世界大战或许也没有那么糟糕。"[18]

还有记者嘲笑"核弹的声音……就像是吧台另一端有人小心翼翼地打了一个嗝儿"。[19] 另一个记者写道,没有任何一个在场者被核爆吓得脊背发冷或是血液凝固。[20]

船上的新闻工作者们"感到自己被骗了,纷纷记录下自己的恼怒,"国际新闻社(International News Service)的克拉克·李(Clark Lee)回忆道,"他们对原子弹的效果轻描淡写……致使很多民众确信,关于原子弹给广岛和长崎造成巨大破坏的报道确实是夸大其词。"[21]

---

[1] 原文为"the possible effect of the Bikini bombs on visiting genitals",其中"Biniki"一语双关,既指核弹试爆地比基尼岛,也可理解为1946年7月由法国设计师路易·雷阿尔(Louis Réard)发明并以比基尼岛的名字命名的比基尼泳衣。此外,"genital"与表示"将军"一词的"general"谐音。

[2] 约为22.5公里。

只有少数几个记者认识到了比基尼试爆的真正意义，绰号"原子比尔"(Atomic Bill)的威廉·劳伦斯便是其中之一。作为《纽约时报》资深的科技记者，劳伦斯1945年春天被格罗夫斯将军征召，成为当时仍处于机密状态的"曼哈顿计划"的官方史官。[赫西的朋友、参加麦克拉里采访团的那个比尔·劳伦斯绰号"非原子比尔"(Non-Atomic Bill)，以区分他们两个同在《纽约时报》工作的记者。]根据一位记者同行的描述，"原子比尔""身材不高，肤色较深……扁鼻子，一头浓密的乱发"。[22] 他基本上扮演了格罗夫斯将军"官方宣传员"的角色，在从《纽约时报》借调政府期间参与了对日使用原子弹官方公告的起草。前一年秋天，原子比尔告诉《纽约时报》的读者，日本夸大了核弹引发辐射的报道；他写道，他们的报道不过是"敌人的宣传攻势"。[23]

不同于比基尼采访团的其他很多记者，"原子比尔"意识到，比基尼岛的试爆证明美国的核实力正快速增强，而核弹正在变得越来越危险。他在《纽约时报》的报道中指出，比基尼试爆的第二枚原子弹爆炸当量至少有5万吨TNT，约为广岛核弹威力的2.5倍，是"地球有史以来最大的爆炸"[24]——考虑到"原子比尔"作为格罗夫斯最忠实喉舌的身份，这样的报道简直就是危言耸听。他还在报道中指出，这一次，残存辐射是确实存在的：试爆在岛礁中央的潟湖中留下了"大量翻涌的辐射性废水"。爆炸掀起的浪花将放射性物质泼溅到了周围所有船只身上。

但很多美国人都与一些在现场的记者一样，对比基尼核弹试爆的结果感到困惑甚至失望。试爆后进行的问卷调查显示，53%的受访者声称，试爆核弹的威力不及他们预想。[25] 由此他们认定，此前日本核爆引起的恐慌不过是凭空臆想。

病中顿悟

赫西决心在5月的第二周进入日本。他向东京的SCAP提交了入境申请。尽管日本目前仍然处于严格封锁的状态，但身在中国的赫西至少等到了一个积极的进展：1946年4月，美国的军事人员已经基本撤出了广岛[26]，这意味着他抵达广岛之后或许可以享受更大的自由活动空间。不过，广岛仍然驻守着美军军警，因此他只有谨慎地见机行事，才有望完成报道任务。

4月底,赫西去中国东北地区报道途中患了感冒,病倒了。他当时正跟随一个由六艘坦克登陆舰组成的舰队,其任务是"把新编第六军新编第22师[1]从上海送到中国北方"[27],在美军的指导下与中共作战。赫西生病后被转至一艘驱逐舰[28]送回上海。

不想赫西这次感冒却因祸得福。他在船上康复期间,船员给他送来几本船上图书馆里的书籍,其中包括桑顿·怀尔德[2]的《圣路易斯雷大桥》。这本出版于1927年的书详细讲述了同在秘鲁一次悬索桥断裂事故中丧生山谷的五个人的生平。怀尔德循着五位主人公在事故发生前的见闻经历,讲述了他们如何走到了这悲剧性的一刻。

就在病床上的赫西如饥似渴地阅读这本书的时候,他

---

[1] 国民革命军新编第六军是国民党政府1944年5月为加强中缅印战区力量将第54军第14、50师和新编第一军新编第22师合编而成,廖耀湘任军长。该军1946年奉命赴东北"剿共",1948年10月下旬在辽西大虎山地区被东北解放军全歼。

[2] 桑顿·怀尔德(Thornton Wilder,1897—1975),美国小说家、剧作家,曾先后凭借小说《圣路易斯雷大桥》(*The Bridge of San Luis Rey*)以及剧本《我们的小镇》(*Our Town*)和《九死一生》(*The Skin of Our Teeth*)获得1928年、1938年和1943年普利策奖。

突然意识到这本书的结构也可以用于广岛故事的写作。临行前,他和肖恩在纽约达成了共识,要从受害者的视角讲述广岛的故事。怀尔德的作品给赫西提供了一种极其深刻、清晰的思路,可以把这个"极其复杂的故事"[29]讲得引人入胜。赫西下定决心,等他到了广岛,也要找到几个在迎来"共同的灾难时刻"[30]的路上互有交集的受害者。

这是一个富有颠覆性的巧思。记者们往往要靠浮夸的准圣经语言描述原子弹的威力。《纽约时报》的"原子比尔"劳伦斯在这方面尤甚:他曾将比基尼岛核弹试爆产生的蘑菇云描述为"太初之时"诞生的一片大陆;这片大陆转眼间幻化为"一棵枝叶繁茂的巨树,树上结满了许多无形的果实——阿尔法粒子、贝塔射线、中子——这肉眼难见的果实可以致人死命,它们诞于知识之树,必为人类所自食"。[31] 不管从哪个角度看,这样的描述都让原子弹及其影响变得更加抽象。就连"原子比尔"本人也承认,他和其他记者都没能有效地表现原子弹真正的分量。

"人类的大脑,"他总结说,"缺乏从这样的维度思考的能力。"[32]

是时候换别人来用常人可以明白的语言来描述原子弹

了。读完了《圣路易斯雷大桥》的赫西认识到，能把问题讲清楚的是细节，不是宏大的叙事。不是每个人都能理解原子弹的工作原理，或者想象得到世界核战争的末日浩劫。但任何人都能理解关于其他普通人在日常生活中突遭灾难降临的故事——无论主人公的身份是母亲、父亲，还是小学生、医生、文员。赫西将把读者带回到1945年8月6日那个阳光明媚的夏日清晨，带他们走进受害者的厨房、跟受害者一起乘街车通勤、带他们进入受害者的办公室，然后把受害者的遭遇呈现在他们的面前。

"我希望能给读者足够的代入感，让他们得以在一定程度上感受到故事主人公面对灾难时经历的痛苦。"他后来说道。[33]

这单纯是一个尺度的问题。赫西要放弃上帝视角，重拾凡人眼光。

占领军

5月13日，赫西收到一封东京的SCAP新闻办公室发来的电报：

对约翰·赫西作为记者入境无异议[34]

他成功了。赫西从上海的新闻办公室给肖恩发了一封电报,告知后者他正等待军方派人把他运进日本。一周后,赫西又收到一封来自美国军方的电报,告知他已"受邀并获准搭乘最近的一班交通工具"[35]从上海前往东京。

5月22日,赫西在上海登上了美军的飞机。飞机越过太平洋,在关岛降落,赫西在那里转乘海军飞机飞往东京。一年前,美军动用350架飞机对东京进行燃烧弹轰炸时,他的朋友"非原子比尔"劳伦斯曾乘坐一架B-29轰炸机在东京上空盘旋。日方的探照灯扫过天空,明亮的光柱刺破笼罩在日本首都上空的浓烟。劳伦斯所乘飞机的机组人员不停地朝着下方的城市投掷凝固汽油弹。"前面的飞机上扔出的燃烧弹接近地面时就像是上百万只萤火虫。"他后来回忆说。[36]短短数秒,东京大片地区已经被烈火吞噬。大火甚至蔓延到了裕仁天皇的宫城。

如今,一年过去,大火早已被扑灭,但绵延数英里的瓦砾与焦土尚存。赫西上一次到东京是1940年,当时他代表《生活》杂志对美国战前驻日大使约瑟夫·格鲁[1]进行专访。那时的东京是一个生机勃勃的大都会，木质的日式传统建筑鳞次栉比——正是盟军燃烧弹完美的引火之物。

"在东京的大街上，小贩吆喝叫卖着，"赫西彼时在报道中写道，"而大小商店随处传来由西方管弦乐与东方和声混合而成的日本爵士乐。"37

赫西文中写到的商店大概已经焚毁，东京的街巷上仍是满目疮痍。正如乔治·韦勒此前所说，这个城市看上去像是"一个烟灰缸，而残垣断壁就是烟灰缸里的烟头儿"。38钢制的建筑框架歪歪扭扭地突出地面；在其他地方，只有空洞的地基表明这个地方曾经有一栋建筑。幸存的日本人住在连片的帆布帐篷和废墟上搭起来的铁皮简易棚屋里。到处都是烧炭、炸鱼和人类排泄物的气味。

占领军的机器已经开足马力运转。东京附近的海军港口、占领军登陆点横滨已经成为驻军的要塞，随处可见半圆形的活动房以及军事设施；横滨与东京之间的道路被占

---

[1] 约瑟夫·格鲁（Joseph Grew，1880—1965），美国资深外交官、著名日本问题专家。1932年起担任美国驻日大使，初期主张对日绥靖；于珍珠港事件爆发后被日方扣留，次年春天被遣返回国；著有《使日十年》。

领军的卡车、吉普车以及当地人的手推车、自行车和牛车挤得水泄不通。在东京的美国部队——他们自称"占领军"(occupationaire)[39]进驻了前日本帝国陆军的营房，并占据了轰炸中幸存的城区写字楼。日本首都的街道上"随处可见卡其色和草绿色（的军服），"美联社记者拉塞尔·布莱恩斯回忆说，"空气中满是焦虑与变化无常的紧张气息。"[40]

麦克阿瑟将军把他的总指挥部设在了形似堡垒的第一生命保险株式会社（Dai-ichi Life Insurance Company）大厦，日本天皇就住在大厦对面的皇宫。这一举动的意味再明显不过。盟军的最高统帅住在邻近指挥部的美国大使馆，而根据布莱恩斯的说法，负责警卫的不仅有美军士兵，"还有数不清的日本警察，似乎他们全都睡在树上一样"。[41]占领军中的一位美国医生回忆说，麦克阿瑟的车队穿城而过的场面仿佛当代恺撒出巡一般。[42]他还提到，此时的日本人已经十分驯服。

"我身高 5 英尺 10 英寸[1]，但我走在街上时比那些日本佬高一头，因为他们多少都有些猫着腰，"那位医生谈道，

---

[1] 约为 1.78 米。

"人都说，日本佬天性骄傲，但现在显然也学会了谦卑。"[43]

超过6英尺[1]高的赫西在战后的日本更是惹人注目。（一位日本医生提到，他是"我这辈子见过的最高的人之一"。[44]）假如他曾经设想过要在日本低调行事，那么这个计划刚到日本就宣告破灭了。他一现身便立即引起了人们的注意，甚至受到了当地媒体的报道。《日本时报》（*Nippon Times*）报道称，"一位美国文坛巨匠"[45]抵达了东京。那篇文章兴奋地宣称，赫西"高大、英俊，看起来十分年轻"[46]，而且谦逊有礼。

对于他此行的目的，《日本时报》表示，这位曾获得普利策奖的记者"刚在中国完成了为期数周采访"，此次显然是"中转东京，返回美国"。[47]

车到山前必有路

五个月之前，1946年1月，美国陆军的电影制作人赫伯特·叙桑（Herbert Sussan）中尉接到了一项重大任务。[48]

---

[1] 约为1.83米。

战争期间，他常驻加州卡尔弗城（Culver City），为美国陆军航空队第一电影部队（First Motion Picture Unit）制作宣传影片和电台广播。战争结束后，他被派到东京，进入了一个由丹尼尔·A. 麦戈文（Daniel A. McGovern）中校领导的电影制作人小队。这个小队的任务，是记录美军轰炸对广岛和长崎等20多个日本城市的影响，供美国政府参考。当小队进入长崎时，叙桑中尉震惊不已。

"我们知道长崎受损严重，但事前没人告诉我们情况竟有这么糟糕，"他后来回忆道，"我无法相信一枚炸弹——一枚小小的炸弹——可以造成这么大的破坏。这些大工厂——就好像有一只巨手从天而降，把所有建筑一扫而光。"[49]

相比之下，广岛的惨状更让他目不忍睹：这里的河流和桥梁让他想起他的故乡纽约。[50] 影片制作小队共拍摄了9万英尺[1]长彩色胶片的素材[51]，包含严重烧伤、奄奄一息的爆炸幸存者的镜头。

5月下旬的一天，叙桑中尉在外执行任务时收到了麦

---

[1] 约为2.7万米。

戈文中校的信息，指令他返回东京参加一场会议。叙桑中尉按令出席。会场设在外国记者们前一年秋天成立的东京记者俱乐部（Tokyo Correspondents Club）。当时，刚被麦克阿瑟的军队放出横滨"媒体隔都"的记者们返回首都报道对日占领。由于仅存的酒店和大厦已经被SCAP官员捷足先登，记者们多方寻找后租下一栋遭受重创却仍可栖身的五层红砖小楼作为他们的总部。楼内脏乱不堪，窗户也是破的，楼前的窄巷两侧都是些已经没有了顶的废弃写字楼。但即便如此，几乎所有西方媒体派驻日本的记者都曾以这栋小楼为家。[52]如果房间住不下了，有些记者就会到破烂不堪的"宴会厅"里搭上纸屏风过夜。曾有一位颇具创业头脑的记者在大厅里开了一间小小的武器商店；他平时在照看小店生意之余，便是去光顾楼里一间简易赌场。俱乐部不仅如一位记者所说，集"简易青楼、差劲赌场和黑市中心"[53]于一体，更是与SCAP官员联络的重要枢纽、一个私下沟通情报和线索的接头之地。

5月底的那天，当叙桑中尉到达俱乐部的时候，受到了麦戈文中校的接待，并在后者的引荐下，见到了约翰·赫西。

"(他是一个)从纽约来的记者,想做点跟广岛有关的东西。"麦戈文中校告诉叙桑中尉。[54]

三人坐下来共进午餐。据叙桑中尉后来回忆,席间他和麦戈文中校对赫西讲述了他们在两个核爆城市的经历。他们拍摄的素材已经送回了华盛顿,几十年后才能解密;"美国战略轰炸调查"(U.S. Strategic Bombing Survey)项目的负责人曾经告诉叙桑中尉,他们拍的片子"严格限于政府内部使用"。[55](麦戈文中校认为,美国政府"不想让素材外流,因为他们自己的罪行而羞愧"。[56])但叙桑中尉显然非常希望将他们看到的、拍到的讲给更多人听。

"如果人们能亲眼看到这种破坏、这种杀伤,那将是有史以来最强有力的反战论据。"叙桑中尉后来表示。故事的全貌"应当为人所知……我记得自己当时心想,'人类与这样的武器不共戴天'"。[57]

在他的推动下,执行拍摄任务的小队并没有将全部注意力放在景观的破坏上,而是拍摄了大量核爆受害者的镜头[58],记录下了核弹对人类的真实影响。

几位电影制作人给了赫西一些广岛当地人士的联系方式[59];他们还告诉赫西,有一群驻广岛的神父在核爆中幸存,并且至今仍住在那座被夷平的城市。

之前,赫西读到了一份由耶稣会驻日牧师约翰纳斯·西梅斯(Johannes Siemes)神父撰写的报告。核爆当天,西梅斯神父身在广岛市郊,他记录下自己的亲身经历,发表在一本名为《耶稣会教区》(*Jesuit Missions*)的杂志上。1946年2月,《时代》周刊在其专供太平洋战区驻军的袖珍本[60]里转载了西梅斯神父报告的编译版。此外,赫西也拿到了西梅斯报告的一个篇幅更长的版本。

西梅斯神父在文中生动描述了当天早上8:15"小男孩"在广岛上空爆炸时的情景——"山谷里满是耀眼的光……我身上洒满了玻璃的碎片"[61]——以及爆炸后的恐怖景象。西梅斯神父为了救出其他牧师返回了正在燃烧的城市,并找到了两位重伤的同事。(根据西梅斯神父的记述,他们教会的日本籍秘书也在核爆中幸存,但却失去了理智,冲进市中心肆虐的炼狱烈火中,显然是要自行了断。)西梅斯神父发现那两位伤重的牧师时,他们正在浅野公园避难;幸亏此前一位日本籍的新教牧师——"我们的救命天使"[62]——及时出现并撑船将他们救出,否则他们必定难逃一死。

我们不知道麦戈文中校和叙桑中尉是否与西梅斯神父

记述中的幸存者打过交道,但赫西至少可以确认,广岛目前仍有目击者健在。赫西感到,这些牧师或将成为他此次报道的突破口。

食品军管

从东京记者俱乐部出发,步行即可抵达 SCAP 媒体关系办公室。办公室设在原东京广播电台(Radio Tokyo)的大楼,邻近麦克阿瑟将军在第一生命保险株式会社大厦的指挥部。这座六层的建筑仍保留着战时涂上的黑色油漆伪装[63];一位美国记者反感地表示,大楼里面,房间和楼道都散发着鱼腥味[64]。二楼是宽敞的编辑部[65],办公室和桌椅一应俱全,供 SCAP 认证的媒体机构记者使用。赫西被告知,他可以在东京广播电台大楼给所在媒体机构总部发电报或是传稿子。当然,无论是通信还是发稿,都将全程在麦克阿瑟将军公共关系官们机警目光的注视下进行,毕竟他们的主要职责就是保护麦克阿瑟本人和占领军免受批评。对此,威廉·肖恩已经指示赫西,让他回到美国之后再动笔。[66]

赫西现在必须向SCAP总指挥部申请前往日本南部的许可。尽管SCAP此前对赫西进入日本"无异议"，但为了获得进入广岛的许可，赫西必须继续圆滑地与占领军系统周旋。美联社东京分社社长拉塞尔·布莱恩斯报道说，美国陆军"严格控制着治下的一切生灵"。[67]这片土地上的每个人，无论是日本人还是美国人，哪怕他生活中最细枝末节的方面也受到占领当局的严格管制："他们吃多少饭、用多少汽油、抽多少烟，占领军都有明确规定。"[68]

如果哪个记者胆敢写出令SCAP公共关系官不悦的报道，就会被吊销许可、驱逐出境。不过除此之外，SCAP的新闻官们还会采取其他更为简单粗暴的办法让各家媒体乖乖听话。前一年秋天，麦克阿瑟将军的公共关系负责人、被记者们称为"杀手迪勒"的勒格兰德·A. 迪勒(LeGrande A. Diller)准将不仅对试图报道裕仁天皇与麦克阿瑟将军会面的记者刺刀相向，还压下了关于这次事件的所有报道。当记者们质问他为何如此行事时，迪勒准将回应说："你可以说是心血来潮。"[69]事后，他又告诉各家媒体记者，接下来他只会"变得更加强硬"[70]，并说他有一百种法子让他们就范。

"别忘了,在这里,食品也是军方管制的。"他告诉他们。[71]

招惹 PRO 或者麦克阿瑟将军本人不高兴的记者会突然发现他们领不到汽油、开不了车了。SCAP 公共关系官还会打电话给美国的报社编辑投诉记者,要求报社换人。尽管弗雷恩·贝克(Frayne Baker)准将后来接替了"杀手迪勒"的工作,但他对媒体的态度比他的前任也好不到哪儿去。贝克将军告诉驻东京的记者们,鉴于目前美国严格来讲仍处于对日战争状态,如果他们发表了任何涉密材料,将按《军法条例》(Articles of War)押送军事法庭审讯。(接着他告诉记者们,只要 SCAP 的军官们喜欢,任何信息都可以被定为涉密。)[72]

赫西的战斗英雄身份也未能保护他免受严格的审查——并且除了 SCAP 之外,他还同时受到美国政府其他部门的监控。赫西甫一着陆,联邦调查局驻东京的官员就收到了通报,并立即报告了身在华盛顿的联邦调查局局长,请求总部提供更多关于赫西的信息。[73] 这究竟是标准程序,还是因为赫西曾在莫斯科工作的背景,我们就无从得知了。

雪上加霜的是,尽管此前有部分外国记者和摄影师获准前往广岛和长崎,但这两个核爆城市实际上仍属禁忌。[74]根据 SCAP 发布的媒体报道规范,日本本土出版的诗歌刊物都不允许提及核爆,主流纸媒、电台广播以及科学期刊更是严令禁止。一些日本本土记者、摄影师和电影制作人在两个核爆城市执行公务时搜集的资料被 SCAP 查没,其他人则因为害怕前功尽弃而干脆把资料雪藏。

赫西必须小心翼翼地行事,否则便会重蹈威尔弗雷德·贝却敌和乔治·韦勒等人的覆辙——甚至面临比他们更糟的后果。

明日黄花

令 SCAP 和华盛顿的美国政府官员感到宽慰的是,赫西抵达东京时,仍在尝试对广岛进行深度报道的记者已经寥寥无几了。大多数记者都已屈服于 SCAP 的限制、障碍和威胁。但同样重要的是,很多记者和编辑经过核爆后多个月的波折,似乎都已经在某种程度上接受了所谓"关于核爆影响的报道都是炒作"的官方说法,正如战争期间媒体也对针对日本人的种族主义宣传照单全收一样。

几位经过官方筛选的记者此前得到 SCAP 的批准再赴广岛、长崎。在他们发回的报道中，当地居民似乎已经基本恢复了正常的生活。2 月时，官方又组织了一个记者团到广岛考察[75]，旨在向记者们展示，这座城市已经从核爆的影响中走了出来。《纽约时报》东京分社社长林赛·帕洛特（Lindesay Parrot）在报道中称，当地居民重建家园，并在废墟上开垦菜园。现在，外来的访客"看到这片废墟，很难想到这里便是遭受人类历史上首次核打击的地方"。[76] 他还写道，当地居民大多面有愠色，令人颇感意外，只有个别居民炫耀似的向记者展示着爆炸给他们留下的伤痕。

"能获得我们的关注似乎让他们备感殊荣。"帕洛特写道。[77] 他接着补充说，所有在核爆中受伤的伤者都在痊愈。

官方要传达的意思十分明确：紧急事态已经过去，这里没什么可看的。广岛和长崎已成明日黄花。曾到过广岛的电台记者约瑟夫·朱利安（Joseph Julian）告诉上级他想做一个关于广岛的系列节目，但遭到了否决。

"没人关心广岛了，"上级告诉朱利安，"都是些陈谷子烂芝麻了。"[78]

与比基尼岛试爆采访团一样，报道对日占领的驻日记者们也逐渐变得麻木,并早已将注意力转向了其他新闻。日本充满了无穷无尽的独家报道题材,记者们对于上一次大战的善后越来越不感兴趣。赫西抵达东京时,他的很多同事都忙着关注对于日本战时首相东条英机和其他被告人的战争罪审讯。另一个媒体圈密切关注的大新闻便是日本国内共产主义抬头的威胁,以及美国是否要培植日本作为对抗苏联的潜在盟友。冷战言论持续升温;英国前首相温斯顿·丘吉尔不久前刚刚发表了著名的演说,宣称苏联已经在欧洲大陆上竖起一道"铁幕"(iron curtain)。("没有人知道苏俄及其共产国际组织近期有什么计划,没有人知道他们扩张、传教倾向的止境究竟在哪里——如果还有止境的话。"他在演讲中表示,并接着罗列了一系列莫斯科试图掌控的国家的名字。[79])

在这种大背景下,日本摇身一变,从帝国变成了美国对抗苏联的东方阵地。("这些日本佬将是我们下一次战争中的盟友,"一位美军情报官员告诉赫西,"这一点我非常确定。"[80])

当 SCAP 总指挥部收到赫西前往广岛的申请时,或许不解为什么他这样一位颇有名望的记者要去一个经年旧闻的发生地。但官方对于形势的判断或许帮了赫西的大忙：媒体如今已经俯首帖耳，忙着四处追逐热点，关于核爆影响的舆论也已被成功控制。5月24日，在抵达东京仅仅2天后，赫西接到了总指挥部的通知，他已"获准并受邀乘火车"[81]前往广岛县。

赫西马上发电报，将他即将前赴广岛的消息告诉肖恩。总指挥部只给了他14天的时间。[82]到达广岛之后，他必须争分夺秒。

第四章　六位幸存者

修罗地，游乐场

1946年，从东京到广岛县的420英里[1]火车车程仍是拥挤车厢里一场近24小时的折磨。[1]一位占领军士兵评论道，东京的中央车站总是"人潮汹涌"，并且"空气中永远弥漫着一股浓重的人肉气味"。"日本佬的车厢，"他轻蔑地说，"人挤人，人贴人，空气中飘散着一股仓储站一般的混合气味。"[2]

至于广岛火车站，原先的建筑已经所剩无几。不过，由于广岛站靠近郊区，旅客下车后不会马上就看到广岛毁损严重的中心城区。据说，占领军中有爱看热闹的好事者

---

[1] 约为676公里。

坐火车经停广岛站时，会抱怨"原子弹把广岛炸得还不够彻底"。[3]

不过，也只有那些最玩世不恭的人才会对灾后的广岛车站满腹牢骚。核爆过去已经将近一年，月台上仍然堆满了被炸毁建筑的残片。月台四周是绵延起伏数英里的瓦砾之海——破木板、碎瓦片、废铁块。只剩燎黑的秃树和电线杆还突兀地杵在地面上。

赫西抵达广岛时，气温正在攀升；而根据一位核爆幸存者的回忆，夏天的"废墟异常酷热"[4]，因为整个广岛也没剩下几片屋顶甚至几堵墙壁可以遮阴了。另一位大约在同一时间到过广岛的记者则记得，空气中飘着一股"奇怪的不明臭气"。[5]

赫西见到广岛第一眼就惊呆了。他根本无法想象，为何"一枚炸弹仅在一息之间"[6]就造成了如此巨大的破坏。此前东京燃烧弹空袭后的残骸并未让他内心产生什么波澜。"那种程度的现场，我在欧洲等地见过。"他后来表示。[7]再者，东京的惨状毕竟是几百架飞机多轮轰炸的结果。但赫西在抵达广岛的一瞬间便感到了恐惧；如此巨大的毁坏居然全拜一枚炸弹所赐，这一事实将在赫西广岛之行的全程萦绕于他的心头，挥之不去。

正如赫西本人所说，他自始至终都清楚地意识到，"一个专门刊载幽默、轻松文章以及漫画的杂志竟突然专注于报道如此可怖之事"[8]，不能不说有点荒诞。但当他的双脚踏上广岛的大地，双眼注视着面前令人惊愕的惨景，核爆后的广岛不再是一个恐怖的抽象概念，或是一篇即将在《纽约客》刊发的揭露报道。此地，在赫西面前展开的起伏废墟便是绵延千里的苦痛，它立体地证明，一直寻求更高效地彼此杀伤的人类，在经过了几个世纪的漫长求索后，终于创造出了能彻底摧毁自身文明的手段。赫西担心自己终究还是无法承担这次任务的沉重，决心争取尽快完成。[9]

在过去 10 个月里，广岛一直尝试重建，但建材十分短缺。很多幸存者试图在原来住房的遗址上搭建茅屋。一位记者回忆说："灰烬与瓦砾之上简易房林立，丑陋得令人难以置信。"[10] 大多数简易房都是用废墟里捡回来的材料拼凑而成的铁皮棚屋。已经倒塌或者烧毁的房屋旧址上钉着简陋的标牌，记录着已被救出的幸存住户如今的下落，或是已经离世屋主的身后命运。

盖房的居民们在清理土地的过程中，不断发现死尸和断肢。当年6月，就在赫西抵达广岛前后，仅一个区的一次集体清整活动就挖掘出了1000具尸体。[11]

与此同时，幸存者饥肠辘辘。尽管美国占领军运来了玉米、面粉、奶粉和巧克力[12]，但据一位记者当时的日记，"送到广岛的外部供给时断时续"，"当地人感觉自己被遗忘了"。[13] "小男孩"将城市夷为平地之后，席卷广岛地区的台风和洪水[14]导致核爆中幸免于难的庄稼最终也颗粒无收。一些居民试着在棚屋旁开垦小菜园。杂草和野花在废墟上疯长，被爆炸摧毁的城市再次绿意盎然。某些植物深埋地下的根系不仅活了下来，甚至还被核爆"激活了"[15]，这让赫西感到不安。他提到，黍草和小白菊对新环境都适应得非常好，真是名副其实[1]。

市内交通仍然是个大问题。1945年8月6日早8:14，市中心的街车上挤满了赶着上班的通勤者。而到了早8:16，市中心的街车已经变成了七扭八歪的废铁，满载的乘客则变成了焦黑的尸体。[16]如今，几辆经过修缮的有轨电车已经可以在部分清理过的街道上缓慢行驶。一些市民把废墟

---

[1] 黍草和小白菊的英文名分别为"panic grass"和"feverfew"。前者字面意思为"惊慌草"，后者名字中的"fever"则有"发烧、狂热"之意。

里捡回来的各种材料当作轮胎装在自行车上骑行。拉尸体的马车进进出出广岛红十字会医院（Hiroshima Red Cross Hospital）——赫西注意到，这家医院已经重修了砖砌外立面，但内部的状况仍然最多只能算是勉强能用。（一位到访的美国医生认为，这家医院的状况"极其糟糕"，还说他"宁可速死，也不想在这家医院的病房里一点点烂掉"。[17]）尽管格罗夫斯将军和他的团队已经公开宣布核爆现场安全无害，但还是有几平方英里的土地被划为禁区，据说是为了避免可能存在的辐射伤害。[18]

广岛核爆的零点矗立着一座铁塔的残骸。上面一个标牌写着：

冲击中心

在日本人心目中，此地堪比神社，但对于无数专程到此的占领军而言，这不过是一个拍照留念的景点。有关方面曾经召开了一场规划会议[19]，考虑在这里建一座"国际和睦友好"（International Amity）纪念碑。不过眼下，来访的美军基本都把核爆零点当作一个主题公园。面对废墟中俯拾皆是的"核爆纪念品"[20]，一些美军将校几乎兴奋得不能自已；即便是潜在的残留辐射也不能吓退收集纪念品的爱好者们。"藏宝区面积数百英亩，破砖碎瓦里混杂着大量古董珍玩和传家之宝。"一位到访者回忆说。[21]他在那里找到了几只破瓷杯，准备用来做烟灰缸。（他说他只不过是个"业余收藏家"[22]，其他人的收获比他大得多。）他还说，虽然现场已经被翻捡了很多遍，但仍有很多东西可供挑选。他确信，把现场捡到的东西带回美国一卖，就"能发个小财"[23]。

占领军还有其他办法在这片修罗地上找乐子——甚至是将它变成字面意义上的"游乐场"。6个月前，驻在长崎的海军陆战队在爆炸遗迹中清理出一片区域，用废墟里捡来的废木料做球门，搞了一个美式橄榄球场。新年当天，他们在那片球场上举办了"原子碗"（Atom Bowl）比赛，不仅邀请了海军陆战队军乐队演奏，还征用了当地日本女孩儿做啦啦队。[24]"我们认为这样做是完全合适的"，一位参加了那场比赛的士兵多年后回忆说，并且他们当时认为那是"很好的宣传"。[25]

天国何如

广岛住处难寻,不过好在赫西最后还是在广岛港附近、位于宇品(Ujina)的美国军警公寓找到了容身之地。[26] 距离核爆中心约3英里[1]的宇品市受损较轻,并因此给占领军提供了大量可供征用的完好建筑。一直到"二战"结束前,这里都是日军前往亚太各战区的重要始发港之一。[27]

一面与美军住在一起,一面搜集着不利于美军的报道素材,对于赫西来说这已经不是第一次了。"二战"期间,他大部分时间都作为获准的战地记者跟随不同的美军部队,但这也并不妨碍他以审视的眼光看待他所跟踪报道的战斗任务和部队将士——当然也不妨碍他最终给出批判性的评断,《阿达诺之钟》对巴顿将军的尖刻塑造便是明证。不过无论如何,与驻广岛的美军军官保持和睦的工作关系对于赫西更有利,毕竟吉普车、汽油等必需品的采购仍然离不开他们的帮助。赫西的调动令上明确指出,他需要"自负给养"[28],而如果他在广岛期间准备吃饭的话,那么他的食

---

[1] 约为4.8公里。

粮更大概率来自美国人，而不是当地的日本人。

安顿下来之后，赫西立即着手寻找主人公，而首个考虑的对象便是他在西梅斯神父证言中读到过、又听麦戈文中校和叙桑中尉谈起过的耶稣会神父。要找到常驻广岛的天主教会并不困难：广岛能买得起建材的人并不多，而已经开始重建营地的神父们便是其中之一。此前，他们已经清理好了教会旧址，并建起了简易房。新教会规划地块上堆放的圆木，让其他运气没那么好的广岛居民艳羡不已。[29]

赫西对教会的负责人雨果·拉萨尔（Hugo Lassalle）[30]主神父已经十分熟悉，《时代》周刊亚太区袖珍版中转载的西梅斯神父证言中记述了这位德国神父所经历的磨难。核爆发生时，拉萨尔神父身在位于广岛登町（Noboricho）的耶稣会（Society of Jesus）中央教区宅邸。如今他和其他回来重建教堂的牧师们用镀锌铁板和木板搭起几间小简易房[31]，用作临时教堂、接待室和住所。到了晚上，他们在地上铺上榻榻米垫席地而眠；门口立一块压合板当作临时的圣坛。平日里，他们全靠米饭和白萝卜为食。

拉萨尔神父一头柔软的浅色头发，长着一对大耳朵，样貌颇为可亲。即便身处残垣断壁之间，他仍然流露出坚定和乐观的精神。他1929年来日本之前曾在英国研习哲学和神学[32]，因此能讲英文。赫西找到他提出采访要求时，他欣然应允。

拉萨尔神父讲道，8月6日核爆的闪光照耀全城之时，他正站在二层房间的窗前。[33] 窗户突然向内崩开，他见势急忙转身闪避。碎玻璃刺满了他的后背，扎进了他的左腿；伤口顿时血流如注。

"我命休矣，"拉萨尔神父记得当时自己想到，"这下可以看看天堂究竟是什么样子了。"[34]

但拉萨尔神父命不该绝。尽管教堂距离零点只有1400码[1]，但教会中一位名叫格罗珀修士（Brother Gropper）的神父之前因为担心地震对教堂结构进行了强化加固，让房屋框架奇迹般地挺住了核爆的冲击。教堂无人死亡，不过大多数人都被碎玻璃刺伤，或者被飞溅的家具碎片砸伤。拉萨尔神父不仅没有见到天堂，而且很快便意识到，他和同事们被直接扔进了人间地狱。

大院里其他的建筑都倒了，包括正门附近的一个天主

---

[1] 约为1280米。

教幼儿园。废墟下传出了小孩子们的哭叫声。拉萨尔神父和其他神父急忙冲过去救援——其中一位神父头部受了重伤，血流如注。"在众人的最大努力之下"[35]，孩子们终于获救。

教堂周围，惊慌失措的幸存者们浑身是血地来到满是房屋瓦砾、垂落的通电电线、烧焦的电线杆以及死者尸体的街上。神父们尝试为伤者提供急救，但一道巨大的火墙突然朝着教堂的方向扑过来。慌忙逃离炼狱的神父们听到了困在倒塌房屋中的附近居民和教众的哀号与求助，却根本无法施救，只得让他们"自生自灭"[36]。随着大火吞噬这片区域，所有被困者最终都命丧火海。

堕入地狱

拉萨尔神父将赫西引荐给当天跟他在一起的另一位德国牧师[37]：威廉·克莱因佐格（Wilhelm Kleinsorge）神父现年39岁，同样会说英语，也同意接受采访。核爆之后，克莱因佐格神父的身体状况一直非常不好。"小男孩"爆炸时，他只受了一些皮外伤，但不知为何，他不仅伤口久久不能愈合,还出现了发烧、恶心、腹泻、白细胞数量剧减等症状。他自己后来回忆说,大约核爆两周后,"我变得异常疲劳,一度甚至都站不起来了"。[38] 他辗转前往东京的医院就诊,"他们告诉我,我的情况很糟糕",他的"骨髓受到了核弹辐射的损害"。[39] 他回到广岛后便频繁进出医院。

"小男孩"爆炸的瞬间,克莱因佐格神父昏了过去,但那之前和之后的细节他都记得非常清楚。他告诉赫西,原子弹爆炸的时候,他正在宣教堂三楼的房间里读《时代之声》(*Stimmen der Zeit*)[40] 杂志,身上仅着了贴身衣物。突然他看到一片夺目的闪光,然后就昏了过去。[41] 当他清醒过来,发现自己正踉踉跄跄地在教堂菜园中徘徊。黑色的浓烟遮天蔽日,周围所有的建筑都塌了。这时其他神父从楼里逃了出来。头部受伤的胡伯特·希弗(Hubert Schiffer)神父血流得太多了,所有人都担心他性命难保。[42]

大火很快逼近了教堂。如果牧师们继续流连于此,"(定会)被大火堵住所有去路"[43]。他们正欲离开时,看到教区秘书深井(Fukai)先生站在二楼的窗前痛哭。

赫西此前已经从西梅斯神父的文章中了解到了深井先生悲惨命运的梗概。克莱因佐格神父提供了更多细节。他告诉赫西，他见状赶紧跑回楼里接他。歇斯底里的深井拒绝离开，并告诉克莱因佐格神父，他不忍坐视祖国被毁。[44]克莱因佐格神父只得强行背起深井跑到楼外。[45]但就在神父们穿过街巷，试图在火墙与废墟中间寻找一条通路时，深井还是挣脱了他们，重新投身火海。此后他便音信全无。[46]

克莱因佐格神父和其他精疲力尽的神父们一起来到河边的浅野公园避难。这里几个小时前还是一片精致的日式园林，现在却充斥着不可言说的恐怖。早就赶来或者正在赶来的幸存者成百上千，已经断气和快要断气的受害者倒卧一地。烧伤最严重者，面孔已经如抹脏的油画一般模糊不清。核爆引发的狂风席卷全城，公园附近随之出现一股剧烈的旋风[47]；它所到之处，刚刚躲过核爆劫难的树木都被连根拔起，卷在半空。随后旋风进入河里，卷起100米高的水柱，离开时又将惊恐的避难者扫进水中。

西梅斯神父所在修道院的一群神父，听说市中心的神父们正在浅野公园避难，便抬着简易担架从城外一英里的地方赶来找他们。城内的景象把西梅斯神父的同事们吓坏了。

"目光所及之处,(广岛)已尽是灰烬与瓦砾,"西梅斯神父说,"死伤者堆满河岸,部分尸体被上涨的河水淹没。"[48] 幸存者拼尽全力从烧焦的汽车和电车下面逃出来,躲避四处乱窜的大火。"几乎不成人形的伤者朝我们招了招手,便栽倒在地。广岛宽阔的干道上随处可见一丝不挂、烧成焦炭的尸体。"[49]

比这更令人毛骨悚然的经历等待着克莱因佐格神父。其他神父被送至安全地带后,他留在了浅野公园。当他离开公园去寻找净水时,不得不从几十个流着脓血、长满水泡、皮肤剥落的人身上迈过去。他在附近找到了一个仍可使用的水龙头。但就在他把水运回公园的路上,又遇到了一队口渴难忍的日军士兵。他们眼眶里的眼珠都已熔为血水,正顺着已经烧得难以辨认的脸颊往下流。[50]

克莱因佐格神父最终辗转回到了西梅斯神父的修道院,与其他神父汇合。教团收容了50位避难者,但补给却不足以医治所有人的伤势、填饱所有人的肚子。几天后,克莱因佐格神父发起了高烧,被送进了东京国际天主教医院

(International Catholic Hospital)。医生告诉他几周后就可以痊愈回家。但等医生离开了病房，克莱因佐格神父却无意中听到他在楼道里对另外一个人说，他恐怕性命难保。

"这种经历过核爆的人没有能活下来的，"医生告诉医院的院长，"一般他们撑个几周，就油尽灯枯了。"[51]

救命天使

交谈中，克莱因佐格神父不仅同意把其他核爆幸存者[52]——日文"被爆者"（hibakusha）[53]——介绍给赫西，还主动提出给赫西做翻译[54]。显然，赫西已经赢得了他的信赖。

赫西读到的西梅斯神父的报告中提到一位没有具名的本地新教牧师。克莱因佐格神父告诉赫西，这位帮助天主教神父们撤离浅野公园的"救命天使"，正是广岛卫理公会的谷本清（Kiyoshi Tanimoto）牧师。

命运继续眷顾着赫西：36岁的谷本牧师曾在美国研修，日军偷袭珍珠港前一年刚从佐治亚州亚特兰大的埃默里大学（Emory University）康德勒神学院（Candler School of

Theology）毕业，也可以讲英文。克莱因佐格神父要带赫西去找他。

与耶稣会的神父们一样，谷本牧师也回到了废墟上，决心重建自己的教堂——核爆当天，他的教堂和他的住所都倒塌并烧毁了。他在广岛市北部受损较轻的牛田（Ushita）[55]租了一间漏雨的房子，和妻子知纱（Chisa）以及幼女纮子（Koko）住在一起。他在大门上钉了一块手写的牌匾：

日本基督教会广岛流川临时教堂和牧师住所[56]

接待赫西和克莱因佐格神父的是谷本知纱。[57]她告诉二人，谷本牧师不在家。他正在外面联系采买教堂重建所需的建材，并为全城各处的幸存居民举行礼拜式。赫西把自己的名片留给了她。

当晚谷本牧师回家的时候已经筋疲力尽。与克莱因佐格神父一样，他自从前一年8月开始便经常感到身体不适。核爆几周后，他就出现了高烧、严重盗汗、腹泻、极度虚弱等症状。

"我染上了原子病。"他在前一年秋天的日记里写道。[58]

他租的房子附近有一间诊室，那里的医生给他开了维生素针，却未能缓解他的症状。谷本牧师的家人担心他可能命不久矣。他们周围有很多幸存者在核爆后出现了脱发、吐血、皮肤长红黑斑等症状，并最终痛苦地死去。幸运的是，谷本牧师撑了下来。但不幸的是，他的病痛没有丝毫减轻。

当晚，知纱把赫西的名片交给了谷本牧师。"天主教堂的克莱因佐格神父带来了这位先生。"她告诉丈夫。[59]谷本牧师看了看名片。赫西在自己名字的旁边特意写上了"《生活》"和"《纽约客》"这两个刊物的名字。谷本牧师对这两份杂志都很熟悉。知纱解释说，赫西希望请谷本牧师谈一下他核爆当天的经历，并说他第二天还会再来。

"我当时完全不知道他是美国文坛冉冉升起的新星，因此对他的到访并没有特别的兴趣，"谷本牧师后来回忆说，"那之前我已经见过几位美国记者，也给他们分享了我在原子弹爆炸当天经历的材料。但之后就音信全无，所以我也没什么兴趣再跟新闻记者谈了。"[60]

不过，赫西的名片还是让谷本牧师改变了主意。《生活》和《纽约客》都是他所尊重的杂志。如此看来，也许这位记者会跟别人不同。何况赫西毕竟几经波折来找他。谷本牧师觉得，对这种善良的姿态做出回应才是合乎礼仪的做法。[61]

谷本牧师第二天还要外出，因此他决定给赫西留一封信，讲一讲自己前一年8月经历的苦难考验。尽管已经非常疲倦，谷本牧师还是坐在床上一直写到凌晨3点。他这封长达10页的英文信[62]，详细描述了原子弹爆炸当天他见到的骇人景象。谷本牧师提出，如果赫西感兴趣，他可以带他去看一看他提到的地方。第二天一早，他把信交给了克莱因佐格神父，随信还附上了一幅他亲手绘制并标记了他信中提到的部分地点的广岛城区图。

克莱因佐格神父安排两人在耶稣会神父的临时总部见面。那周的周六，也就是6月1日早9:00，赫西抵达了采访地点。他穿着占领军统一配发的记者制服，但谷本牧师觉得，他"不像个军人"，而是"带着文人的书卷气"。[63]

"你的信我读过了，"谷本牧师记得赫西当时说，"我认为写得非常感人。"[64]赫西告诉谷本牧师，他想"从人性的角度"[65]而不是科学的视角讲述广岛核爆的故事。

谷本牧师开始介绍他的经历。"(赫西)听得非常认真，"他观察到，"并对我的讲述表示理解和同情，于是我对他和盘托出。"[66]

广岛卡戎[1]

1945年8月6日，谷本牧师清晨5点便已起床。[67]又一晚的空袭警报让他身心俱疲，他用水拌黄豆粉和米糠权当早餐；城里正经食物短缺已经多时。过去几周，广岛几乎每晚都会拉响防空警报。居民们不明白，为何其他主要工业城市都已被炸毁，只有广岛安然无恙。但正如西梅斯神父所说，近来他们也听到"奇怪的传言，说敌人给这座城市准备了特别的东西"。[68]为了预防美军B-29轰炸机对广岛展开东京式的燃烧弹空袭，广岛市内的防火巷纵横遍布。[69]

因为担心空袭，知纱带着小纮子到远离市中心的朋友家临时借住。谷本牧师也开始把教堂的贵重物品搬到两英

---

[1] 卡戎（charon）是古希腊神话中冥界的船夫，负责将死者渡过冥河。

里外一位富裕工厂主的避暑别墅里保存。他已经用推车拉去了一批钟表、圣经、文档资料以及圣坛用品[70]，甚至还搬去了教堂的钢琴和风琴。8月6日早上，他的推车里装的是一个很重的陈列柜。他跟一位朋友一起从市中心出发，走了两英里，把这件家具拉到了位于山上的别墅。

早上8:15，站在别墅的门廊前的谷本牧师看到"一朵棕色的阴云中蹿出一道刺眼的闪光……顿时狂风大作"。[71] 他惊恐之下趴倒在地[72]，躲在两块石头之间，而碎木头和碎玻璃则从空中倾泻而下，泼到他的身上。他面前有一座土垒的小库房挡住了爆炸的冲击。等他再抬起头看时，避暑别墅已经化为一片废墟，他身边的房子都起了火。

他和朋友都没有受伤。谷本牧师爬上附近一座小山，看到下面的城市已经被火光吞没，浓重的黑烟盘旋在市中心上空。一群惊魂未定、浑身是血的幸存者跟跟跄跄地走出城市，沿着小路往山上走来。

"大多数人都赤身裸体，"谷本牧师回忆道，"脸上、手上、胳膊上、胸前的皮肤都爆开了，在身上耷拉着……那场面仿佛百鬼昼行。"[73]

为家人和教区民众命运捏一把汗的谷本牧师赶忙往城

里跑去。沿途的房屋都严重损坏，但并未完全坍塌。可到了市中心一公里范围内，所有的建筑"都被夷为平地，就像是被锤子砸扁的玩具房子"。[74]他听到"倒塌的房屋中传来'救救我[1]！救命！'的痛苦呼声"。[75]他赶紧奔向已经变成一片废墟的登町，却被大火拦住了通路。街上成百上千的死尸和奄奄一息的重伤者横躺竖卧，眼看就要被大火吞噬。谷本牧师捡到几个坐垫，找了一个水桶浸湿之后披在身上，便一头冲进了熊熊大火中。在烈火的炼狱里，他完全迷失了方向，好不容易终于进到了他所住的街区，却又遇到了突起的旋风。

"烧得通红的铁片和带火的木板在半空盘旋。"他后来回忆道。[76]旋风把谷本牧师裹起七八英尺[2]高，他仿佛在空气里游泳。随后，谷本牧师突然被重重地摔在地上，吓了一大跳。他听到附近传来巨大的爆炸声：是汽油罐炸了。

谷本牧师终于在一群逃离市中心的难民队伍中找到了知纱，这让他喜出望外。知纱怀里还抱着纮子，她也平安无事："（知纱）穿着一件带血的睡衣……她披头散发，那

---

[1] 此处原文为日语。

[2] 约为2.1到2.4米。

样子也像鬼一样。"[77]当天早上,知纱带着孩子回了教区;原子弹爆炸时,她正抱着纮子站在门前跟一个信众说话。教堂顷刻塌了下来,把他们压在了沉重的木头和碎石之下。

压在木头下面的知纱陷入了昏迷,纮子就紧紧贴在她的胸前。宝宝的哭声最终让知纱苏醒了过来,"为了保护她的孩子,她开始竭尽全力,试图脱身"。[78]她的双手原本被压在身侧动弹不得,但她挣脱出一只手,把压在身上的废墟拨开一个小洞。[79]很快,洞口已经足够把纮子推出去了,而最终,知纱自己也奇迹般地钻了出来。她们刚好把握住了逃生的最后时机[80]:此时大火已经将这里团团包围。她们跟天主教神父们一样朝着浅野公园的方向逃去,路上遇到了谷本牧师。

公园里的景象让牧师惊呆了。他在避难的人群中遇到了隔壁邻居、年轻的蒲井（Kamai）太太。虽然谷本牧师的孩子幸免于难,但蒲井太太怀里的幼女却在母女二人被困废墟时呛到泥土窒息而死。蒲井太太接下来好几天就这样一直抱着女儿,即便她的遗体在夏日的高温中已经开始腐烂也不愿放手。[81]

牧师决心帮助更多难民过河到浅野公园躲避。他看到礁石滩上有一艘搁浅的小船[82]，凑近才发现船舱里有五具尸体。他别无选择，只得将尸体一一拖出，一边拖一边对逝者道歉。他找了一根杆子撑船，开始把重伤的幸存者运到对岸，宛如将亡者的魂灵渡过冥河的卡戎。有一次他试图把一个男人拉上船的时候，惊恐地发现"那人手上的皮肤像手套一样滑脱了"。[83]

"我已经感受不到任何人类的感情，"他说，"只是慢慢地把（河面上的）尸体推开，撑船前行。"[84]

谷本牧师在公园里遇到了克莱因佐格神父等天主教神父，他们是登町的邻居。神父们此时都在灌木丛下栖身，只有克莱因佐格神父正在给幸存者们发放饮水。西梅斯神父等人赶来后，谷本牧师帮他们一起用船把受伤的神父们送到河的上游，好让西梅斯神父的同事们可以用担架把他们抬到安全的地方。夜幕已降，视线受阻，如果从陆上前往，难免踩到满地的尸体，甚至滑倒。河水此时也已涨潮，不仅把更多尸体卷进了河里，更冲走了很多仍有一息尚存但身体虚弱无法动弹的伤者。

大约午夜时分，谷本牧师终于得以在公园中躺下休息片刻。他附近的地上躺着一位严重烧伤的小女孩；她是一个学生,当天和其他同学一起被征调去帮忙拆房,给防火巷腾地方。她痛苦地打着冷战。

"妈妈,我冷,"她抽泣着,"妈妈,我好冷啊。"[85]

谷本牧师注意到,核爆发生的那一天,没有人知道究竟是什么东西击中了他们,甚至没有人知道原子弹为何物——除了少数几个例外。广岛红十字会医院的副主任重人文雄(Fumio Shigeto)拍摄了一张核爆破坏场景的照片。他跑回医院暗室显影时惊讶地发现,胶卷已经曝光了[86]——这是表明原子弹具有不同于寻常武器特性的最初线索。

赫西与谷本牧师谈了近三个小时后,一起走出了教堂,来到街上。[87]二人来到仍是一片废墟的谷本牧师教堂旧址。在获取建材方面,谷本牧师远不如天主教的神父们走运。赫西随身带了一台相机,他问牧师是否可以拍照。他希望自己比威尔弗雷德·贝却敌走运,能将胶卷成功地带出日本——贝却敌的《原子瘟疫》报道在《每日快报》刊发后,他在广岛拍摄照片的胶卷就离奇地不翼而飞了。

谷本牧师跟克莱因佐格神父一样,也答应给赫西引荐其他爆炸幸存者。尽管谷本结识赫西不过短短数个小时——何况这个记者的祖国不久之前刚刚摧毁了谷本生活的城市、击败并占领了他的国家——但谷本却觉得，方才与自己交谈的这个人，是"我久别重逢的旧时相识"[88]。

万名患者

接下来的几天里，克莱因佐格神父和谷本牧师分头找到他们认识的幸存者，询问他们是否愿意接受赫西的采访。赫西日复一日地倾听他们的讲述，一边体会着他们的经历和见闻，一边全程做着记录。[89] 他可能使用了给作家辛克莱·刘易斯[1]当短期助理时学会的速记法。[90] 其他人回忆说，赫西只是静静地听着他们讲。

赫西似乎也数不清他在广岛究竟采访了多少人。他后来估算大致有25到50人。每个人的故事都有其独特的恐怖之处。他牢牢抓住《圣路易斯雷大桥》的范式作为选择人物的标准：在"小男孩"夷平广岛、颠覆所有广岛人生活的那天，他故事里的主人公们必须是互有交集的。入围

---

[1] 辛克莱·刘易斯（Sinclair Lewis，1885—1951），美国作家，1930年凭借长篇小说《巴比特》获得诺贝尔文学奖，是美国第一位诺贝尔文学奖得主。

者的名单逐渐变得清晰起来。除了克莱因佐格神父和谷本牧师之外，赫西最后选择了两位日本医生、一位年轻的女性文员以及一位带着三个幼子的日本寡妇。

中村初代（Hatsuyo Nakamura）太太也住在登町，是耶稣会神父们和谷本牧师的邻居。她的丈夫是一位裁缝，应征入伍，1942年死在了新加坡。自那之后，中村太太便靠着用亡夫的缝纫机做针线活来养活三个孩子。原子弹爆炸时，她的一儿两女分别只有10岁、8岁和5岁。最小的女儿美也子（Myeko）在耶稣会的天主教幼儿园上学。

赫西第一次见到中村太太的时候，她也已经回到了登町。多年来一直生活拮据的她在核爆后变得愈发穷困。她住在一间泥地上搭建起来的小棚屋里，墙上的窟窿用废纸和硬纸板勉强堵住。她从占领军嘻嘻哈哈地翻找纪念品的废墟里抢救出盘子和餐具，盛放供家人糊口的清汤寡水。[91]她在棚屋附近清理出一小片土地，开垦了一个小菜园。与克莱因佐格神父和谷本牧师一样，中村太太也受到谷本牧师口中"原子病"的折磨：核爆之后，她的头发都掉光了，持续的腹泻和呕吐让她瘦得不成人形。

中村太太的棚屋小得几乎容不下来访的赫西。"他坐在地上……双腿叠放在胸前,感觉他的腿似乎填满了整个房间。"中村太太后来描述道。[92]

赫西温和友善,这让中村太太得以放松地讲述核爆当天的经历。她告诉赫西,原子弹爆炸之时,她正在厨房蒸饭,还朝窗外看了一眼。三个孩子还在隔壁睡着,他们经过前一天半夜空袭警报疏散的一场虚惊,已经筋疲力尽。原子弹爆炸的一瞬间,中村太太直接被弹到隔壁,塌下来的房瓦和顶板直接砸在她的身上。[93]

她的三个孩子被埋在了废墟里。中村太太疯了似的忙把他们刨了出来。孩子们都吓傻了,好在没有受伤。来到街上的一家人被头顶突然出现的黑云,以及四周倒塌的房屋和熊熊的大火惊呆了。他们穿过这一片混乱,朝浅野公园跑去。路上,他们看到美也子上的幼儿园也已经不复存在,浑身是血的克莱因佐格神父神不守舍地在天主教会的楼外徘徊。

到了公园之后,全家人都开始呕吐。他们喝了一些河水想缓解一下,但喝进去的河水很快也吐了出来,然后便继续不受控制地呕吐。中村家是最先抵达浅野公园的幸存者之一。随着容貌尽毁的爆炸幸存者纷至沓来并在他们眼前大批死去，一幅恐怖的死亡图景很快在他们面前展开。接着，恐怖的旋风又席卷而过。

其间，一艘日本海军的汽艇经过这里，公告说一艘海军的医疗船很快将要抵达。[94]中村太太感到了短暂的安心，以为孩子们很快就能得到医生的诊治了。但这艘海军的医疗船一直没有出现，并且这座城市的医护人员大多非死即伤：广岛的300名医生中，有270名在爆炸中死亡或者重伤[95]；1780名护士中，死伤者多达1654名。幸存的医生大都身负重伤：一位广岛通信医院（Hiroshima Communications Hospital）的外科医生在爆炸时被碎屑划伤150多处[96]，但仍在部分烧毁的医院里救治了不计其数的病人。

数以千计的病患汇集到为数不多的几家仍在运行的医疗机构，很多人都出现了腹泻和呕吐的症状，这令幸存下来的医护人员们非常困惑。一位医生猜测，这或许是因为美军的炸弹释放出了毒气或者某种致死性的微生物[97]，并由此错误地断定，幸存者们的症状是杆菌引发的痢疾。但无论医护人员是否找到了发病的真正原因，寡不敌众的医护人员们没撑多久就弹尽粮绝了：绷带、药品和净水的储备很快就耗尽了。

赫西通过克莱因佐格神父和谷本牧师又结识了广岛红十字会医院唯一一个在爆炸中毫发无伤幸存下来的医师。佐佐木辉文（Terufumi Sasaki）医生是一位年轻的外科医师。原子弹爆炸时他身在医院，亲眼见到了爆炸的物理效应。他对于核爆影响的专业意见对赫西至关重要，并且有助于赫西在报道中准确使用医学术语。为此，赫西除了在三位日本翻译[98]的帮助下用日语和英语向会讲多国语言的佐佐木医生提问之外，还通过克莱因佐格神父与他用德语交谈，并用中文与曾到中国学习的佐佐木医生直接交流。

时年二十五六岁的佐佐木医生告诉赫西，他是在走过医院主走廊时看到闪光的。天花板突然崩塌，病床横飞。鲜血溅满了墙壁。碎玻璃以及死去病患和医护人员的尸体铺满了地面。佐佐木医生的眼镜被吹飞了；他只得摘下一位受伤护士的眼镜借用。他立即着手把所有能找到的完好的医疗用品归集起来，给受伤的医院工作人员和患者包扎伤口。

外面的爆炸幸存者开始潮水般地涌入医院。没过多久，或站或卧的伤者们便挤满了医院的病房、楼道、楼梯、台阶乃至卫生间。来到红十字会医院的受伤民众多达1万人，但医院仅有的600个床位均已占用，并且健康的医生仅有一人。一位广岛通信医院的医生也回忆说，来院的病患"如同雪崩一般"，医院里"每个角落、每个缝隙都挤满了人，就像寿司里包的米粒……（清理）房间和楼道里的尿液、粪便以及呕吐物（成了）不可能完成的任务"。[99] 外面，粪便洒满了医院大门的台阶。由于没人有空清理尸体，医院门口没过多久就弥漫起了死人腐烂的味道。很快，各家医院就被数百具尸体包围了。

佐佐木医生连续工作了将近72小时。后来，另一个城市的一位医生和12位护士赶来增援，但即便如此，红十字会医院的医护团队仍然无力照看这么多的核爆受害者。到了核爆后的第三天晚上，佐佐木医生救治过的病人有很多已经一命呜呼。

迟迟未到的医生

并非赫西报道中所有的主人公都在核爆那天选择无私助人。赫西通过他人引荐认识的另一位医生就自觉伤势过重，没有对大批亟须救治的重伤者施以援手。藤井正和（Masakazu Fujii）医生是广岛一间小型私人诊所的老板，也是那里唯一的一位医生。他的诊所在克莱因佐格神父所在的天主教堂附近，核爆的几天前他还赠送给神父们一个急救包。

核爆后，藤井医生的新诊所在广岛郊区开张了。赫西第一次前去见他的时候，看到他的新诊所门口挂着一块标牌，上写：

M. Fujii, M.D.
Medical & Veneral[1]

赫西注意到，标牌是用英文写的，看来藤井医生已经着眼招揽驻日占领军的生意了。尽管他的私人诊所在核爆中被毁，但核爆后，前来求医的重病患者数不胜数，藤井医生也因此得以很快东山再起。

赫西第一次找到藤井医生的时候，后者起初没弄明白

---

[1] 意为"藤井正和，医学博士，内科和性病科"。

赫西是一名记者。最近几个月,有很多美国人来到广岛采访核爆幸存者。"有些是医生,其他人则是代表美国政府或者日本政府前来调查的,"他后来说,"我以为赫西也跟他们一样。"[101] 赫西给了他一张自己的名片,但藤井医生没有认出上面写的两本刊物是美国的杂志。

在克莱因佐格神父的帮助下,藤井医生与赫西谈了3个小时。藤井医生很快就对这位来访的记者产生了好感。

"我们面对面交谈的时候,我看着他不禁心想,'这个年轻人一定跟伟大的林肯总统一样,都是美国人的优秀代表',"藤井医生回忆道,"甚至他(的相貌)也与我在历史书里见到过的林肯总统的肖像有几分相似……他十分善解人意、极富同情心。"[102]

1945年8月6日早上,藤井医生和克莱因佐格神父一样,正穿着内衣读报纸——只不过藤井医生读报纸的地方是他诊所的阳台,正对着广岛七条河流之一。原子弹爆炸的时候,他被直接甩进了水里,诊所的残骸从天而降压了下来。不过藤井医生并未溺水,而是被挂在了两根木棍之间——用赫西的话说,"就像被一双巨大的筷子夹住的食物"[103]——头还露在水面以上。他似乎意识到河水涨潮之后就会将他淹死，并因此充满了力量：虽然他锁骨骨折、肋骨可能也裂了几根，但还是奋力挣脱了下来。诊所的另外两名护士也像落入蛛网的苍蝇一样挂在了木棍上。藤井医生在河岸上其他幸存者的帮助下也将她们救了下来。诊所的其他职员、患者以及一个刚好到藤井医生家小住的侄女则全被埋在了废墟之下。

这时，受伤的天主教神父们从教堂逃了出来，浑身是血，失魂落魄。他们去浅野公园之前原本曾试图前往藤井医生的诊所。尽管诊所与教堂只隔大约6个街区，但四蹿的火舌已经吞没了通向诊所的通路。眼看大火朝着诊所废墟的方向扑了上来，藤井医生和两位护士又跳进了河里。他们一直待在河里等着火势减弱，一直等到河水涨潮、波浪四起。尽管三人都受了伤，但仍然勉强来到了上游，在浅野公园附近的河岸上暂避。

到了夜里，从下午开始已经在浅野公园里看了太多死状的谷本牧师为伤者得不到急救而怒火中烧。他一度离开浅野公园找到正在另一个疏散点工作的日军医疗队，试图请一位军医跟他一起回浅野公园，但没有成功。[104]与此同时，藤井医生悄无声息地离开了河岸，辗转来到城外村里一个朋友的避暑别墅，并在那里休养至痊愈。

不过至少，藤井医生几天前赠送给天主教会的急救用品，让神父们得以包扎好了自己的伤口。

在原子时代被压在书下

佐佐木医生、克莱因佐格神父和谷本牧师都向赫西坦承，在核爆那天的某一个时点之后，眼见了太多惨状的他们彻底变得麻木不仁。随着赫西听得恐怖的讲述越来越多，他也已经到达了情感饱和的临界点。但有一个人的证言，却因其讽刺意味而给他留下了格外深刻的印象。

时年 20 岁的佐佐木敏子（Toshiko Sasaki）在核爆发生前与家人住在广岛市郊，在东亚罐头厂（East Asia Tin Works）做文员的她每天通勤到市里上班。赫西第一次拜访佐佐木小姐的时候，她还在红十字会医院养伤。经历了住院数月以及父母和年幼的弟弟在核爆中去世的打击后，佐佐木小姐向克莱因佐格神父寻求指引。神父安慰了她[105]，并希望她皈依天主教。此时的佐佐木小姐正处于人生绝望的谷底。除了个人和家庭的变故之外，她的未婚夫跟她退了婚。战争期间，她的未婚夫应征入伍，被派到了中国，不过已经平安回国。但不知为何，他现在要悔婚。核爆后，很多幸存者都被视为不健全的人，并因此被社会遗弃。

尽管忍受着身心的痛苦，佐佐木小姐还是同意了接受赫西的采访。8月6日早上那道夺目的闪光亮起的时候，她刚刚到达工厂，在办公桌前坐下。

天花板塌了下来，几部高高的书架向前倾倒，所有书籍都重重地砸在了佐佐木小姐的身上。其中一个书架倒在了书堆上，更把佐佐木小姐严严实实地压在了下面。她困在书堆里动弹不得，左腿扭曲折断。与中村太太和藤井医生不同，佐佐木小姐没办法从压在身上的书本、石膏和碎木头中脱身，只能在剧痛中死去活来，听天由命。

好不容易等来一个人帮助佐佐木小姐的几个同事脱身，可那人没办法把深埋在废墟下的佐佐木小姐也拉出来，便扔下她而去。后来又来了几个人，才把她挖了出来。她在工厂院子里冒着雨枯坐多时，直到另外一位"热心人"把她放在附近靠着院墙用铁皮瓦楞板支起的一个临时避难所。她的左小腿被压得粉碎，吊在膝盖上晃荡着。那疼痛让人生不如死。没过多时，另外两位身受重伤的幸存者被扔在了避难所里，包括一个面部严重烧伤的男子。赫西后来在文中所写的这"三怪客"[106]就这样被留在那里长达48小时，水米未进，无人过问。

最终他们终于被人发现。佐佐木小姐被拉上卡车，送到日本陆军的一个救济站。当时，她的腿已经肿得老高，满是脓水。而且，尽管她后来辗转经过多个军医院和临时救助站的诊治，但所有的医生都没办法为她正骨，只有一个医疗小队给她打上了夹板。

佐佐木小姐后来成了佐佐木辉文医生的病人。赫西来见她的时候，她已经大大好转，可以拄拐行走，但她的左腿由于受伤之初没有得到及时复位，现在比右腿短3英寸[1]。她曾跟克莱因佐格神父讨论过上帝的奇怪脾性。她说，上帝应该是仁慈宽厚的，那么为什么他可以容许人们遭受如此极端的痛苦？克莱因佐格神父的回答一定说服了她：1946年夏天，佐佐木小姐正式皈依天主教。

---

[1] 约为7.6厘米。

悄然离去

如此，赫西找到了他的六位主人公。有了他们，他便可以向世人展现人类为原子弹所付出的真正代价。他承认，他选出的主人公"根本无法代表典型的广岛人"，但他感到，"核爆对他们的影响，大抵即是核爆投射在每个人身上的阴影"。[107]

经过两周的现场采访后，赫西准备返回东京，然后飞回美国开始写作。他所在的部队，有些军官知道他见过核爆幸存者[108]，但他们显然没有出手干预。这或许是因为，到了这个时候，他们已经习惯了 SCAP 批准的记者来到广岛，探访废墟、会见幸存者，然后悄然离去。就在赫西离开广岛的几周之后，又有一小队记者驾驶着吉普车来到广岛查看受损情况，为报道即将到来的核爆一周年做准备。他们像此前来过的记者一样，对着残垣断壁呆望了片刻，然后采访了佐佐木医生所在的红十字会医院里一位核爆当天在医院值班、不愿具名的医生。但最终他们写出的报道全是些陈词滥调。与此同时，驻在东京的媒体记者们仍密切关注着正在进行的日本战犯审判，为日本天皇是否应该受审、是否应该被绞死[109]而争论不休。

而此时的赫西,用哈罗德·罗斯的话说,仍走在"抢先世界"的路上。

赫西站在广岛火车站的月台上,想起了被罐头厂废墟压断腿的佐佐木小姐。他心想,在原子时代开启的时刻,她竟然被压在了书下,这真是莫大的讽刺。他暗下决心,要在报道中把这层意思点出来。[110]

尽管赫西离开了广岛,但佐佐木小姐和其他五位幸存者们在这个地覆天翻的新世界中的生活仍在继续。谷本牧师开始筹备纪念核爆一周年的礼拜。[111]藤井医生为私人诊所的患者看病,用威士忌招待占领军。[112]克莱因佐格神父的健康状况再度恶化,在东京的医院里住了一个月。[113]中村太太重新长出了头发;她5岁的女儿回到了重开的天主教幼儿园,另外两个孩子也继续接受小学教育[114]——只不过由于找不到完好的建筑,小学生们只能在露天上课。佐佐木医生也回到医院继续工作。

夏日的热浪中,广岛的废墟流金铄石。六个接受赫西采访的幸存者都不知道,短短几周后,他们的名字和故事即将为世人所共知。

第五章　广岛二三事

淡化恐怖

就在赫西即将完成在广岛的采访之际，身处地球另一边的哈罗德·罗斯和威廉·肖恩正为各种与核爆风马牛不相及的事情而操心。最新一期的《纽约客》刊发了一篇酷爱热狗的纽约肉业大亨的专访和一篇关于阿斯托利亚赌马（Astoria Stakes）的报道，此外就是漫画，还有伊丽莎白·雅顿（Elizabeth Arden）面霜、可口可乐、安德伍德（Underwood）辣味火腿罐头和林肯大陆（Lincoln Continental）敞篷车的广告。[1] 这本杂志已经完全回归了战前的模式，完全看不出要爆出什么大新闻的迹象。

6月12日，肖恩收到了一封赫西从东京发回的电报。[2]

赫西报告称，已经成功获取了广岛的素材，他将于当天晚些时候启程回国，大概五天到纽约。

赫西搭乘的是美国空军训练指挥部（Air Training Command）的飞机。[3]这段漫长的航程从东京出发，需要先后在关岛和美国空军在夏威夷的主机场希卡姆机场（Hickham Field）经停两次后，才能抵达美国本土。希卡姆机场位于瓦胡岛（Oahu），邻近美国海军珍珠港基地（US Naval Station Pearl Harbor），1941年日军偷袭珍珠港时也遭到了攻击。希卡姆机场的机库、兵营和教堂等设施都在日军轰炸中受损。与广岛核弹攻击一样，日军选择在清晨对珍珠港发动突袭。日军的一枚炸弹击中了正处于早餐时段的希卡姆机场食堂，导致35人当场死亡。[4]这次经停虽然让人感到心头沉重，但作为赫西此行的收尾，却是再合适不过。

空军训练指挥部的飞机终于在旧金山着陆。赫西从那里动身返回东海岸。他已经开始感受到时间紧张的压力：他的报道已经定在《纽约客》纪念8月6日广岛核爆一周年的专刊中发布。虽然用他自己的话说，他习惯了在"白热化"[5]的压力中写作，但这一次，题材本身就极富争议，再加上罗斯和肖恩的细致严格的编辑，注定将十分复杂，令人大伤脑筋。更何况，不能排除其他刊物会在纪念日前后刊发同类的报道。

赫西动笔了。他在稿纸的最上方用铅笔写下一个备选的标题：《广岛二三事》。[6] 画掉了。他又写了一个：《广岛历险记》。这个也不好。《原初之子炸弹》("The 'Original Child' Bomb")[7] 也不行——赫西听人说，日本人把击中他们的新武器称作"原子爆弹"（genshi bakudan），字面直译过来就是"原初之子炸弹"。最终，他保留了"广岛二三事"，暂作标题。

有了幸存者的证言在手，赫西开始思考如何能让文章尽可能地吸引读者的注意力。他感觉，这篇文章应该读起来像一篇小说。"新闻报道让读者见证历史，"他后来说，"但虚构文学让读者有机会亲历历史。"[8]

对于这篇广岛的报道，赫西的目标是"让读者进入人物、成为人物，对人物的痛苦感同身受"。[9] 读者可能有各种各样的理由读不进去：可能是行文画面感太强，令人不安；可能是读者自己对于广岛的核爆心存愧疚；抑或是文章本身说教性太强。如何保证读者不要刻意回避，是赫西面临的一大挑战，足以决定这篇报道的成败。他写出的东西必须让读者拿起来就放不下。如果他的文章读起来像是一篇虽然有点恐怖却又引人入胜的惊悚小说，那么他就有机会赢得公众的关注。

赫西吸取了《圣路易斯雷大桥》的精髓，计划利用贯穿全文的悬念将克莱因佐格神父、中村太太、谷本牧师、佐佐木医生、藤井医生和佐佐木小姐在核爆当天的经历交织串联在一起。他还决心用坚定而克制的语调讲述幸存者们的故事。赫西过去为时代集团旗下媒体撰写的文章很多都按照固定的风格套路，夹杂着上帝视角的庄严宣告。但这篇文章将完全不同。

"我着意选择在这篇文章中保持语气的平淡。"赫西后来表示。[10] 他认为，这种有意为之的"对恐怖的淡化处理"可以创造出"比出于义愤的大喊大叫更令人良心不安的效果"。[11]

这篇文章将是简约精练的，仿佛医生诊断书一样陈述各方的行动和实际发生的情况——这将是一种完全不同于《纽约时报》的"原子比尔"劳伦斯的文风。当时，"原子比尔"讲述核弹研制过程以及他作为格罗夫斯将军"钦定"

官方史官见闻的新书《零点破晓》(Dawn Over Zero)通过了官方的审查许可，即将发行。[12] 劳伦斯在书中写道，第一枚原子弹在新墨西哥州引爆的时候，"小丘赞鸣，群山同声。仿佛大地发话，一时间彩云齐和，碧空响应。原子能——是的。它宛若一场非凡的元素交响的华丽尾声，无与伦比而令人生畏，振奋人心又令人颓丧，是不祥之兆，是天降之殇，既孕育着远大的希望，也预示着巨大的灾殃"。[13]

够了。赫西坐定，提起笔，用干净、平和的字迹，写下了这段彪炳新闻史的洗练文字：

> 日本当地时间1945年8月6日早8时15分整，原子弹的光芒在广岛上空闪耀之时，东亚罐头厂人事部职员佐佐木敏子小姐刚在工厂办公室的工位坐下，正要转头跟邻座的女同事说话。[14]

他详述了原子弹引爆之时六位受访者所处的位置，说他们直到现在也不明白为什么他们能在这场夺走千万人性命的灾难中幸存。"现在，"他写道，"所有人都明白，活下来的他们已经几世为人，亲眼见到的死亡更是远远超过他们的想象。"[15]

赫西细致入微地讲述了每个幸存者在核爆发生那天晨间日常生活的片段，以及核弹爆炸后每个人的境遇。（赫西最初将第一章命名为"闪光"，后来又改成了"一道无声的闪光"，因为没有一个主人公提到过听到爆炸声，但那道夺人双目的闪光却是每个人都记下的一个细节。）

他写到谷本牧师看着浑身是血、惊魂未定的幸存者涌出城市；写到"小男孩"在广岛上空播撒死亡时，克莱因佐格神父和藤井医生正在各自家中穿着贴身衣物读报；写到佐佐木医生那天早上如何抵达医院（他比平时到得早，如果他按平时的时间乘坐火车和街车上班，那么核弹爆炸时他很可能就在核爆原点附近），以及红十字会医院骇人的惨象。

赫西写到中村太太和佐佐木小姐当天清晨起床照顾家人，以及中村太太在倒塌房屋的废墟中绝望地寻找孩子。他写到佐佐木小姐在罐头厂被天花板和书架压在下面的遭遇。赫西用他站在广岛车站月台上想起的一句话作为这一章的收束："人类原子时代开启的一刻，在这个罐头厂出现了这样的情况：一个人被压在了书下。"[16]

第二章标题叫作"大火"。在这一章,读者将真正浸入核爆带来的恐怖。赫西用几乎不带任何感情色彩的语言记录了谷本牧师如何深入炼狱寻找家人[17]和邻居,深井太太令人心碎的命运,跑进吞噬城区的火海以求了断的教会秘书,以及中村一家逃到浅野公园的经历。他写到藤井医生被吊在自家门廊的两根柱子上,半个身子被不断上涨的京桥川(Kyobashi River)淹没。他讲述了佐佐木医生在红十字会医院经历的磨难:数千名伤者涌入医院,不堪重负的年轻医生变成了"一个机器人,机械地擦拭、涂抹、包扎,擦拭、涂抹、包扎"。[18]

第三章最初的标题叫作"热泪盈眶"(With Full Tears in Their Eyes),后来改成了"深入调查"(Details Are Being Investigated)。在这一章里,赫西讲述了多位主人公都逗留过的浅野公园在核爆当天的恐怖夜晚,记录了谷本牧师摆渡伤者过河的沉重经历,以及他试图拉着一位幸存者的手把他拽上船时,从那人手上滑脱的灼伤皮肤。

赫西在报道中提到,美军轰炸长崎后,广岛的核爆幸存者过了好几天才听说日本的另一个城市也遭到了相似的核打击,因为当时日本政府仍在封锁有关原子弹的消息。

真实影响

在初稿的第四章也是最后一章中,赫西报道了广岛核爆的长远影响。尽管他的文章主要基于六位幸存者的讲述,但赫西还在文中提供了关于原子弹本身及其对广岛环境和人体所产生的放射性副作用的信息。赫西参考了他此前得到的一批核爆后日本方面的科学研究[19],包括广岛市编制的一份损失情况报告、一份关于原子弹对广岛树木植物影响的植物学研究以及一份由九州帝国大学(Kyushu Imperial University)诊所撰写的"原子病"临床研究报告——这份报告详述了在幸存者中肆虐的辐射病的症状和病因。他甚至拿到了克莱因佐格神父的血小板数化验结果。赫西希望借此表明,日方对原子弹及其影响的调查结论被 SCAP 和华盛顿的官员刻意隐瞒了。

"麦克阿瑟将军的指挥部系统性地对所有提到原子弹的日本科学刊物进行了审查,"他写道,"但它无法审查人心。"[20]

赫西在文章中指出,多项研究的结果尽管被官方明令禁止发布,但在日本科研界、医学界和政府内部已经广为流传;而相比于他们,一直被蒙在鼓里的美国公众对真实的情况所知更少。他指出，美国官方之所以要压制与核弹有关的信息，至少在某种程度上是为了尽可能维持其核垄断地位。

"（但）想要保守住原子裂变的秘密就像试图掩盖万有引力定律一样，不过是白费工夫，"他愤怒地写道，"密西西比河和洛基山同样可以被认为具有军事意义，但任何人都没办法把它们藏起来；同样地，广岛和长崎所发生的事情，是没有哪个美国参议员或者将军能压得住的。"[21]

这个最初定名为"真实影响"（The Real Effects）的章节介绍了在 1945 年 8 月 6 日过后的数日、数周、数月中，克莱因佐格神父和其他天主教教士、谷本牧师、藤井医生和佐佐木医生、中村太太和孩子们以及佐佐木小姐等人的命运。赫西毫无保留地描述着他们久久不能愈合的伤口、贫困的生活以及他们在辐射病的折磨中所展开的抗争。他写道，藤井医生受辐射的影响似乎较轻，他本人猜测可能是他那间在爆炸中倒塌的诊所帮他挡住了原子弹的辐射。但克莱因佐格神父、谷本牧师、中村太太都表现出严重的辐射相关症状，包括发烧、呕吐和全身乏力。核爆后不到一个月，中村太太便几乎被病症摧毁。核爆后几周，她的头发便开始大把大把地脱落。与此同时,克莱因佐格神父虚弱到无法行动;他的伤口迟迟不愈,甚至招致他教区的教区长指责他故意破坏自己的伤口,否则还有什么能解释他伤情的恶化呢?

在赫西之前,即便是威尔弗雷德·贝却敌和乔治·韦勒等人对"原子瘟疫"和"X病"的威胁所做过的最激烈的描述都仍然是泛泛而谈。赫西希望细致地揭露困扰核爆幸存者的"原子弹病"(atom bomb disease)的不同阶段,表明这件武器即便在爆炸之后的漫长时期内仍然可以致人死命。他谨慎地从日方的研究以及他现场采访的记录中选取并转述相关的信息。他写道,日本的医生很快便得出结论,这是一种人为的全新疾病,其起因在于中子、β粒子和γ射线攻击人体,导致人体细胞受损溶解。

赫西报道中多位主人公表现出的症状包括恶心、头痛、腹泻、全身乏力以及最高可达106华氏度[1]的高烧,随后便会出现突然的脱发以及血液紊乱:牙龈出血、白细胞数量骤降、伤口易感染并久不愈合,皮肤也会生出紫红色的斑块。

---

[1] 约为41.1摄氏度。

症状的轻重似乎与受害者在核弹爆炸时受到的辐射量直接相关。任何人只要读过赫西的报道就会明白，原子弹绝不是什么常规武器，辐射病也并非格罗夫斯将军所说的"非常令人愉悦的死法"。

赫西还援引日本有关方面的调查报告指出，核爆幸存者的生殖过程也受到了辐射的影响：存在与核爆有关的不孕不育、流产和停经的报告。在赫西看来，这"仿佛是大自然在保护人类免受自己'杰作'的伤害"。[22]

死难者人数也是一个问题。核爆近一年后，仍然没有人知道广岛核爆以及核爆后遗症究竟导致多少人丧生。赫西见过几个不同版本的估算数据。广岛市政府的研究显示，截至1945年11月30日，共有超过7.8万平民死亡，另有近1.4万平民失踪；以上数字不包括日本军方人员。[23]但赫西同时也指出，广岛市政府无法确认这些数字的准确性。[24]赫西拿到的另一份日方的报告认为，死伤者共计27万人。[25]（美国政府当时估计，广岛的死亡人数在7万到8万之间，但也承认，"准确的伤亡者人数可能永远无法知晓"。[26]）随着数月来更多遗体被挖出，广岛市政府官员告诉赫西，他们估算核爆造成约10万人死亡。赫西最终选择在报道中引用这个数字。

讽刺的是，就在赫西回国不到两周后，美国政府发布了美国战略轰炸调查报告，对美国战争期间历次轰炸给日本造成的损害进行了评估。这项调查是应哈里·杜鲁门总统几个月前在日本投降日当天的要求而开展的。[27]赫西拿到了报告的副本。调查公开的目标是，"全面陈述原子弹对广岛和长崎造成的影响"，并驳斥报告作者所谓的"其他歪曲言论"，以正视听。[28]

报告坦承，调查的另一个目的在于研究原子弹对人和城市地区的影响，以将相关经验用于"国防事务"。美国政府已经在为将来失去核霸权做打算，而广岛的幸存者们正好可以用作研究的小白鼠。"假使核爆的目标是一个美国的城市，又将如何？"报告作者提出了这样的问题，"危险是切实存在的。"[29]好在调查人员通过研究广岛和长崎，总结出一些有助于美国在受到核攻击情况下降低潜在人员伤亡和财产损失的经验。比如，大多数广岛和长崎居民由于无法进入地下防空洞而瞬间化为齑粉；因此，美国的城市需要周密规划并建设核辐射避难所网络。

美国战略轰炸调查报告还指出，核爆城市的命运表明了原子时代"去中心化的价值"。正是由于广岛的医疗设施大多集中在市中心,医疗系统"在爆炸发生后立即瘫痪,甚至被彻底抹除"。美国的城市规划者现在或许需要考虑"更加明智的区域划分","重塑全国各项活动的中心,疏散相关功能",以防同样的命运落到美国城市和美国人民的头上。广岛和长崎居民的经验非常好地凸显了这些新的需求。(报告作者还承认,"我们对于辐射死伤者的理解尚不完整",有必要也有计划对核爆幸存者开展进一步的研究。)[30]

读了这份报告的赫西更加愤怒,并将怒火全都倾注在他的文章中。他指出,政府仍在隐瞒核弹爆炸高度、铀使用量等信息;他还认为,报告另有秘密内容并未向公众公布。

在报道的结尾,赫西的目光重新回到几位主人公身上,讲述他们在被毁灭殆尽的世界中如何直面生存的挑战,开启新生。核爆近一年后,六位主人公对核弹和美国人的态度不尽相同。中村太太和藤井医生选择了释怀。克莱因佐格神父还在就使用原子弹是否符合伦理与同事们争论不下。佐佐木医生对哲学思辨不感兴趣:他告诉赫西,投放原子弹的美国人应该跟当时正在东京出庭的日本统帅部一样,受到战争罪的审判,然后被绞死。

赫西本打算用谷本牧师对原子能其他正面用途的思考结束全文。但赫西感觉这与他希望营造的黑暗、沉重的氛围不符，并重写了最后一段，改用中村太太的儿子、核爆时只有10岁的中村敏夫（Toshio Nakamura）的话做结。赫西讲述了敏夫对这场重大事件充满童真的记忆：核爆前一天，他吃了花生。那道奇怪的光闪过之后，他的邻居就浑身是血了。他和家人逃到公园，看到了旋风。他遇到了两个小朋友，他们都在找自己的妈妈。

"可是菊木的妈妈受伤了，"赫西写道，"而村上的妈妈——哎呀——她已经死了。"[31]

专号刊发

赫西的文章洋洋3万余字。《纽约客》的编辑们最初本打算在"漫游闲笔"（A Reporter at Large）栏目下分期连载。但读过全文后，肖恩很快便意识到连载根本行不通。

"听着，这篇文章压根没法做成连载。"他告诉赫西。[32]

一期接一期地追踪多位主人公的命运轨迹对于读者来说太过复杂，这会打乱文章的节奏，削弱其感染力。肖恩无法接受以那样的方式糟蹋了这篇重要的报道。显然，他对这篇文章的期待至少跟赫西一样高。肖恩不仅没有要求赫西将文章缩写成分量更轻的短篇，反而还想到了一个让报道更具煽动性的点子。

"连载肯定行不通，"他告诉哈罗德·罗斯，"只能专号全篇刊发。"[33]

这无疑将是《纽约客》有史以来发表过的篇幅最长的单篇文章。不仅如此，肖恩还告诉罗斯，他应该考虑拿掉那期杂志中所有其他内容：无论是"街谈巷议"（Talk of the Town）栏目、小说，还是其他文章和专访——那些都市漫画当然更不能要了，否则跟描写广岛焦黑尸体的文字并排放在一起，会显得毫无同情心。

肖恩的建议让罗斯大为震惊。正如一位《纽约客》长期撰稿人后来所说，肖恩的提议无论对于《纽约客》还是对于任何其他杂志来说，"都是一次前所未有的编辑部肆意妄为"。[34] 起初，罗斯提出，赫西的文章如果专号全文刊发可能会显得太过刺耳。没错，他们是想用这篇报道推动一些变化，但罗斯担心，和平时期的读者们可能没有做好一下子面对如此高强度的暴行报道的准备。另外，他还指出，读者发现他们最喜欢的栏目没有了，可能会感到"上当受骗"。[35] 毕竟，即便是战争期间最为风雨如晦的年代，《纽约客》的漫画以及"大事小情"（Goings on About Town）、"街谈巷议"等栏目也从未缺席。

肖恩的提议引发了罗斯的存在性危机，类似于他在战前对《纽约客》的身份和前途所产生的怀疑。但日军袭击珍珠港让罗斯放下了不安[36]，心安理得地把《纽约客》从一本幽默杂志变成了严肃战争报道的平台。

日本投降后，罗斯一直为如何——乃至是否应该——延续杂志战前的格调而纠结不已——毕竟用罗斯自己的话说，"大战期间已经做了那么多严肃的报道"。[37] 在他看来，《纽约客》的战争报道不仅有必要，而且成果斐然。如今他有机会以惊人的方式呈现这场战争最重要的新闻。但广岛这个故事，哪怕分期连载也已经极富争议性，用整整一期杂志全文刊发无异于将它暴露在巨型探照灯之下。这个问题考验着编辑们的决心。罗斯曾对《纽约客》长期的撰稿人和编辑 E.B. 怀特表达过他的焦虑。

"赫西写了一篇 3 万字的广岛核爆文章（我现在可以用一种花哨的新方式刊发），"他告诉怀特，"（这篇文章）

写得棒极了,我们不知道该怎么处理才好。"肖恩强烈建议用专号全文刊登,其他栏目都不要。罗斯说:"他想唤醒人们,他说我们有这个机会,并且或许只有我们有这个机会。"[38]

在纠结了近一个星期之后——其间肖恩一直水滴石穿似的游说他——罗斯决定从杂志的基因中寻求指引。他拿出1925年2月21日发行的《纽约客》创刊号,读起了第一页和第二页上杂志自承的宗旨——肖恩那著名的对"迪比克老妇人"的嘲讽就是来自这篇宣告。

罗斯在21年前写道,《纽约客》将是一本"明快、幽默、讽刺"的刊物。但他同时也宣布,这本杂志"发端自严肃的目的",并且要"挖掘那些只有深入幕后才能获得的事实"。它还承诺,将"勤勤恳恳地为读者提供全面及时的信息"。[39] 罗斯1924年撰写的征订启事宣告了《纽约客》即将刊发的消息,创刊号"刊物宗旨"中有很多词句都来源于此。罗斯在其中指出,《纽约客》将"毫无畏惧地呈现完整的真相"。[40] 罗斯看到这里,便明白了肖恩是对的。[41] 他打电话到肖恩和赫西家中,告诉他们,《纽约客》将用整整一期杂志全文刊发赫西的报道。[42]

几周后，罗斯把这个秘密推进中的计划透露给了《纽约客》撰稿人瑞贝卡·韦斯特（Rebecca West），并试图把这个痛苦的决策过程说得更富有骑士风度。"经过了几天的深思之后，"他说，"我们进入了传福音的状态，决定拿掉那一期杂志里的其他所有内容，希望用这样的姿态给人们留下深刻的印象。"[43] 他还说，广岛这期定然会与众不同。

"我们不知道人们的反响将会如何，"他告诉韦斯特，"但一定会有很多读者大吃一惊。"[44]

空前重压

接下来的10天，赫西和两位编辑把自己关进罗斯的办公室，闭门改稿子。这个朴实无华的房间里除了一组光秃秃、冒着热气的暖气片和一个歪斜的衣帽架之外，就是各种各样的字典。此外，只剩罗斯那个破旧的公文包、溃疡药瓶以及一本《人名大全》点缀其间。[45] 这会儿，屋里的桌面、椅子面上都铺满了赫西那篇大作的修订稿。改稿小组每天上午10点开工,在墙上挂的詹姆斯·瑟伯[1]未发表素描画作的注视下一直干到第二天凌晨2点。[46]

罗斯和肖恩之前已经商议决定,赫西项目必须严格保密——即便对于《纽约客》编辑部的团队也不能透露。除了罗斯的秘书、另一位秘书助理以及杂志的高级排版师和出版经理之外,整个《纽约客》杂志社没有人知道这个小团队正在筹备一期只有一篇文章的爆炸性新刊。这个项目堪称新闻界的"曼哈顿计划"。杂志社的工作人员和撰稿人都知道,罗斯大门紧锁的办公室里正在进行着什么机密的重要编辑工作——毕竟《纽约客》的总部办公室地方太小,保密工作效果有限——但没人知道具体是什么事情。(一位罗斯传记的作者说,几周后水落石出,所有人都"瞠目结舌"。[47])

就在赫西、肖恩和罗斯全力打磨文稿的同时,《纽约客》编辑部的其他人也在忙着赶制他们本以为将要付印的"假刊"[48]——据说,这是肖恩和罗斯有意安排的。他们认为,

---

[1] 詹姆斯·瑟伯(James Thurber, 1894—1961),美国作家、漫画家,1927年入职《纽约客》编辑部,1933年从《纽约客》离职,但仍是《纽约客》主要撰稿人之一。

有必要通过这种方式为赫西的项目打掩护。"否则根本没办法暗中推进，"罗斯的传记作者托马斯·孔克尔（Thomas Kunkel）回忆说，"《纽约客》一直是同时筹备好几期：A期、B期、C期等；如果某一期突然消失了，所有人都会知道的。"[49] 肖恩和罗斯照常审稿，但审核通过的稿子都悄悄地被放到一边，留作备用[50]；撰稿人迟迟收不到包含他们供稿的排版小样，先是困惑不解，继而感到恼火。

《纽约客》的商务部门也被蒙在鼓里。[51] 员工们都以为广告会照常与漫画、短篇、专题等常规栏目一起刊发。相应地，广告主也不知内情：契斯特菲尔德（Chesterfield）香烟、Perma-lift文胸、力士香皂、老奥弗霍尔德（Old Overholt）黑麦威士忌[52]的生产商直到当期的杂志问世时才发现他们产品的广告与赫西写的核末日的恐怖故事摆在了一起。要掩盖这么大的秘密，对于罗斯来讲可能很不容易，但对于肖恩来说并不难。"罗斯无法长时间保守秘密，"《纽约客》长期撰稿人布兰丹·吉尔（Brendan Gill）回忆说，"但肖恩享受保密的过程，能开心地带着成千上万个秘密进入坟墓。"[53]

罗斯喜欢赫西的初稿。在他看来，这是"毫无疑问的杰作","几乎无懈可击"。他认为，赫西这篇报道完全可以给对日使用原子弹问题盖棺定论。[54]尽管如此，他还是提了一大堆问题和修改意见。稿纸的边边角角写满了罗斯的几十条批注。就连罗斯也承认，他可能"读得有点太认真了"。

文章的临时标题《广岛二三事》难入创始人兼主编的法眼，需要修改。罗斯还认为，赫西应该把10万死者具体的死亡方式写得再详细一点："有多少人是砸死的，多少人是烧死的，多少人死于核爆的震荡、冲击或者别的什么东西。"[55]（露骨地描写伤情的段落或许让肖恩备受折磨：根据布兰丹·吉尔的说法，他很明显地"强烈抵触有关人体的一切医学细节，尤其是涉及流血的时候"，但罗斯则"喜欢阅读和谈论有关疾病的内容，这足以说明他与肖恩的截然不同"。[56]）

罗斯还指出，读者读这篇文章的时候会完全丧失时间的概念：赫西需要在文中插入事件发生的时间，帮读者理清时间线。另外，"日语引言也有问题"。[57]赫西必须给他引用的每个日语单词后面加上英语译文。此外，罗斯要求赫西补充更多细节。

以上只是一些主要意见。具体的修改意见都非常具体。赫西在第一章里写道，爆炸时一位德国神父躲在一个结实的门洞里。罗斯回应说："我不明白什么叫'结实'的门洞；门洞就是一个洞口、一个空间。"赫西想说的显然是"门框"，罗斯接着写道——这一点他应该十分清楚：毕竟，"作为一个经历过多次空袭和旧金山地震的老人，我知道，只要你站在门框下面，就没有东西能径直砸在你头上"。他反对赫西用"纤细"（slender）这个词描述谷本牧师用来撑船的杆子。最起码的，"用竹竿能划船吗？"罗斯质问赫西道。既然赫西"说这个日本佬确实是这么做的"，他完全相信，"但我不愿意冒险用'纤细'这个词来形容那根撑船的杆子"。[58]此外，罗斯还忍不住点评起赫西的情节和其中的人物。他读到当天早上炸弹爆炸前耶稣会神父们的晨间休闲活动时，表示无法相信。

"我完全没想到这些耶稣会的先生们……吃完早饭就又回到床上去了，"他写道，"我一直觉得这些教会里的人很可疑，又很嫉妒他们。啊，做一个耶稣会神父真好啊。"[59]

罗斯甚至为了改稿夜不能寐。赫西在文中写道，很多自行车在爆炸中变得"畸形"（lopsided），纠缠成一堆，罗斯就为了这句话一直琢磨到凌晨。[60] 第二天他拿这个问题来质问赫西和肖恩：一个二维的物件怎么会"畸形"呢？罗斯要求他们给他一个答案。当晚，赫西和肖恩各自回家考虑另一种说法。赫西最终选定了"歪歪扭扭的"（crumpled）。第二天早上，当他来到《纽约客》办公室的时候发现，肖恩早已在文稿上写下了同一个词。[61] 在赫西看来，这是肖恩在编辑方面拥有"超感知觉"（ESP）的又一明证。赫西相信，肖恩堪称"编辑届的西力"[1]，"他编辑谁的稿子，就能用谁的语言进行思考"。[62]

虽然肖恩在编辑部里发挥着外交官的作用，但他对于准确性同样孜孜以求。在《纽约客》后来的撰稿人看来，赫西的文章中随处可见肖恩编辑的痕迹。"《纽约客》的人都能看出来哪些部分肖恩改得最多，"《纽约客》长期全职撰稿人亚当·戈普尼克（Adam Gopnik）说，"他既有柔和低调、实事求是的一丝不苟，也兼具一腔严肃清醒的义愤之情。"[63]

---

[1] 西力（Zelig）是伍迪·艾伦自编自导自演的1983年影片《西力传》中的主角，他混迹于各种相去甚远的交际圈里，每当他进入一个新的环境便能迅速与环境同化并体现出相应的心理特征。

改稿小组未能在8月6日纪念日前定稿。赫西的文章改定在8月31日的杂志释出。事实证明，罗斯他们此前对其他媒体竞争压力的担忧是多余的。8月7日的《纽约时报》只在第十三版刊发了一篇题为《日本纪念核爆周年，广岛市民举行仪式》（"Japan Notes Atom Anniversary；Hiroshima Holds Civic Festival"）的简短报道。（文中，《纽约时报》记者林赛·帕洛特援引一份据称刚刚发布但未指名的日本问卷调查结果称："截至目前几乎没有任何迹象表明，辐射射线对幸存者造成了长期的伤害。"）[64]《时代》周刊编辑部过了将近半个月之后，才刊发了一篇题为《日本：起舞之时》（"Japan: A Time to Dance"）的不起眼的短文。这篇并未署名的报道指出："数千名（广岛）市民生活如常，仿佛核爆周年是得州西北部的牛仔节，完全与他们无关。"《时代》周刊的报道称，广岛市民或涌入影院，或在神道教神社跳起"令人振奋的灯笼舞"，或是"蜂拥到临时的百货商店，抢购减价的本地产商品"。[65]

最终，经过了艰苦的努力，罗斯、肖恩与赫西把稿子改得紧凑了许多。定稿成形，文中后来广为人知的名句也在初稿基础上进行了更新：关于佐佐木小姐遭遇的描述，变成了"人类原子时代开启的一刻,在这个罐头厂,一个人被压在了书堆下"。[66]全文的最后一句并没有使用谷本牧师对于原子能和平用途的沉思,而是用中村太太儿子的话做结。10万这个死者人数总计数字挪到了第一章,以保证读者在阅读之初就能意识到,区区一枚原始的原子弹便能造成如此巨大的破坏。

虽然文章编辑期间,罗斯的一些个人通信仍然口吻轻松,但实际上,编辑小组对这篇文章进行了彻底的检查,编辑工作的标准即便以《纽约客》的要求来说也是相当严格的。正如罗斯亲口对赫西所说的,这篇报道"注定将成为我们这一代人反响最强烈的新闻报道之一"[67],因此他们需要把这篇文章拆解开来,从每个角度进行分析,对每个字句进行斟酌。这篇文章对于《纽约客》的重要性不亚于其对于赫西本人的意义。任何事实性的错误或者编辑上的失误对于双方都将是灾难性的。

这篇最终定名为《广岛》的文章将成为《纽约客》杂志一篇里程碑式的报道——或许同时也标志了美国历史的转折。大多数美国人此时仍然全心地拥护美国对日使用原子弹;他们沉浸在美国所谓绝对道义的胜利之中,坚持认为日本人是罪有应得。他们不知道遭受核打击是什么滋味，也不理解这件仍处于试验阶段的武器有怎样的长期影响。

赫西的《广岛》将向美国人揭示这些以他们的名义实施的、神明般一怒定人生死的军事行动的真相，让他们得以一窥未来战争的面貌。尽管文章本身从未直接质疑使用原子弹的决定，但它不可避免地将公众的目光再次聚焦到杜鲁门总统、奥本海默、格罗夫斯将军这些创造并动用了原子弹的人们身上，并将这些主事者试图掩盖原子弹不光彩一面的行径大白于天下。

因此，《广岛》必须做到无懈可击。毕竟，正如罗斯对赫西所说，它"将面临历史上任何一篇杂志文章都没有承受过的巨大压力"。[68]

受限数据

战争期间，《纽约客》的编辑团队像其他所有媒体一样，把准备刊发的文章提请战争部审核。[69]战争部公共关系团队几乎从未对他们的文章做过大的改动；杂志编辑与审查人员之间也一团和气。通常情况下，文章提交上去不久，编辑就能收到战争部新闻官修订意见或者是"无异议，可刊发"的反馈。

1945年9月28日，杜鲁门总统签署行政命令，宣布战争部审查办公室（Office of Censorship）正式解散。[70]但由于政府前一年秋天的密令[71]援引国家安全需要，要求所有涉核报道均需提交战争部核准，《纽约客》的编辑团队在接下来的几个月里仍在持续履行报审程序。就在几个月前，也就是1946年5月——当时赫西还在中国等待SCAP批准他前往日本的许可——《纽约客》向战争部提交了一篇丹尼尔·朗（Daniel Lang）采访"曼哈顿计划"项目组成员、物理学家菲利普·莫里森（Philip Morrison）博士的文章，主题是莫里森前一年夏天到广岛的"抽样检查"。[72]送审的《纽约客》编辑感谢战争部公共关系官"在审查问题上"提供的方便，以及"一直以来的帮助"。[73]这篇报道很快审查通过，赫西还在广岛的时候便已刊发。

但就在罗斯、肖恩与赫西在《纽约客》编辑部里埋头改稿子的时候，一个突然的变故让他们所面对的法律环境一下子变得艰难了许多：1946年8月1日，杜鲁门总统签署批准了《原子能法案》（Atomic Energy Act）。该法案确立的"受限数据"中,包括"所有涉及原子武器制造或者使用、可裂变材料生产或者使用可裂变材料发电的数据"。任何掌握受限数据的人士——无论相关信息是通过合法或非法手段获得——一旦透露、传输或者散播该受限数据,且"有理由相信此数据"会被用来损害美国,就将面临监禁和高额罚款。如果可以证明有关个人主观尝试或者图谋"损害美国"或者"为外国牟利",则他甚至可能"被判死刑或终身监禁"。[74]

赫西在写作《广岛》时刻意避开了已被美国政府明确定密的材料:原子弹引爆高度、火球大小等。(当然,他在初稿中指出,官方对公众隐瞒了这些信息。)整个新闻行业都知道这些信息涉密;各家媒体机构的编辑前一年已经得到明确通知,官方发给参观比基尼试爆的记者的指引表格中也写明了这一点。

但《原子能法案》并未明确可能被视为受限数据的信息的具体清单。杜鲁门总统签署法案的当天,罗斯便联系了《纽约客》的律师米尔顿·格林斯坦(Milton Greenstein)。

"我们是不是应该(把《广岛》)报审?"他问对方。"肖恩先生和我不想,但我们不知道法律是不是要求我们必须这样做。"他补充说，赫西的信息全部"来自日本的信源"——准确性无法严格保证——"不包含任何来自军方的信息"。他拜托格林斯坦"针对我们的情况给出建议"。[75]

律师对新法和赫西的文稿进行了评估。

"法案没有对'数据'进行定义，"他告诉两位编辑，"但我认为，法案中使用的'数据'应该指的是科学和技术信息。"他认为，《广岛》的内容不涉及受限信息，并且"我们当然不是出于'损害美国的意图'进行出版的"。尽管如此，格林斯坦同时指出，"赫西报道中的几点观察可能被认为具有一定的科学性"。鉴于此，他表示，如果他们对此类信息是否属于受限数据范围存在疑问，"也许就不应该对其进行'散播'"。[76]

《纽约客》的团队陷入了深深的困境。他们可以选择拔掉文章的锋芒，甚至干脆将它扼杀在摇篮中；如果原样刊发的话，就要冒着严重的刑责风险。即便《广岛》的确包含美国政府可以定为涉密的信息，检方仍然需要证明，赫西和《纽约客》具有损害美国或者帮助美国敌国的主观意图——这是非常难以证明的。但有了新法的加持，政府可以更有底气地指责《纽约客》泄露危险信息、有意危害国家安全，而这最少也会让《纽约客》的公众形象大打折扣。即便检方对主创团队的违法指控最终无法成立，杂志本身以及广告主也会遭到民意的反弹和抵制。用一位研究审查制度的历史学者的话来说，这样的结果"足以让杂志关门大吉"。[77]

8月初，罗斯和肖恩最终决定接受审查。我们不知道《纽约客》的团队最终是如何做出这一决定的，但可以想见，这必然是一次痛苦的抉择。他们将《广岛》提交战争部审核——这一次不是提交给战争部的某个公共关系官，而是直接呈报给了莱斯利·格罗夫斯将军本人。

罗斯和肖恩并未向格罗夫斯将军透露他们准备专号全文刊发《广岛》的大胆计划。这次报审表面上平平无奇，似乎报上去的只是《纽约客》众多等待刊发的战争报道之一。肖恩在给将军的信中，将《广岛》轻描淡写地描述为一篇"有关广岛核爆的文章，共有四个章节"。[78]

三人等待着将军的答复。

稍作修改

乍看之下,将《广岛》提交战争部审查似乎无异于将赫西的代表作直接送上断头台。但如果罗斯和肖恩认定政府审查已经成为必要之恶,那么格罗夫斯将军或许恰恰是一个意想不到的漏洞,而送审则是罗斯和肖恩周密计算后的一着险棋。

尽管格罗夫斯将军在核爆发生后最初的几个月里尽力掩盖核弹的真实效果——尤其是辐射病的存在——但一年过去,面对新的考虑和新的环境,这位将军对于公众认知的态度显然也发生了变化。除了曾强调原子弹的人道性之外,他对核爆给日本造成的严重破坏毫无歉意的姿态也已是人所共知。"当我看到曾被日本囚禁的归国将士的照片,听到关于巴丹行军幸存者的讲述或是他人的转述,我就不担心原子弹给日本造成多大的损失了。"他表示。[79]

《纽约客》编辑部的逻辑可能是,既然格罗夫斯将军对昔日死敌的痛苦漠不关心,那么即便他最终以维护国家安全的名义砍掉了稿子里有关核爆的一些技术性信息,报道余下的部分——那六位主人公的经历——或许仍有机会完整地保留下来。何况牵头这件制胜武器研制工作的格罗夫斯将军如今越来越关心自己能获得怎样的功劳，如果硬要说的话，《广岛》中亲历者的证言甚至可以成为他的广告。

罗斯、肖恩和赫西还从美国战略轰炸调查报告中得知，随着广岛核爆受害者的经历对美国军方、政府乃至医疗研究者在应对日后他国针对美国的核攻击方面的指导意义开始显现，美国政府开始看到研究广岛核爆受害者的价值。格罗夫斯将军感到，美国需要扩大核武库。美国不可能永远维持对原子弹的垄断；尽管格罗夫斯将军认为美国的冷战对头苏联距离拥有核武器还有5~20年的时间，但他已经意识到，要发展威力更强、数量更多的核武器，需要争取公众的支持。

"此后15年或20年，一个原子弹不受限制发展的世界将给美国带来巨大的危险，真希望能有什么办法让美国人现在就意识到这一点。"他曾在那年早些时候的一份备忘录中写道。他最后得出结论说，核武器已经永久成为这个世界的一部分，在这种情况下，"我们必须拥有最好、最大、最多的（原子弹）"。[80]

或许罗斯和肖恩认为，既然格罗夫斯将军新的目标是为美国维持核优势争取公众支持,那么他可能会利用《广岛》这样的报道来证明他的观点。赫西、肖恩和罗斯希望,如果读者在阅读《广岛》的时候可以想象到他们在休斯敦、在阿克伦或者在纽约的故乡,或许他们就会要求禁止发展核武器,并痛斥始作俑者。但也存在另一种可能,那就是读者突然意识到美国亟须维持核霸权,并呼吁国家尽快充实核武库[81],正如格罗夫斯将军希望的那样。(另外,直到苏联人造出核武器之前,《广岛》都将时刻提醒他们,他们身处怎样的劣势之中。从这个角度看,《广岛》也是对美国政府大有用处的正面宣传材料。)

8月7日下午3:20,格罗夫斯将军打电话给肖恩在《纽约客》编辑部的办公室。他告诉肖恩,他准备批准刊发这篇报道。但他接着说,他"有几处小修改"想跟编辑部讨论一下——只是正文不同位置的一些小改动——并补充说,他的修改"不会伤筋动骨"。[82]他询问,能否派一名公共关系官到《纽约客》编辑部面谈?

肖恩同意了。双方约定,格罗夫斯将军的公共关系官第二天上午到《纽约客》编辑部。会面的具体细节无从得知。[83]无论是《纽约客》保存下来的档案、赫西的档案,还是格罗夫斯将军的档案，都没有说明将军想要删除或者修改的究竟是哪些信息。《纽约客》的档案以及耶鲁大学保留的赫西的文件中都找不到《广岛》一文标注日期的过程稿，格罗夫斯将军本人的档案中似乎也没有一份文件指明，他希望对《广岛》的送审稿做出哪些调整。但根据我们目前已知的信息，《广岛》初稿中一些可能引起争议的部分确实没有出现在最终刊发的版本中。

在与战争部会后定稿的最终版《广岛》中，没有了赫西关于美国政府故意对公众隐瞒原子弹确切引爆高度、铀使用量等信息的表述，也没有了"想要保守住原子裂变的秘密就像试图掩盖万有引力定律一样，不过是白费工夫"这句义愤的评价。（"广岛和长崎所发生的事情，是没有哪个美国参议员或者将军能压得住的"一句同样不出意料地删掉了。）定稿删去了对美国战略轰炸调查报告的批评以及存在未公开的秘密章节的说法。但也有一些原稿没有的新内容被加入了定稿中，包括"可以制造出（比'小男孩'）威力大 10 倍或 20 倍的原子弹"。[84]

其他一些内容则出人意料地得以保留，包括麦克阿瑟将军系统性地禁止日本出版物提及原子弹的说法。（不过这或许终究并不让人感到意外：格罗夫斯将军和麦克阿瑟将军本就没什么交情。）最终刊发的版本还完整地保留了赫西对多位主人公辐射病的描写，但这是因为文章暗示这些患者是在爆炸的一瞬间遭受的辐射，而并非受到残存辐射的影响——对于仍在极力否认核爆城市存在残存辐射的格罗夫斯将军和美国政府来说，残存辐射仍然是极度敏感的问题。（此外，已经公开的美国战略轰炸调查报告承认了部分受害者确实死于原子弹发出的辐射，这或许为战争部对赫西相关表述的宽大处理扫清了障碍。）

虽然文中关于日军士兵的眼珠化成血水、顺着脸颊往下流的描写可能让格罗夫斯将军感到不安，但他并未要求将那一段——以及其他类似的恐怖描写——删除。毕竟，他跟杜鲁门总统一样都坚信，这是日本人应得的"以眼还眼"。

8月15日，肖恩向格罗夫斯将军呈报了修订后的《广岛》，请他"过目"[85]，第二天又恳请将军确认这一版是否合意。显然，将军如期回复并批准刊发，定于1946年8月31日发行的杂志进入了印制阶段。对于肖恩和《纽约客》的团队来说，幸运的是格罗夫斯将军似乎忽略了赫西曝光的最令人不安的真相：美国给以平民为主的日本人民造成了人类历史上前所未有的破坏和痛苦,并试图掩盖其新式武器的人道成本。对于《纽约客》的编辑团队来说,他们做出了多少让步都没有关系,重要的是《广岛》顺利挺过了审查流程;这份发自良知的记录,即将对原子时代人类文明的未来发出迫切的警告。

骄傲与希望

《广岛》几乎毫发无伤地死里逃生。赫西与肖恩的初衷——一篇从受害者角度讲述核弹恐怖的颠覆性报道——得以保留。如今,报道接近定稿,《纽约客》编辑部也做好了将它呈现在全世界面前的准备。

《纽约客》的封面一般是提前几个月就选定的。8月31日一期杂志预定的封面图由画家查尔斯·E. 马丁(Charles E. Martin)创作。战争期间,马丁曾为战时情报局(Office of War Information)工作,绘制用于敌后投放的宣传单。[86] 但马丁为8月这一期杂志绘制的封面图,表现的是一幅无忧无虑的场景:在一个不知名的公园里,晒日光浴的人斜躺在湖边,闭着眼,脸上带着微笑;人们欢乐地打高尔夫球、槌球、网球，或者骑马、骑自行车；还有一个男子一边抽着烟斗，一边怡然自得地钓着鱼。这是重新回归从容不迫状态的美国的模样。

罗斯和肖恩决定继续使用马丁这幅洋溢着夏日气息的插画作为《广岛》这期杂志的封面。读者读过内页的文章后，更容易体会到封面的田园风光背后令人不安的意味：或许这个冷漠、梦游的美国确如爱因斯坦几个月前所说"躲进轻松的慰藉当中"[87]，对原子时代的危险视而不见。也可能有读者认为，封面图呼应了1945年8月6日早上8:15之前，处于日常生活状态的广岛市民对即将到来灾难的一无所知。（还有些读者认为，这幅封面图的选择用心险恶，因为赫西报道中的浅野公园被幸存者用作避难之所，不到24小时便焦尸遍地。）

不过，编辑们确实担心，如果不提示读者文中存在生动的血腥描写，可能会有问题。"天啊，如果有人买了杂志去了理发店，一边剪头发一边读，他会是什么感觉啊！"有人提出。[88]（当时的《纽约客》封面没有描述本期内容的文字，内页也没有目录。）必须尽快找到一种让读者一目了然的提示方式。最后，罗斯给4万本报刊亭发售的《纽约客》

都围上了白色的纸带，并在纸带上写明"本期包含令人不安的报道"。[89]

除了封面图、白纸腰封以及一小张展现广岛河道交错的扇形地貌的手绘示意图之外，这期杂志没有一张配图。（创作小组曾尝试在正文中配发一张蘑菇云的插图，但最终认为这会分散读者的注意力，反而弄巧成拙。[90]）此前公开的广岛的照片都无法充分表现出现场的恐怖。这一工作只能交给赫西的文字来完成了。其他媒体刊物可以通过图片代理机构顶点新闻图片社（Acme Newspictures, Inc.）获取赫西拍摄的六位幸存者主人公的照片。[91]赫西同意《纽约客》许可其他刊物转载《广岛》，前提是必须完整转载，不能删节。此外，他明确告诉《纽约客》编辑部，授权转载所产生的任何收入他都分文不取。

"我跟其他美国人一样，对原子弹心怀愧疚，更不想借此牟利。于是我决定捐出第一批转载的全部收入。"他后来表示。[92]

最终确定，赫西将把第一批转载的所得收入捐献给美国红十字会。[93]一次开电话会议时，刚刚加入广岛项目组的《纽约客》杂志财务主管R.霍利·特鲁瓦克斯（R.

Hawley Truax）提议对赫西捐款的决定进行宣传。赫西、罗斯和肖恩都表示赞成。

由于项目在《纽约客》编辑部内部仍然处于保密状态，肖恩和罗斯亲自乘火车把终稿带到了康涅狄格州的印厂。[94]

"我感到无比虚弱，就仿佛我小姨跟卖冰棍的私奔了一样，"罗斯说，"当然，我有多虚弱，就有多骄傲。"[95]

肖恩还是一如既往地客气得体。他在寄给赫西的当期杂志小样里夹了一张字条。

"亲爱的约翰，"他写道，"本期杂志的一份小样，我谨呈送给你，借此表达我的感激和无限的钦慕——以及希望。"[96]

第六章　引爆

祸必及身

1946年8月29,周四。[1]当天一早,数万册《纽约客》新刊抵达全国各地的报刊亭,送到家家户户的门口和信箱。读者们有整整一个周末以及劳工节(Labor Day)假期的时间来阅读、消化《广岛》。

新刊发布当天早上,当时还是《纽约客》一名新人记者的莉莉安·罗斯被叫到了威廉·肖恩狭窄的备用办公室。[2]她后来回忆说,肖恩的木质办公桌上放着一摞整齐堆放的长条稿样,一只茶杯里装满了削好的铅笔。肖恩面色紧张,他让罗斯去纽约中央车站,看看人们是不是在排队购买加了白色腰封的新刊。

"我急忙赶到那里,"罗斯后来回忆道,"发现没人排队,也没人聚集围观。我回去找到比尔[1],吞吞吐吐地向他报告。"3

肖恩的失望溢于言表。"我还以为整个城市都会轰动呢,"他哀叹道,"我以为他们会注意到。"4

他的失望并没有持续多久。用赫西的话来说,那天,随着时间的推移,原本不温不火的读者反应逐渐"引爆"。5读者打开杂志,首先映入眼帘的便是《广岛》专号首页上一段简短的用黑体印刷的编者按:

> 致读者:本期《纽约客》专号刊发一篇文章,讲述一枚原子弹是如何几乎彻底毁灭了一座城市,以及那座城市居民的遭遇。我们之所以做此决定,是因为我们认为,绝大多数人尚未充分理解核武器惊人的破坏力,而我们每个人都应该认真思考核武器的使用所带来的恐怖影响。
>
> ——本刊编辑部 6

---

[1] "比尔"(Bill)是"威廉"(William)的昵称,此处指威廉·肖恩。

尽管可以料定这篇报道必然会成为街谈巷议的话题,但罗斯和肖恩丝毫不敢怠慢。经过了几个星期的秘密筹备,《广岛》的亮相一定要一鸣惊人。新刊正式发行前一天,罗斯和肖恩已经向九家纽约当地大报以及三家国际电讯社的编辑发去了《广岛》的文稿。他们还随稿附上了一封信,表示此次专号全文刊发一篇报道打破了《纽约客》创刊21年以来的先例,并称赫西报道的"重要性无与伦比"。[7]

为了避免各家媒体先入为主地把《广岛》的报道视为老调重弹,罗斯和肖恩在信中突出强调了赫西多个具有重要新闻价值的发现,包括不久前刚刚发布的死者总计10万的数据、爆炸本身的安静无声以及日本科学家最初是如何搞清广岛究竟是被何种武器攻击的。不过,《纽约客》的编辑们没有提到的是,《广岛》将是第一篇将日本的核爆受害者作为普通人——甚至作为人类——来刻画的新闻报道,而这在当时新闻界对原子弹话题的处理上的确是一种革命性的方式。编辑部同样没有点明的是,赫西揭露了广岛核爆的实情被长期隐瞒的真相。全世界各地的媒体编辑们会自己明白这一点的。

新刊发布前,《纽约客》编辑部的气氛十分紧张。罗斯后来告诉另一位编辑,尽管《广岛》的创作团队"信心满满",但他在最后时刻曾经暗自担心,这篇稿子是否终究还是"风险太大"了。[8] 赫西干脆在定稿后就离开了纽约城,去了北卡罗来纳州蓝岭山脉(Blue Ridge Mountains)山顶的风吹岩(Blowing Rock)小镇。[9] 或许他预计文章刊发后会引发舆论的强烈反弹;他离开纽约的理由并未见诸任何文字记录,不过这一举动倒是符合他一生不愿自我宣传的一贯作风。作为一篇注定要成为近期揭发性新闻报道史上最富争议作品的作者,赫西在《广岛》发布前的遁走让很多媒体界的同人感到困惑。有些媒体对赫西此举嗤之以鼻。[《新闻周刊》(Newsweek)就报道称,赫西"出城躲避风头"。[10]] 其他媒体更多地表示理解。(另一本杂志解释说,这篇报道定然引发压倒性的舆论反响,赫西不得不走。[11])无论如何,考虑到《广岛》的主题,风吹岩这个目的地的选择颇具讽刺意味:这个小镇以终年不断的大风著称,并且风向时常直上直下,强度足以将物体吹到半空。

提前收到《广岛》文稿的媒体纷纷"上钩",数家机构争相对赫西的大作进行报道。《纽约先驱论坛报》笑到了最后。"我们最先推出了对赫西这篇新作的报道。"一位《纽约先驱论坛报》的编辑骄傲地告诉罗斯。[12] 该报先后就《广岛》刊发了三篇报道，第一篇发表于当期《纽约客》杂志刊发当天的早晨，《纽约先驱论坛报》专栏作家刘易斯·甘尼特对赫西的文章满是溢美之词。

甘尼特在文中宣称，《广岛》是战争中诞生的最佳新闻报道，将主导公众对于广岛核爆以及核武器的讨论。他还表示，即便是没有读过这篇报道的人，也会在未来很长时间里讨论它；而读过这篇报道的人，将永远也忘不掉它。[13]

"你（读这篇文章时）可以闻到死亡之城的味道，"他写道，"你感受到的不是痛苦，更多的是震惊和迷惘。"[14]

《纽约先驱论坛报》编委会在另一篇社评中指出，世界在历经了战争的恐怖之后已经迷茫、疲惫、恶心，在这种情况下，核爆几乎无法让人类认识到这件新式武器的真正影响。此外，"对个体的苦难感同身受，却对群体的苦难漠然置之的古老悖论也成为人们认识原子恐怖的障碍"。但赫西的文章澄清了真相，将"广岛的悲剧一五一十地呈现在世人面前，而这恰恰是此前发表的所有作品都没能做到的"。[15]

来自全国各地的数十家报纸和杂志的转载和采访请求

络绎不绝，很快便有30多个州的媒体编辑要求节选或者全文转载《广岛》。[最耐人寻味的是，提出请求的媒体中有一家来自阿尔伯克基（Albuquerque）的报社——这家报社的办公室就在洛斯阿拉莫斯核试验场以北几百英里的地方。]"天啊，我们收到了全世界各地发来的反馈和请求。"罗斯告诉甘尼特。[16] 他赌对了：他现在有充分的理由相信，《广岛》将成为这个时代最广泛流传的新闻作品。[17]

甚至就连那些没有版面全文转载这篇长达3万字报道的刊物也开始通过头版标题新闻和紧急社论的形式介绍《广岛》所揭露的事实。一时间，有关《广岛》的媒体报道铺天盖地，仿佛广岛的核爆并非一年前的旧闻，而是昨天才刚刚发生的事情。编辑们不厌其烦地向读者强调，赫西讲述的故事完全可以发生在美国的任何地方，而那六位幸存者也可以是克利夫兰或者旧金山的居民。

"倘若战事再起，这或许——甚至是很有可能——将是你和其他数百万平民将要面临的命运。"《印第安纳波利斯新闻报》（*Indianapolis News*）在社论中表示。[18] 该报对赫西文章的报道配上了醒目的通栏大标题：《广岛——一座城市之死》（"HIROSHIMA—Death of a City"）。[19]

184

针对广岛和长崎核爆影响的消息封锁也突然成为全国各大媒体编辑和专栏作家口诛笔伐的对象。"(赫西的)这篇文章是向世界说明事情真相的首次尝试",加州的《蒙特雷半岛先驱报》(Monterey Peninsula Herald)在社论中称,《广岛》清楚地揭露了政府计划周密地试图"对美国人民掩盖事实的全貌"。社论还指出,德国人在战后声称自己并不清楚集中营里的情况,而美国人现在也陷入了同样的境地,看上去就像是一群"无良的蠢货"。广岛的核爆之所以没有被当作罪行处置,不过是因为它是胜利者的行径。美国人民必须立刻获知这件大事的全部,"决不能(继续)被蒙在鼓里"。[20] 美国的道义形象危若累卵。

沉醉其中

新刊发布当日午餐时,罗斯接到一位《纽约时报》的编辑打来的电话,对方语气轻快地告诉他,《纽约时报》团队已经就《广岛》做了"极佳的"[21]报道。实际上,那天的《纽约时报》仅对《广岛》进行了非常简短的报道,告诉读者当期《纽约客》专号发布赫西的文章,著名的漫画栏目则惹人注目地停刊一期。[22]

不过，如果罗斯和肖恩担心《纽约时报》只是嘴上承认《广岛》的重要，那就是多虑了。第二天，《纽约时报》出人意料地就《广岛》刊发了一篇庄重的社评。赫西的报道似乎在《纽约时报》的编辑部内部引起了强烈的反响。

"每个曾经拿原子弹开玩笑的美国人，每个认为这件曾经轰动一时的非凡之物如今已经像飞机和汽油机一样成为人类文明一部分的美国人……都应该读一读赫西先生（的这篇作品）。"社论写道。《纽约时报》的编委会从一开始便反对美国对日使用原子弹。"广岛和长崎的灾难是我们亲手所为，"《纽约时报》的社论直言不讳，"无论是过去还是现在，支持者都辩称，原子弹虽然导致很多人丧生，但却挽救了更多人的生命——并且不仅挽救了更多美国人的生命，还让更多日本人免于一死。这话既可能是真知灼见，也可能是无稽之谈。如果你想到的是塔拉瓦(Tarawa)、硫磺岛(Iwo Jima)或是冲绳，那么这番话所言非虚。但如果你读过了赫西先生的这篇文章，那么这番话便明显是荒唐的诡辩。"[23]

《纽约时报》追问道，如今赫西已经将原子弹制造的灾难的真相大白于天下，美国人还能忍心再次动用原子弹吗？社论接着写道，如果个别读者对此仍然举棋不定，那么他们就应该好好读一读赫西的文章——它不单写出了在核爆中死去的人们和被毁的城市，还直指人的良知。[24]

"历史就是历史，"《纽约时报》总结道，"历史不可更改。（但）未来仍然有待我们去创造。"[25]

这篇社论立意高远，公开驳斥了美国政府和军方数月来试图将对日投放原子弹定性为挽救生命的人道之举的做法，堪称官方的噩梦。尽管赫西本人从未对使用原子弹背后的理由提出直接的质疑，但《纽约时报》的这篇社论明确指出，《广岛》首次戳中了政府所谓"核弹必要论"的弱点。《纽约时报》此前长期扮演着政府可靠的战时盟友的角色，并且在过去一年中拿出大量版面，刊发"原子比尔"劳伦斯采写的、经过战争部审核通过的核爆报道。

此外，《纽约时报》的社论本质上是将《广岛》作为意料之外的突发事件进行报道，这种处理方式同样令人惊讶——毕竟该报的记者"原子比尔"长期扮演长崎核爆唯一媒体见证人和"曼哈顿计划"官方史官的角色，另一位时报记者"非原子比尔"劳伦斯也在首批到访广岛和长崎两个核爆城市的西方媒体记者之列。此外，《纽约时报》的东京分社自一年前对日占领开始后便一直持续运营。

显然,赫西、罗斯和肖恩真的是在所有媒体的眼皮子底下抢到了所有媒体都视而不见的头条新闻。在广岛的报道上,"一众其他记者"白白浪费了大把机会。事到如今,他们的失察也与政府隐瞒事实的举动一道被暴露在公众面前。

尽管很多其他媒体的编辑记者都暗自后悔,但大多数人表面上仍然风度十足。他们中有很多人向他人推荐这家抢了他们风头的媒体新贵的作品。全球各地的编辑和记者们都称赞罗斯、肖恩和赫西的勇气;一位《纽约时报》的编辑甚至主动联系罗斯,称他为"天才",并说"我深深地向您鞠躬致意"。[26]一位CBS的主持人告诉肖恩,如果像《广岛》这样的文章都不能拯救世界的话,那么这个世界定然是不可救药了。[27]

也有若干记者大方地承认了对《纽约客》团队的嫉妒——其中一位正来自一年前刚刚刊发了威尔弗雷德·贝却敌《原子瘟疫》报道的伦敦《每日快报》。[28]在距离《纽约客》不远的洛克菲勒大厦《生活》编辑部,有些人妒中含羡,有些人则妒中有怨。一位《生活》杂志撰稿人拿着一份带有白色腰封的《纽约客》走进电梯，被另一位撰稿人看到了。

"约翰这一招玩儿得真漂亮，是吧？"后者对拿着杂志的同事说，"他可真走运。要是我也有这样的运气就好了。"[29]

哈罗德·罗斯对一位编辑说，他这时兴奋得要死。[30]"这篇报道引起的反响比我听说过的其他所有杂志报道都强烈，而且我觉得这还只是开始。"他告诉《纽约客》撰稿人凯·博伊尔（Kay Boyle）。[31] 他对《纽约客》撰稿人珍妮特·弗莱纳说，《广岛》所获得的成功已经超过了他这一辈子见过的其他所有杂志报道。[32] 他对出版商布兰切·诺普夫（Blanche Knopf）说，他已经很多年没有感到如此心满意足。[33]《广岛》的名气越来越大，早已超出他的预期。

《纽约客》的员工和撰稿人们——他们中的大多数都跟外人一样在新刊发布之后才得知《广岛》的存在——开始到全城各地侦查报刊亭销量情况。他们向罗斯和肖恩报告说，无论去哪儿，当期的杂志都是抢卖一空。中央火车站的一个报刊亭甚至挂起了"《纽约客》已售完"[34]的牌子，免得读者纷纷前来询问。另一个报刊亭的老板说:"人们冲过来就问:'你这儿有长崎那本杂志吗?'"他原本给自己留了一本,但读者需求太强了,他觉得"这本杂志现在要价1美元都卖得出去"。[35](《纽约客》当时的零售价只有15美分。)

不出几天,就出现了围绕1946年8月31日号《纽约客》的小规模黑市。一个朋友告诉赫西,他想买一本一直买不到,最后在一家二手书店里才找到一本;老板开价6美元——并且告诉他,这还是打了折的。[36]

编辑部也接到了一条更为沉重的报告:一位《纽约客》撰稿人看到一群日裔美军士兵在中央车站购买当期的杂志。他们付过了钱便席地而坐,全然不顾喧闹的人潮熙攘和刺耳的车站广播,一声不吭地读了起来。[37]

美化屠杀

赫西和《纽约客》的编辑们得到了同行们铺天盖地的赞誉。现在是时候看一看全国各地的读者们的反应了。每天,关于《广岛》的读者来信都从美国各地的大都市和小城镇如潮水般涌到《纽约客》的办公室。[38]编务助理路易斯·福斯特（Louis Forster）接到指令对读者来信进行分类统计[39]；他记录下读者对《广岛》的"支持"或是"反对"情况，然后定期向编辑部报告结果。

来信的读者大部分对赫西的报道表示肯定[40]——这绝非意料之中的结果，毕竟美国人此前广泛支持对日使用原子弹。多封来信指出，赫西的《广岛》让很多人猛醒。显然，这篇文章很快地改变了人们的看法——至少让人们为自己此前将原子弹视为"必要之恶"（necessary evil）而感到不安。就连执行对广岛投放"小男孩"任务的"艾诺拉·盖"（*Enola Gay*）号飞机机尾炮手乔治·R.卡伦（George R. Caron）也致电《纽约客》办公室，希望能获得一本当期的杂志。[41]

一位读者写道，在赫西的文章问世之前，大多数人"把核爆视作……跟国庆节一样（应该庆祝的事情）"。如今，这种兴高采烈的论调已经不得人心；美国未来再次动用原子弹也将更加困难。一位读者表示，他为自己的税金被用来实施广岛核爆感到羞耻。其他读者无法理解，为何他们的国家——这个曾一度被视为站在正义一方的胜利者——会对一个以平民为主的城市发动这样的攻击。

"阅读过程中，我不得不时常提醒自己，制造了这场惨烈悲剧的正是我们，"一位读者写道，"我们美国人。"

除了一些读者对赫西的六位核爆幸存者以及其他广岛的死难者感到同情之外，更多读者则对核战争给全人类带来的威胁表示深深的忧虑。一位读者在信中表示，他午夜读完了赫西的文章，然后整晚"睡睡醒醒"并且噩梦连连。另一位读者则写道，自己对"这种前所未有的自我毁灭的危险"感到万分忧惧。正如赫西所希望的那样，读者设身处地地代入了他作品的六位主人公——尽管很多读者对自身命运的担忧多过对核爆本身的反思。但即便是这种受到自私驱动的同情心同样有意义，因为自保的渴望会驱动读者们采取行动。大多数来信的读者都认为，赫西的报道是公益之举。一位家住在宾夕法尼亚的女士甚至给《纽约客》办公室寄来一张支票，以资当期杂志加印的费用。(《纽约客》编辑部把支票寄还给了这位女士，并表示感谢。)

不过，也有读者立即取消了《纽约客》的订阅。一些人来信谴责赫西的文章是有悖于爱国精神的共产主义政治宣传，其目的就是为了抹黑美国胜利者的光辉形象。也有人认为，《广岛》是亲日的政治宣传。一位读者写道，这篇文章明显有失公允。另一位读者指出,赫西的报道"趣味低级"。

"真棒——好极了,"一封读者来信这样写道,"接下来就该美化南京大屠杀了吧。"[42]

也不是所有的编辑和专栏作家都齐声称赞《广岛》。《纽约每日新闻》(New York Daily News)高调地宣称《广岛》是一个噱头,是一场"意在说服我们停止制造原子弹、摧毁核武库,从而过早地将原子弹制造的技术机密拱手让给俄国的宣传攻势"。[43] 这家报纸坚称,如果是日本人先掌握了原子弹技术,也一定会用在美国身上。

"假如当初是我们输了,"这篇社论继续写道,"现在就该变成日本和德国的记者用杰出的悲剧作品,哀悼在核爆中丧生的旧金山人、芝加哥人、华盛顿人和纽约人了。"[44]

《政治》(politics)杂志的编辑宣称,《广岛》太无聊了,他读了一半就读不下去了。[45] 他还说,作为读者,他完全感受不到对当地人的怜悯,或者恐惧。另一位《政治》杂志撰稿人玛丽·麦卡锡(Mary McCarthy)把赫西的报道称作投机性灾难新闻写作(opportunistic catastrophe journalism)的鲜活例证,并称赫西是利用了"不可思议的死里逃生的真人真事"为自己谋利。[46]

来自支持者和反对者双方的采访要求如雪崩般涌来。鉴于赫西此时仍遁迹于几百英里之外的蓝岭山脉，接受采访的任务便落到了哈罗德·罗斯的身上。如今，《纽约客》本身便在聚光灯下：读者好奇，这本与众不同的幽默杂志、这家在战争期间因被政府视为"可有可无"而拿不到更高的纸张配给的小杂志社，究竟是如何抢到这则重磅的战地新闻的。"人尽皆知《纽约客》的编辑们都是一些冷淡无情之人。"一份刊物如是写道。[47]而这样一群人竟然能如此破天荒地报道如此严肃而充满人文关怀的故事，更让整件事情显得超乎寻常。《新闻周刊》更是刊发了长达三页的《广岛》幕后故事，详细讲述了这个机密项目的前前后后，从专号全文刊载的决定，到罗斯和肖恩亲自把小样送去印厂的经过。[48]

还有一位来自赫西老东家《时代》周刊的年轻女士多次致电罗斯的办公室，要求采访。罗斯对此十分警惕——《时代》周刊毕竟是他的对手亨利·卢斯旗下的刊物、赫西跳槽前工作的地方——但为了给《广岛》创造曝光度，罗斯最终答应接受采访。约定的采访日当天，那位女士带着一位《时代》周刊撰稿人出现在《纽约客》办公室。接下来的采访远远谈不上友好。《时代》周刊的二人组围绕编辑部内部的运作和赫西在广岛现场期间的情况对罗斯进行了"拷问",让罗斯大为不悦。

"他们俩上演了一出新闻界最令人生厌的表演,真让我大开眼界,"罗斯后来告诉赫西,"这两个浑蛋就是找茬来的……我非常确定,(那个撰稿人)全程阴阳怪气。"[49] 没过多久,《时代》周刊对《广岛》的报道出炉了,跟罗斯怀疑的一模一样。

"今年21岁的《纽约客》感觉自己已经长大成人,应该承担更多责任了。"那篇报道的开头如是说。《纽约客》的业余编辑们瞎猫碰上死耗子拿到了赫西的头条报道——《时代》周刊在文中将其贬为"末日纪实"(doomsday documentary)——然后自导自演了一出博人眼球的闹剧。[50]《时代》周刊的报道尖刻地声称,《纽约客》发这篇稿子完全是为了提振自己疲软的销量。罗斯更是被写成了一个幼稚、粗俗的投机分子。

"杂志主编罗斯承认,他(在《广岛》项目期间)有了一些宗教信仰,"《时代》周刊的这篇评论文章最后写道,"他声称，如果还有这样的好事儿，他还想再干一票。"[51]

如果曾贵为卢斯《时代》周刊集团法定继承人的赫西认为，自己在《时代》周刊七年的打拼可以换来一些正面的评价的话，那就大错特错了。在卢斯看来，赫西是尚未回头的负义浪子。[52] 赫西把《广岛》给了《纽约客》，这彻底激怒了卢斯，他干脆命人摘掉了时代集团荣誉画廊里赫西的画像。[53]

隐瞒真相

在报纸、杂志乃至广播电台持续、狂热的报道下，《广岛》的轰动效应与日俱增。ABC广播网络的公共事务主管罗伯特·索德克（Robert Saudek）读了《广岛》之后，马上联系《纽约客》，提议将文章改编成广播节目。他保证，改编将"适当得体"[54]，并且文稿会提交赫西审定。改编后的广播节目将没有表演、没有配乐、没有音效、没有广告，只是邀请六位演员——他们的名字将在最后一期节目结尾的时候公布——分别直接朗读六位《广岛》主人公的故事。《纽约客》方面接受了索德克的提议。

被选定朗读谷本清牧师相关段落的约瑟夫·朱利安在广岛核爆后不久作为红十字会广播电台的记者被派到广岛,早在赫西还没有进入广岛之前就见过并且采访过谷本牧师本人。[对于自己被选定朗读谷本牧师的段落,朱利安后来表示:"我非常高兴有机会从人性的视角诠释广岛的故事,避免这场灾难被压缩成一段冷冰冰的数字。"他回忆说,看过核爆后的广岛,他"当时就明白了'世界末日'(the end of the world)这个词真正的含义"。[55]]《广岛》系列广播节目最终定于9月9日周一的晚上9:30在ABC首播,主持人是曾在美国海军"国旗山"号(USS Ancon)两栖指挥舰上录制著名的诺曼底登陆日广播报道的记者乔治·希克斯(George Hicks)。

"本台播出这段痛苦与破坏的记录,并非是为敌人辩护,"节目向听众做出了这样的保证,"而是警告世人,广岛人民一年前的遭遇接下来可能发生在其他任何地方。"[56]

朗读《广岛》的广播节目连续四晚以现场直播形式播出。索德克告诉赫西,节目结束后,听众来电几乎要把电台的总机挤爆了。[57]他告诉《纽约客》团队,据他所知,《广岛》已经创下了公共广播节目新的收听纪录。[58]

[索德克和 ABC 后来凭借这档系列节目获得皮博迪奖（Peabody Award），颁奖委员会还在授奖词中赞扬赫西和《纽约客》抢到了"年度独家新闻"。[59]] 此后数天里，近 500 家美国广播电台对《广岛》进行了报道[60]，英国广播公司（British Broadcasting Corporation，BBC）也于几周后播放了改编的广播节目。[61]

很多广播评论员认为，《广岛》仍然略显谨慎。他们不断警告听众，很快整个世界都将面临核战争的威胁，没有任何人能够幸免。"我读着赫西先生的描述心想，完全可以把文中日本人的名字换成美国人的名字，"常驻纽约的广播评论员比尔·莱纳德（Bill Leonard）表示，"把广岛脆弱的危房换成纽约坚固的大厦，也没有什么问题。"他建议听众一定要读这篇文章，"甚至要多读几遍。因为这里面写的也是纽约"。[62]

雷蒙德·斯温（Raymond Swing）是当时美国最具影响力的广播评论员之一，他的节目在全美 135 家电台播放。斯温提醒他的听众，原子弹对于大多数美国人来说一直只是一个抽象的概念，而赫西的文章清楚地表明，美国发动的核打击给其他国家的人们造成了怎样的影响。当有朝一日，美国的原子垄断不再，"这个国家估计没有几个人能挺过赫西在《纽约客》的文章里描写的那些人所经历的巨大痛苦"。[63] 在另外一个节目里，广播夫妻档爱德·菲茨杰拉德（Ed Fitzgerald）和佩金·菲茨杰拉德（Pegeen Fitzgerald）预测，《广岛》之后，没有人会再拿原子弹开玩笑。

"反正我是永远不会了。"爱德承诺说。

"我也是。"佩金应道。[64]

大多数收听某个以《广岛》为主题的广播节目的听众可能都不知道，节目主持人之一曾参与政府当初对广岛真相的封锁行动。美国陆军航空队的泰克斯·麦克拉里中校——一年前第一批赴广岛和长崎的官方媒体报道团的组织者——此时不仅远离了"标题号"和"电头号"专机，更结束了军旅生涯。他退役后搬到了纽约，跟他那位模特兼演员的太太金克丝·法肯伯格（Jinx Falkenburg）一起做起了 NBC 早间广播节目《你好，金克丝》（*Hi Jinx*）的主持人。[他们二人的艺名分别是"智慧先生"（Mr. Brains）和"美貌太太"（Mrs. Beauty）。[65]]

麦克拉里在广岛和长崎核爆现场的所见所闻让他内心挣扎不已。原子弹问世的长远影响更让他感到困扰。[66]

他意识到，人类迟早会造出比"小男孩"和"胖子"规模更大、威力更强的核弹，并威胁到人类文明。不过，当在节目里讨论《广岛》和赫西的时候，他对于自己在压制媒体报道、阻止对日使用核弹的真实破坏情况外泄中发挥的作用避而不谈。

"你知道的，泰克斯，"法肯伯格在9月4日的节目上对麦克拉里说，"你那天跟我提起约翰·赫西为《纽约客》撰写的那篇文章，后来我听说那期的杂志仅仅一天就全卖光了，我完全无法理解。为什么大家突然开始对一件一年前发生的事情如此感兴趣？广岛现在已经是陈年往事了。"

"你说的有一定道理，金克丝，"麦克拉里答道，"（但是）如果你意识到，我们到目前为止仍然没有完全征服或者驯化核能，你就能明白广岛这个故事并没有过时。甚至可以说，这个题材现在更应景……广岛和长崎、曾经的最高机密'曼哈顿计划'，仍然像命运本身一样，具有很高的新闻价值。"[67]

接着，他简要介绍了自己陪同那些记者们仓促走过广岛废墟时的经历。他说，当时跟他一起走访现场的都是久经战场的美国战地记者，但就连他们也被眼前的景象惊呆了。那天对于他们所有人来说都糟糕透顶。

不过，麦克拉里并没有提及他挂在飞机里的"已审查"印章，以及他在篡改广岛核爆现场事实的过程中所发挥的作用。麦克拉里也没有讨论麦克阿瑟将军治下的日本对新闻记者近乎彻底的压制，或者部分记者因涉核报道让政府不悦而受到的驱逐出境或者牢狱之灾的威胁。相反，麦克拉里向他的听众们解释说，之所以赫西能抢到广岛这个头条，而更早就到过广岛的采访团记者们不能，完全是因为赫西"不仅是一名记者"，他讲故事讲得更好。[68]

但后来，他还是承认了自己曾阻挠采访团的记者们完整报道他们在核爆城市现场的见闻。

"我隐瞒的真相，被赫西挖出来了，"他说，"公关与记者之间的不同，便在于此。"[69]

历史地位

战争期间，好莱坞使出浑身解数将日本人塑造成"黄祸"。如今，很多好莱坞公司的老总们则试图利用《广岛》的成功获利。文章刊发之后，《纽约每日新闻》便酸溜溜地报道称，影视公司的高管们"手里攥着一份又一份（给赫西的）报价蜂拥而来"。[70] 报价多少姑且不论，前来问询的好莱坞高管们都碰了一鼻子灰。赫西和《纽约客》的团队早已商定，不会授权广播剧改编，"影视剧改编权暂时免谈"。[71] 确有很多制片人、经纪人和影视公司高管表达了对《广岛》的欣赏，并请求获得电影改编权；不到几周，赫西就接到了好几份报价。[72]

很快，赫西就与可能出演《广岛》影视巨制的演员一样成为家喻户晓的名人。如果说在《广岛》之前，身为普利策奖得主的赫西早已名声在外，那么这一次，他的名声更是到达了一个新的高度。众多刊物在《广岛》的报道旁边配以赫西的小传和照片。那年深秋，他获知自己被名人信息与研究服务公司（Celebrity Information and Research Service, Inc.）选为"1946年十大杰出名人"[73]，与他一起入选的还有陆军参谋长、前美国最高指挥官德怀特·D.艾森豪威尔将军、歌手平·克劳斯贝（Bing Crosby），以及演员劳伦斯·奥利弗（Laurence Olivier）、琼·克劳馥（Joan Crawford）和英格丽·褒曼（Ingrid Bergman）。[好莱坞八卦专栏作家卢埃拉·帕森斯（Louella Parsons）在一次广播节目中宣读这个"十大名人"名单时,罗斯跟赫西和肖恩打趣说:"帕森斯小姐连'广岛'这个名字都没读对。"[74]]

一些《纽约客》读者发来电报和信件,呼吁应该为《广岛》再给赫西颁发一尊普利策奖。《纽约时报》的"原子比尔"劳伦斯刚刚凭借政府认可的"对长崎核爆的亲历实录,以及其后十篇有关原子弹研制和意义的文章"[75]获得了普利策新闻奖。罗斯向那些希望《广岛》也能得到同样肯定的读者们宣布了一个令人失望的消息:赫西没有资格参评,因为普利策新闻奖只授予报纸报道。[76]

国会图书馆立即出价求购《广岛》的初稿。文章刊发之后不久,国会图书馆的藏品采购主管便告诉赫西,《广岛》是当代重要的文献之一。[77]尽管赫西不愿在文章发表时自吹自擂,但他显然对自己的身后遗产十分重视,承诺将《广岛》的初稿——连同他自己的笔记——赠予他的母校耶鲁大学的图书馆。[78]耶鲁大学的代表大喜过望,专门发布了一篇新闻稿宣布这一消息。[79][哈罗德·罗斯听说赫西的这次赠予后,一直耿耿于怀。"我能不能问一下,(赫西)是怎么拿到这个(初稿)的?"他曾这样问过他的行政主管。[80]不知道他最后有没有得到答案。]

《广岛》的影响力已经超越了此前任何的杂志文章,并将以图书的形式继续流传下去。早在8月31日的杂志还没定稿的时候,罗斯就把文章的校样发给了曾出版《阿达诺之钟》《巴丹将士》《深入山谷》等赫西作品的阿尔弗雷德·A.诺普夫出版公司(Alfred A. Knopf, Inc.)。"这本书必然会大卖。"罗斯告诉阿尔弗雷德·A.诺普夫。[81]后者准备于11月1日推出首印5万本,以满足"巨大的市场需求"[82]。罗斯紧接着与每月读书会(Book-of-the-Month Club)达成协议,后者会全力以赴,在诺普夫版本出版后立即展开推荐。[83]每月读书会向近100万会员宣布了这一消息,为《广岛》的图书版提供了一个巨大的平台。每月读书会在公告中宣称,《广岛》"注定将成为我们这一代人阅读量最大的书籍"。

"很难想象还能有什么书对于人类拥有如此重大的意义。"公告接着说道。[84]

在英国,企鹅出版社同样推出了它自己的《广岛》版本,计划发行25万册。该书上市后,短短数周便售卖一空。赫西的报道已经轰动全球:不仅在全世界各大报刊授权连载,更被世界各地的报纸私自翻印——这让诺普夫出版公司和

《纽约客》都颇为不爽。驻中国的编辑兰道尔·古尔德(Randall Gould)专门致信赫西称,他在上海的《大美晚报》(*Shanghai Evening Post*)上看到了这篇文章。古尔德说,指望通过官方许可渠道授权转载完全不可能,"因为你知道这里没有版权一说"。尽管如此,他还是对赫西表示了祝贺。

古尔德告诉赫西,《广岛》"让你青史留名"。[85]

第七章　余　波

形象问题

赫西进入日本和广岛都得到了麦克阿瑟将军的SCAP办公室的许可。他的行踪为东京和华盛顿的联邦调查局(FBI)所掌握。赫西在广岛期间与美国军警同住。格罗夫斯将军在《广岛》出版前就对文章的内容一清二楚。即便如此，《广岛》还是打了美国政府最高层一个措手不及。他们很快就与其他报刊媒体一道痛苦地意识到，广岛和长崎的核爆还不是明日黄花；他们塑造舆论、压制新闻报道的努力终究还是失败了。

光是读这篇文章"我们就累得筋疲力尽了"，战争部部长亨利·L. 史汀生（Henry L. Stimson）前助理麦克乔治·邦迪（McGeorge Bundy）后来承认。[1]

为了掩盖广岛和长崎的核爆真相，美国政府和军方在长达一年的时间内在两个大洲上做足了工作，但《广岛》让这一切都付之东流。格罗夫斯将军的左膀右臂、曾于一年前率先进入广岛和长崎检查残留辐射情况并宣布两个城市都可以安全驻军的托马斯·F.法瑞尔将军对赫西的文章大为光火，显然他不知道，这篇文章是他的战时上司亲自放行的。

"美国人遗忘得太快。"法瑞尔将军在给美国驻联合国原子能委员会（United Nations Atomic Energy Commission）代表伯纳德·巴鲁克（Bernard Baruch）的信中写道。法瑞尔说："相比受伤的广岛人，吃不饱饭又被人用棒球棍一直抽打的美军士兵更让我心疼。"[2]

巴鲁克与罗斯、肖恩以及《纽约客》发行人拉乌尔·弗雷西曼（Raoul Fleischmann）相识；法瑞尔将军敦促他转告《纽约客》的负责人们，让他们以六个盟军战俘为主角发一篇类似的报道。应该让这些被俘的战士们也来描述一下日军是如何残忍虐待他们的，让他们也来谈一谈对原子弹的看法。

格罗夫斯将军并未在公开场合谈及他在《广岛》问世过程中发挥的出人意料的作用。不过，他很快就把赫西的文章派上了用场。当期《纽约客》发布后不久，威廉·肖恩接到一位战争部公共关系官的来信。[3]信中称，格罗夫斯将军刚刚在堪萨斯州利文沃斯堡（Fort Leavenworth）指挥与参谋学院（Command and General Staff School）发表的讲话中提到了赫西和《广岛》。当天将军提及的话题包括：核战争的未来，以及美国着手准备与新的敌人展开原子战的必要性。美国陆军需要做好在美国遭遇核武器攻击的情况下承担新角色的准备；美国地面部队应该深入研究对日本发动的核打击，学习如何"在我们的城市遭遇核爆的时候，救助和管控平民"。

"恐怕我们都还没有充分意识到核攻击的可怕。"格罗夫斯将军说道。[4]

为此，他宣布，在场的所有人都应该读一读约翰·赫西的《广岛》。他甚至认为，这篇文章对核爆后场面的描写在培训和装备军队、更好地应对未来攻击方面具有极高的价值，应该成为所有美军军官的必读材料。（这位公共关系官还在信中表示，军中现在对《广岛》需求极大。[5]）

在太平洋的另一端，麦克阿瑟将军也给《广岛》找到了类似的用处。虽然我们不知道他初读《广岛》时的反应，但华盛顿的官员们显然都清楚，是SCAP治下的总指挥部准许赫西进入广岛的。站在美国政府的角度，尴尬的一点在于，将《广岛》当作揭露文章的世人很可能认为，赫西是偷偷潜入日本，并在SCAP的眼皮子底下神不知鬼不觉地完成了采访的。

但与他的竞争对手格罗夫斯将军一样，麦克阿瑟将军从未在公开场合流露出对《广岛》的一丝难堪或者愤怒。另外一位战争部的公共关系官选好了时机联系《纽约客》编辑部，询问能否说服赫西授权他们印制发布《广岛》的特别版。

"按照我的理解，"这位公共关系官写道，"麦克阿瑟将军计划将这个版本发放给远东战区的将士们学习。"[6]

尽管麦克阿瑟将军和格罗夫斯将军都把赫西的报道用作军队内部的教材，但总体上来讲，《广岛》给战胜了法西斯主义和独裁暴政的美国政府带来了严重的形象问题。从保卫世界的救世主到种族灭绝的超级霸权的反转，显然是美国不愿看到的。世界各地赫西的读者们如今都在重新审视美国的道德地位，他们迫切地想要知道，为什么这些真相在核爆一年之后才公之于众。如果这么大的事情美国政府都能瞒得住，那么还有多少是我们不知道的？关于这些新式武器，美国政府还有哪些信息没有披露？还有，赫西在《广岛》中写道，威力更大、更可怕的原子弹正在研发中，这到底是不是真的？

《广岛》引发的舆论怒涛持续不断。文章刊发几周后，《星期六文学评论》专栏作家诺曼·卡曾斯就赫西的报道撰写了一篇尖刻的专栏文章，激怒了美国政府的高级官员。

"我们是否知道……未来几年中，日本将有数千人因原子弹释放的辐射罹患肿瘤而死亡？"他写道。[7]他直言，原子弹本质上就是一道死亡射线，将这种东西用在人类身上就是犯罪。此外，美国已经基本确定将在下一次战争中使用原子弹——完全没有考虑到，拥有多个人口稠密中心的美国本身便极容易受到严重的损害。卡曾斯写道，赫西和《纽约客》的报道令人警醒，但美国人民面临的是一场全面的危机；前一年夏天美国已经亲手打开了潘多拉的魔盒，每个人都要认清现实，并采取应对行动。

其他各界重要人物的尖锐批评也铺天盖地涌来。海军五星上将、太平洋第三舰队指挥官、绰号"蛮牛"的小威廉·F.哈尔西（William F."Bull" Halsey Jr.）在一场新闻发布会上直言，对日投放原子弹是一场没有必要的试验，是军方犯下的错误。

"为什么要在毫无必要的情况下将那样的武器展现给世界？"他说，"（美国）有了这件玩具，想试一下，于是就扔了出去。它杀死了很多日本人，但问题是日本人早就多次通过俄国试探和平停战的可能性。"[8]

一些参与建造"这件玩具"的科学家也公开表达他们的不安。早在美军还没有对日本投放原子弹之前，一群"曼哈顿计划"的高级科学家就私下游说高层不要动用原子弹，并请求政府仅展现原子弹的威力即可。他们警告称，如果美国动用原子弹攻击日本，"必将失去世界各国的支持，（并）加速军备竞赛"。[9] 广岛和长崎核爆发生后不久，被誉为"原子弹之父"的"曼哈顿计划"负责人J.罗伯特·奥本海默便在公开场合讲述了他内心的天人交战。

"如果原子弹成为各国交战中的备选武器，或者进入备战国家的武器库，"他在一次演讲中表示，"那么'洛斯阿拉莫斯'和'广岛'这两个名字终将受到全人类的咒骂。"[10]

物理学家阿尔伯特·爱因斯坦提出的 $E=mc^2$ 公式让科研人员得以精确计算出核爆炸释放的巨大势能[11]，但爱因斯坦本人一直呼吁大家警惕核武器的危险。"二战"打响前，他就提醒富兰克林·D.罗斯福总统注意德国制造原子弹的动作。爱因斯坦从未参与"曼哈顿计划"，并否认与原子弹有任何牵连[12]；在他看来，原子弹的诞生给人类的生存造成了灾难性的威胁。他充满忧虑地预测，战后全球各国都将竞相成为有核力量，如此一来潜在的破坏将更加惊人。[13]

"曾参与打造有史以来最为强大、最为危险武器的物理学家，如今都被一种同样的责任感甚至内疚感所困扰。"[14]广岛长崎核爆后，爱因斯坦在纽约阿斯特酒店（Hotel Astor）的一次演讲中表示——阿斯特酒店恰巧就在《纽约客》办公室转角处。《广岛》专号上架几周前，爱因斯坦在接受《纽约时报》采访时指出，火箭已经可以携带原子弹，这意味着地球上每一个人口聚集地都成为毁灭性核打击的目标。[15]他呼吁美国人立即停止日常活动，思考广岛核爆以及原子时代开始的意义。

"我们必须把关于原子能的事实传播到村镇的广场，"他说，"而美国人民的声音必须从那里发出……我们不能任由将军、参议员、外交官们代替我们发言。"[16]

爱因斯坦也就《广岛》联系了《纽约客》的发行人拉乌尔·弗雷希曼。他表示自己对这篇作品怀着深深的敬意，并请《纽约客》为他提供1000本加印的杂志，分发给全世界最重要的科学家。《纽约客》满足了他的要求。

"赫西先生真实地描绘了一枚原子弹近距离爆炸所造成的旷古未有的破坏……给人类带来的可怕影响。"爱因斯坦在随《广岛》一同寄出的一封附信中写道。他还指出，"他描述的景象关乎人类的未来，必将令一切富有责任心的人士深感忧虑。"[17]

对于某些美国政府官员以及毫无悔意的"曼哈顿计划"负责人来说，这一波波批评的声浪跟对日占领早期从日本流出的报道一样刺耳，必须立即采取行动控制影响、引导舆论——就像上一次一样。

以正视听

哈佛大学校长、"曼哈顿计划"顾问詹姆斯·B. 科南特（James B. Conant）刚刚在新罕布什尔州的怀特山脉（White

Mountains）度过了近一个月的假期，回来后才读到赫西的文章。《广岛》让他震惊不已。[18] 这篇文章让公共舆论完全站在了原子弹及其创造者的对立面，并且伤害了美国人对本国领导人的信任。文章不仅揭露了美国政府对公众大量隐瞒真相的事实，动摇了美国的道义形象，更有可能让美国接下来核武库的建设工作失去公众的支持——真若如此，格罗夫斯将军的如意算盘就要落空了。

化学家出身的科南特与军事科技渊源颇深。"一战"期间，他便参与了毒气研制工作。"二战"打响后，他被罗斯福总统钦点担任首席科学家，配合领导"曼哈顿计划"的工作。[有些人将其称为"曼哈顿计划"的"大公爵"（Grand Duke）。][19] 1946年秋天，眼看着越来越多"曼哈顿计划"的科学家出面表达对参与制造原子弹的负疚感，科南特开始感到恶心。（"我一边读着赫西的《纽约客》文章，一边痛哭失声。"一位参与了"曼哈顿计划"的科学家坦承。读着赫西的文章，再想到一年前听说广岛核爆成功时"曼哈顿计划"负责人们"兴高采烈"的样子，他感到万分羞惭。[20]）与他们不同，科南特仍然坚定地认为，对日使用核武器是正确的决定。

"战争时期的道义与和平时期的道义完全不同。"他后来表示。[21]

科南特立即致信战争部部长亨利·史汀生的原子问题特别助理哈维·H.邦迪（Harvey H. Bundy）。他在信中指出，近期有很多"事后诸葛亮"就对日发动核打击问题发表危险的看法。为此，他随信附上了诺曼·卡曾斯受《广岛》启发为《星期六文学评论》撰写的那篇满腔义愤的社评的剪报。科南特告诉邦迪，围绕日本核爆的所有关切，通通都是感情用事。但科南特同时指出，尽管他非常确定只有一小撮个别分子抱有这样的看法，但不巧的是，这一小撮人非常愿意发声表态。[22]

"在我看来，"科南特坚称，"必须说明事实……澄清对日使用原子弹决策的真相。"[23]

如果不采取行动，驳斥像赫西和卡曾斯这样的"一群所谓的知识分子"发表的负面言论，那么美国下一代人的观念将受到影响，历史也将被扭曲。[24]

围绕广岛的负面报道也困扰着哈里·杜鲁门总统。"美国未加深思便鲁莽地对广岛和长崎发起核爆"[25]的指控尤其令他恼火。

"我们早在投放原子弹之前,就对日本人发出了警告,并提出了他们后来接受的停战条件。"杜鲁门总统在给政府临时委员会(Interim Committee)成员、物理学家卡尔·T. 康普顿(Karl T. Compton)的信中写道。临时委员会旨在就核武器的军事利用问题向杜鲁门总统提供意见,曾建议政府发动对日核打击。"在我看来,是原子弹让他们接受了那些条件。"杜鲁门还写道。[26]

但或许是不想让民意进一步发酵,白宫并未就赫西的《广岛》公开发表意见,这让哈罗德·罗斯十分不爽。后来有一天,罗斯读到《纽约邮报》(New York Post)上一篇文章说,有记者问杜鲁门总统是否读过赫西那篇引发轰动的文章。

"我从来不读《纽约客》,"文中援引总统的原话写道,"读不下去。"[27]

罗斯决定捅一把马蜂窝。他给总统的新闻秘书查尔斯·G. 罗斯去了一封信——后来又寄去三本《广岛》专号——请他代为转呈总统。[28] 查尔斯·罗斯的回复十分客气——他说,他本人一直是《纽约客》的忠实读者——但对于总统是否读过或者听说过赫西那篇文章的问题含糊其词。

"总统可能读过赫西那篇文章，也可能没读过，"查尔斯·罗斯写道，"我会将您寄来的杂志转交给他。"[29]

与科南特一样，杜鲁门总统也认定，必须尽快就有关原子弹问题的负面言论进行澄清。不能坐视赫西笔下烧成焦炭的尸体和罹患辐射病的年轻家庭继续主导美国人——乃至全世界人——的讨论。政府必须重申官方的立场：对日投放原子弹的的确确缩短了战争的进程，让双方人员都免于无谓的牺牲。如果当初没有使用原子弹，日本定然会顽抗到底。

杜鲁门总统私下联系了战争部前部长亨利·L.史汀生——他在日本受降仪式数周后便于1945年9月退休——商议起草公开声明事宜。"我已经让……史汀生把有关事实整理成实录形式。"他在给卡尔·康普顿的信中写道。[30]

詹姆斯·科南特也认为，"这件事没人能比史汀生先生做得更好"[31]，并单独与战争部前部长取得了联系。史汀生当时正在长岛的庄园里撰写他的回忆录。[32]科南特前去登门拜访，并在午餐席间动员这位前政要出面澄清[33]——最好也像《广岛》一样采取书面形式。这篇文章不能太过直白露骨，不能让人一眼就看穿政府是要将公众的注意力从原子弹残酷的副作用上移开,也不能让人感到政府急于重新夺回道德高地。它必须流露出一种平静的权威感,仿佛一位深孚众望的大人物宽宏大量地甚至有些宠溺地平息着不必要的紧张情绪。

"这篇声明应该以讲事实为主,而不是试图为核弹在军事上的必要性做出过多辩解。"科南特建议说。[34]

史汀生是夺回广岛问题舆论主动权、安抚民心的绝佳人选。他自1943年以来便担任军事利用核能问题的总统高级顾问,并参与了选定广岛作为核弹投放目标的决策过程。他拥有令人平静、安心的形象,《纽约时报》曾赞称,他"正直的人品有时甚至让他的朋友也感到痛苦"。[35]

史汀生答应出面,但他内心却矛盾重重。他告诉一位友人,科南特把他选作了对抗负面舆情的"受害者"[36]。他的另外一位朋友后来回忆说,史汀生曾"在下决定(投放原子弹)的前夜辗转难眠,思考着对一个平民目标、一个那样规模的城市投放原子弹,将会造成怎样的后果"。[37]此前对东京的燃烧弹攻击已经让史汀生感到不安——他坦承:"我不愿让美国落下比希特勒还要狠辣的恶名。"[38]科南特的请求让他陷入了痛苦的内省。

根据一位科南特传记作者的话，项目启动后，"战争部的原班人马立即着手"起草驳斥文章。[39] 写作班子向哈维·邦迪、史汀生前助手乔治·L. 哈里森（George L. Harrison）以及战争部的历史学家鲁道夫·A. 温纳克（Rudolph A. Winnacker）等人征求了相关事实和遣词造句方面的建议。哈维·邦迪的儿子麦克乔治亲自担任史汀生的助手。

11月6日，莱斯利·格罗夫斯将军也对驳斥文章提出了他的意见。他写道，这篇文章"高度凝练地描述了项目的全貌，引人入胜"。[40] 他告诉他的前同事们，现在比任何时候都更需要这样一篇文章[41]，并重点强调了他本人在对日使用原子弹决策中发挥的重要作用。不知道格罗夫斯将军有没有告诉起草团队的其他人，赫西的文章当初正是他亲自审核并同意刊发的。

有人提议撰稿团队联系亨利·卢斯的《生活》杂志，商讨发稿事宜。《生活》发行量大，但科南特提议选择更为严肃的《哈泼斯》（Harper's）杂志。《哈泼斯》杂志也对《广岛》予以高度关注，将其称为一篇"惊人的报道"[42]，甚至在编辑部收到关于《广岛》的负面评论后还出面为赫西辩护。但与史汀生团队取得联系后，《哈泼斯》杂志同意将史汀生的文章——题目已经确定为《动用原子弹的决定》("The Decision to Use the Atomic Bomb")——作为1947年2月号的封面文章刊发。

科南特似乎是参考了约翰·赫西的编辑规则手册,定稿前一直叮嘱撰稿小组避免使用感情色彩太强或者夸张的语言,而应该坚持"单纯地列举事实"[43]。"所有让人感到部长在为自己辩解或者为自己当时的决定辩护的段落,都要删掉,"他指令要求,"如果这篇文章能做到基本只讲事实,那么对方就难以反驳。"[44]

科南特看了当期《哈泼斯》杂志的新刊样本后非常满意。他告诉史汀生,文章写得恰到好处;他还说,他们决不能"坐视反对使用原子弹的宣传声势越来越大"。[45]

尽管如此,史汀生在文章即将出炉的最后时刻突然感到不安。

"我几乎从不会为一份我直到最后一刻仍然深深怀疑的文件背书,"史汀生告诉一位朋友,"在我看来,详尽描述悲剧发生的全过程会让那些一直将我视为心地善良的基督教绅士的朋友们感到恐惧,他们读了这篇文章会认为我冷血又残忍。"[46]

随后，一封来自杜鲁门总统的书信似乎成功地安抚住了这位钦定民心安抚者的心——或者至少让他下定了决心。"我想，你比其他任何人都更了解整件事情的全貌"，总统告诉史汀生，并提醒后者，他身负"明辨是非"的重任。[47] 史汀生回信说，他希望这篇文章可以对那些不断制造事端的"难缠分子"[48]做出回应。

横下一条心的史汀生亲自把定稿发给了亨利·卢斯。[49] 可以想见，这位已与赫西恩断义绝的昔日导师，大概会格外卖力地宣传这篇文章。

功高应赏

如果说科南特、史汀生和他们的写作团队借鉴了《纽约客》文章不夹杂个人感情、单纯摆事实的写作方式，《哈泼斯》杂志的编辑们则在当期杂志封面的设计上选择了与哈罗德·罗斯和威廉·肖恩截然相反的策略。醒目的红白间条封面上，大号的黑字宣告着本期的封面文章：

战争部前部长

亨利·L.史汀生

亲解

为什么我们动用了原子弹

  与赫西的文章一样，史汀生团队撰写的《动用原子弹的决定》引起了媒体的强烈反响。如果说《广岛》的出现让美国人备感良心的谴责，那么史汀生的文章则像麻醉剂那样给美国人带来了他们亟须的慰藉。当赫西曝光了政府和军方试图洗白核屠杀罪行的真相后，很多美国人都渴望着官方能出面发声，打消他们的疑虑。

  史汀生在《哈泼斯》杂志发表的文章对官方的口径进行了改进，增添了一些似是而非的坦白和爆料。史汀生承认，以美国人民名义投放的这两枚原子弹的确造成了巨大的破坏。但它们绝对必要——是终止对日作战"最不令人厌恶的选项"。史汀生将核武器重新描述成了人道的选择。他并没有像格罗夫斯将军那样试图让美国人相信辐射中毒是一种"非常令人愉悦的死法"，而是提出原子弹阻止了日本人自取灭亡。包括他在内的决策层认为，核爆所带来的极度冲击是迫使日本投降的最可靠的方式，而这一过程所"拯救的美日两国人命也数倍于它所杀死的"。它还让日本人免于继续遭受燃烧弹攻击，并结束了盟军对日本列岛"窒息式的封锁"。[50]

史汀生在这篇反击文章中干脆没有提及赫西的名字，或者任何一个针对《广岛》写过激愤或者痛苦社论的评论员。相反，他的文章让人感到，举国上下的质疑批评仿佛不过是一场无声的抗议。"对于动用原子弹的决定，近几个月来出现了很多评论"，他用一种参加花园茶会的口吻写道，并表示他希望他的观点可以回应"所有对此事感兴趣的人士"的关切。[51]

赫西《广岛》的亮点之一，便是给出了10万这个日本死于核爆人数的统计数字。史汀生也针锋相对地给出了自己的数据。他说，美国情报部门1945年7月预计，日本剩余军力仍然超过500万人，并拥有5000架自杀式战斗机。他提醒读者，日本的军人属于一个"已经充分显示了他们有能力战斗到生命最后一刻的人种"。他说有人告诉他，如果对日本发动地面入侵，那么"仅美军部队的伤亡人数预计就将超过百万"。（尽管杜鲁门总统1945年7月收到的军事文件预测，全面入侵日本或将造成4万美军将士死亡、

15万人负伤[52]，但史汀生在文中多处强调这个百万级别的伤亡人数估算。）对于哈尔西将军公开讲话中"日本人多次试探和平停战的可能性"并请求对苏联投降的说法（苏联当时还是美国的盟友），史汀生将军在文中未予回应。

为什么美国没有选择在某个无人区展示原子弹的威力，借此迫使日本投降？史汀生说，这个点子"因为不切实际而被否决"。他写道，由于原子弹的制造者们对他们亲手制造的这件武器还不十分熟悉，他们甚至不能确定原子弹能否通过飞机投放的方式引爆，而"没有什么比宣示警告后的哑弹更能挫伤我们迫使日本投降的努力了"。[53]

更何况美国没有多少富裕的原子弹可供展示，史汀生解释说。必须让日本人认为美国的原子弹储备无穷无尽，炸完了长崎，美国还有能力一枚一枚地扔，直到日本被夷为平地。"对于更多原子弹"将会从天而降的恐惧让日本人的士气一蹶不振，并最终投降。史汀生声称，实际上，1945年8月的时候，美国只有两枚可用的原子弹，分别用在广岛和长崎——不过幸运的是，美国的虚张声势起到了作用。从这个意义上讲，原子弹不仅是"破坏力极强"，更是"心理战的利器"。[54]

史汀生直言，说到底，美国动用原子弹的决定是正确的："依我所见，一切证据都表明，原子弹是使得日本人最终接受我们条件、宣布投降的决定性因素。"[55]他没有提到的是，就连美国政府公开发表的美国战略轰炸调查报告都认为"不能说……是原子弹让最终实现和平的领导人意识到投降的必要"，并指出日本其实早在美军投放核弹3个月之前的当年5月就做出了投降的决定。[56]

史汀生的文章对广岛和长崎的受害者遭受的痛苦避而不谈，甚至没有承认原子弹具有辐射性，而只是说它们具有"革命性的特点"，并且"性质不明"。史汀生写道，在他和其他参与"曼哈顿计划"的人眼中，动用原子弹"跟使用现代战争中其他任何致死性爆炸武器一样合理合法"。甚至他们将原子弹视作避免更多人员伤亡的法宝，"任何身在我们的位置、肩负我们的责任的人，如果掌握这样一件能在达成目标的同时拯救那么多人生命的武器却不能加以利用，必定无颜再见江东父老"。[57]

史汀生的文章被认为是首个讲述动用原子弹决策背后考虑的官方文本，吸引了数百家曾关注《广岛》的新闻媒体争相报道。杜鲁门总统对史汀生予以了褒奖，说他"出色"[58]地完成了明辨是非的工作。文章写作团队也对史汀生——以及他们自己——表示了祝贺。

"我们让那些饶舌者闭上了嘴,"麦克乔治·邦迪在给史汀生的信中写道,"配得上一枚勋章。"[59]

木已成舟

不过,史汀生的文章并没有让所有"饶舌者"闭嘴;更无法扼杀示威抗议,抹除广岛一片废墟的图像,或者平息人们对于核冲突的广泛焦虑和恐慌。相反,《广岛》的影响力在《哈泼斯》杂志的驳斥文章发表之后持续扩大。诚然有不少读者对《哈泼斯》杂志的解释感到满意,并从中获得了慰藉。但对于其他人来说,史汀生的文章完全没有回应各方此前提出的关键质疑;对于政府究竟在多大程度上隐瞒了核爆的影响,文章也没有做出任何说明。

很多一年前很可能会接受并宣传史汀生这篇报道的刊物,如今的表态也变得更加留有余地。这份超乎以往的谨慎表明,战时的合作关系已经产生了裂痕:虽然媒体在战争期间曾与政府和军方站在同一边,但现在,媒体开始越来越多地用批判的眼光审视自己一年前的战友。

亨利·卢斯的《时代》周刊和《生活》杂志最终拒绝对史汀生的文章进行大规模报道，仅在《时代》周刊的"国内要闻"（National Affairs）栏目对史汀生文章的要点进行了整理。[60]《纽约时报》一如既往地为"原子比尔"劳伦斯最新的涉核报道留了头版的位置，但他这一次的文章表现出一反常态的克制，通篇看不到圣经式的评论。《纽约时报》的编委会对史汀生文章中的论断进行了深入的讨论。该报的编辑们接受了史汀生文中有关制造和使用原子弹并非一时冲动的说法，并且认同对广岛和长崎的核弹攻击的确是迫使日本投降的原因。

但《纽约时报》也指出，政府在广岛核爆之前从未展示过原子弹的威力，因此杜鲁门总统坚称的事前已经给予日本人充分警告的说法能否站得住脚仍然存疑。该报同时批评了史汀生仅用实际结果为原子弹的功用辩护的做法。社论认为，这种逻辑与"德军'必为之事可以不择手段'（necessity knows no law）的信条"别无二致；史汀生实际上是在宣称，"最残酷的战争也最仁慈，因为它结束得更快，而结果重于手段"。[61]

对于政府来说,《纽约时报》再次开了一个不好的头。该报的社论不仅表现出编辑们超然世外的姿态,更清楚地表明,史汀生的驳斥文章没能对赫西的《广岛》所揭露出的最令人心痛的真相——那就是,核武器造成的恐怖的人道成本以及加害者隐瞒了核爆的真实影响——做出令人满意的回应。美国动用了一件仍处在试验阶段的超级武器,致使大量平民在炸弹引爆数个月后死亡。拜赫西和他的团队所赐,这已经是无可辩驳、无法改变的事实。史汀生的文章承认,广岛引爆的核弹"致使十几万日本人死亡"[62]。尽管他声称自己不想"敷衍塞责"[63],但文章实际的效果却恰恰如此。

"战争的真面目是死亡,"史汀生直言,"而死亡是每位战时领导人每条号令不可避免的一部分。"[64]

史汀生文章的敷衍之处,一定程度上体现在它试图将广岛的叙事再次简化为干瘪的统计数字。在他的讲述里,广岛不过是10万个没有姓名、没有面孔的人难逃一死的丧生之地,死的是张三还是李四并无所谓。他说,现代战争就是这样。

"在史汀生先生看来,"《纽约时报》社论谈道,"我们应该控诉的不是武器，而是战争。"

但核爆发生后以及《广岛》问世后人们的焦虑和愤怒完全针对新武器本身：它们给人类造成的影响，它们给整个城市造成的后果，它们挥之不去的致死性以及它们昭示出的人类的未来。史汀生全文没有提到"放射性"或者"辐射"的字眼，但赫西的《广岛》发表之后，任何人都无法让公众相信，原子弹不过是常规武器的一种；任何人都无法简单地将原子弹辐射中毒的报道斥为"日本的政治宣传"或者"东京怪谈"。政府引导舆论的努力同样以失败告终；在这方面，有关原子弹的叙事已经永远地脱离了政府的掌控。

虽然史汀生、科南特、杜鲁门总统和格罗夫斯将军眼中"战争的面目"或许只是一个无名的抽象概念，但在数百万赫西读者的眼中，核战争的面目是活生生的人的面孔：是那个含辛茹苦的寡妇和她三个孩子的面孔，是那位年轻文员的面孔，是那两位医生的面孔，是那位神父的面孔，是那位牧师的面孔。附着这六张面孔照片的《广岛》图书如今在全球各地热销。《广岛》已经成为一道阴影，让美国官方为核爆做出的辩护永远难逃公众的质疑。

史汀生未能降低赫西作品的热度。《哈泼斯》杂志上的驳斥文章发表两周后，赫西和《纽约客》的编辑们得知，英国企鹅图书出版的首批25万册《广岛》一周之内便已售罄，企鹅图书准备将加印的100万册[65]投放市场。诺普夫出版公司在发行美国版图书一年后发布的新闻稿中总结了《广岛》在全球市场的表现："除了（诺普夫）的美国版和企鹅的英国版之外，《广岛》至今已经发行了11种语言的版本，包括瑞典语、丹麦语、挪威语、芬兰语、荷兰语、法语、捷克语、德语、意大利语、匈牙利语和葡萄牙语，并确定很快将发行波兰语、西班牙语和希伯来语版本。印度也有可能发行孟加拉语和马拉地语[1]版。"[66]甚至还有人将《广岛》译成了盲文。

1946年秋天，詹姆斯·科南特曾担心《广岛》发表后公众对美国政府的批评将对美国整个下一代的历史学家和领导人产生影响。转眼间，他的忧虑已经变成了现实。赫西的书不仅被书商和文学评论人士奉为经典，更进入了大学教材——包括科南特所在的哈佛大学的常春藤兄弟学校。（听说《广岛》进入高中教材后，罗斯给赫西和肖恩写信说：

---

[1] 马拉地语（marathi）是印度的22种规定语言之一，在印度西部的马哈拉施特拉邦（首府是孟买）大约有9000万使用者。

"天知道我们干了些什么。这样的教材应该比我上高中时候的教材强多了。"[67]《广岛》成为记录核战争真实人道成本的历史文献,而这一地位注定将在接下来的数十年中得以延续。

双重间谍

虽然诺普夫出版公司大肆夸耀《广岛》在多个国家的出版发行,但有两个引人关注的国家却不在其中。《广岛》一文首次发表之时,《纽约先驱论坛报》就预言,尽管赫西的报道产生了全球性的影响,但受制于世界各地政权的审查制度,将有数百万人永远无缘读到这篇文章。

这篇社论明显在暗示俄国。冷战每周都在升级。《纽约客》刊发《广岛》两个月后,苏联外交部部长维亚切斯拉夫·M. 莫洛托夫(Vyacheslav M. Molotov)在联合国大会发言中痛骂美国。他斥责美国"帝国主义"的"扩张计划",并告诫美国人,苏联人民"抛洒无价的热血,不是为了给妄图统治世界的新势力铺路"。莫洛托夫还指责美国自私地"垄断原子弹"。他警告称,美国的核垄断不会长久。[68]

苏联领导人约瑟夫·斯大林（Joseph Stalin）的确在1945年7月美国原子弹首次试验后就加快了苏联原子弹开发项目的进程。莫洛托夫认为，杜鲁门总统想用日本的两次核爆敲打苏联，"表明究竟谁说了算"。在他和其他苏联领导人看来，广岛和长崎的核爆"针对的不是日本，而是苏联"："他们说，不要忘了，你们没有原子弹，而我们有；只要你们错走一步，日本就是你们的前车之鉴。"[69]

尽管赫西、肖恩和罗斯深知，苏联很可能会将《广岛》视为敌国政治宣传的材料，但《纽约客》编辑部确实认真讨论过在苏联发行《广岛》的问题。一些美国媒体的社论立即注意到了这一点：《纽约先驱论坛报》预测，苏联会把赫西的文章视为一种"威胁"。[70]

实际上，核爆后，苏联人进入广岛比美国人还要早：苏联直到广岛核爆后两天的1945年8月8日才对日宣战，苏联驻东京使馆在战争期间一直正常运转。8月23日，苏联驻东京领事米哈伊尔·伊万诺夫（Mikhail Ivanov）亲赴广岛调查核爆现场。[71]他很快起草了一份报告，记述了满目疮痍的惨状以及原子弹的副作用，呈报给斯大林和苏联其他领导人。如今的苏联与美国相比存在显著的劣势，这已经是不争的事实。苏联政府很快压制住了关于这项具有极强破坏力的武器的报道，因为正如一位常驻莫斯科的英国记者所说，莫斯科已经明白，"原子弹是对苏联的极大威胁"。[72] 如果像《广岛》这样的文章在俄国刊发，必将凸显美国对苏联乃至全世界的支配能力，让苏联官方淡化美国威胁的努力前功尽弃。

尽管如此，对于为《广岛》在国际上大获成功而兴奋不已的《纽约客》团队来说，促成《广岛》在俄国的出版发行仍是一项颇具吸引力的挑战。他们刚刚完成了一项看起来根本不可能完成的壮举；或许这一次，他们可以梅开二度。经过讨论，他们决定联系苏联驻联合国代表安德烈·葛罗米柯（Andrei Gromyko），探讨将《广岛》译为俄语并在苏联境内发行的可能性。写给葛罗米柯的信必须言辞谨慎，赫西觉得只有这样才能让俄国人"稍稍放下把这篇文章当作政治宣传的戒备心"。[73]（不过与此同时，赫西怀疑《广岛》根本无法让俄国人放下戒备心。在担任《时代》周刊驻莫斯科记者时，他本人就写过："在俄国，一字一句，皆为武器。"[74]）

为了起草这封给葛罗米柯——纽约人称他为"否决先

生"(Mr. Nyet)、"阴森的葛罗"(Grim Grom)或者"板脸老头"(Old Stone-face)[75]——的信,赫西、罗斯、肖恩以及《纽约客》的发行人拉乌尔·弗雷希曼整整花了一周的时间。如他们所料,信一发出便如石沉大海。致函苏联大使短短数月后,《纽约客》团队便了解到莫斯科对赫西本人及《广岛》一文的真实看法,明白了他们希望将《广岛》译为俄文发行的想法是多么幼稚。

原来在赫西结束广岛之行后不久,一位名为奥斯卡·库尔干诺夫(Oskar Kurganov)的苏联记者受苏联最大日报、苏联共产党喉舌《真理报》的派遣抵达日本。他环游日本,并去了一趟长崎。(事后,他将全程陪同他的SCAP官员称作"美国版的盖世太保"。[76])回国后,库尔干诺夫出版了一本名为《美国人在日本》(*Amerikantsy v Iaponii*)的书,讲述他的日本之行。库尔干诺夫在书中称,《广岛》中描写的场景严重夸大其词,根本不存在什么"原子热"(atomic fever)。他表示,自己曾就所谓辐射受害者的症状询问过长崎的医护人员;这些医护人员告诉他,他们在长崎没有见过一例这样的病例。库尔干诺夫还声称采访了一位躲在一条浅沟中幸免于难的幸存者;这位受访者的头经受了核爆的暴露，但却毫发未伤，只是"受到了一些惊吓"。库尔干诺夫表示，他个人坚信不存在所谓的辐射中毒，"长崎不存在美国人所说的'原子悲剧'"。[77]

一位常驻莫斯科的西方记者指出，库尔干诺夫的书是"俄国对赫西在《广岛》中描画的末世惨景的回应"。[78]甚至可以说，《美国人在日本》就是俄国版本的反《广岛》。库尔干诺夫向苏联领导人传达出这样一个信号：原子弹与美国其他炸弹别无二致，不需要他们额外地担心；美国关于其新式武器的公开表态全是谎言，在军事上美国并不具备对俄国显著的优势。

与此同时，《真理报》发文直接攻击赫西本人。这篇报道称，赫西的《广岛》不过是美国人的恐吓战术，是"以六个人经历核爆后所遭受痛苦折磨取乐"的虚构作品，而赫西这样做，就是为了"散播恐慌"。（文章还援引这本书已经在全球售出700万册的事实，暗示赫西身为一个资产阶级作家，必然已经靠着描写苦难赚得盆满钵满。）[79]另外一份苏联刊物干脆把赫西定为美国间谍，称他代表了美国"好战的精神"，向全世界"宣扬侵略，颇有纳粹德国当年的神韵"。[80]

至此，赫西和《广岛》已经被冷战裹挟。一个国家人民眼中敢于揭发真相的孤胆英雄，到了另一个国家就成了阴险狠毒的政治宣传家。如果有什么能让《广岛》在《纽约客》发表后深陷民愤中的美国政府感到一丝慰藉，那就是他们的苏联对头也被赫西的文章搞得很不舒服。

在苏联，记者无论以任何方式让政府难堪，都会面临严重的后果。但并没有任何迹象显示，美国政府或者军方对赫西进行了审问，或者尝试败坏他本人或者他文章的名声，更没有对《广岛》写到的六位主人公的证言提出质疑。美方的策略似乎是淡化处理，或者是将民众对核爆人道成本的痛惜之情归结为过度感情用事。尽管如此，即便真的有人试图抹黑《广岛》，赫西和《纽约客》的编辑们也留着一张王牌：他们可以干脆对外披露，格罗夫斯将军和他的助手们看过初稿并提了意见，《广岛》最终发表也得到了他们的许可。

不过，多年之后的1950年，就在冷战全面展开、约瑟夫·麦卡锡（Joseph McCarthy）参议员煽动美国国内"红色恐慌"（Red Scare）之时，联邦调查局（FBI）局长J.埃德加·胡佛（J. Edgar Hoover）指派外勤特工对已经在FBI

建档的赫西进行调查、监控和盘问。对此，FBI 给出的官方理由是，赫西的亲生兄弟曾于 1941 年牵涉一个被众议院非美活动调查委员会（House Un-American Activities Committee）定为隶属于共产主义阵线的非法组织。[81] 在调查过程中，FBI 探员从消息人士处获悉，赫西在代表《时代》周刊驻任莫斯科期间曾"公开明确表达对苏维埃社会主义共和国联盟的倾慕之情"[82]，并在回到美国之后参与过有共产主义背景或者倾向的组织，或者向此类组织捐款。（其中包括向美国公民自由联盟[1]捐款 10 美元。[83]）尤其让 FBI 感兴趣的是，赫西 1945 年 5 月 18 日在耶鲁大学发表的演讲中呼吁美国与苏联建立"强有力的、长久的"[84]友谊。

此时赫西和家人已经搬到了康涅狄格州郊区；FBI 探员专程上门调查。[85] 他们询问了赫西 1946 年日本之行的情况，以了解他与当时驻日本的其他可能同情共产主义的记者之间的关系。

FBI 显然没有将赫西列为需要进一步讯问的对象，也

---

[1] 美国公民自由联盟（American Civil Liberties Union，简称"ACLU"）是一家成立于 1920 年的美国民权组织，旨在保护美国宪法及其修正案赋予美国人民的权利和自由。

没有对他提起指控。在当时高度紧张的政治局势下,赫西的忠诚度和背景会受到质疑,或许并不出人意料——何况他一手爆出的特大新闻损害了美国政府的信誉。但赫西一边被苏联认定为决心在俄国和全世界散播恐怖的美国军国主义特务,一边又被FBI作为潜在的俄国共产主义同情者进行调查,这真是讽刺。

兄弟友爱

第二个值得一提的禁止《广岛》出版发行的国家——日本。虽然麦克阿瑟将军打算把《广岛》当作太平洋战区部队的培训教材,但一位驻东京的《生活》杂志摄影记者告诉赫西,SCAP严禁《广岛》的文章和图书在日本翻印发行,也不允许任何人将《广岛》译为日语。[86]

尽管赫西的六位主人公早已名扬天下,但他们真正读到《广岛》已经是数月之后。赫西试图策划将那期《纽约客》杂志带进日本,交给谷本牧师、佐佐木小姐、藤井医生、中村太太、克莱因佐格神父以及佐佐木医生。《纽约客》团队向耶稣会纽约分会求计,一位神父告诉他们,可以将杂志寄给一位现在在东京的特遣神父代为转交。[87]这位耶稣会代表还建议，最上面的一本杂志要标明是寄给这位神父本人的，因为如果标称是寄给日本人的，就很可能会被SCAP审查官没收。

这几本杂志最终进入了广岛——可能是那位特遣神父送进去的，也可能是其他人。有几位赫西报道中的主人公直到收到这几本走私的杂志时才知道赫西写下了这篇文章，而他们均在其中。"我不知道他把我写进了文章里，直到有人拿着一本《纽约客》跑过来告诉我，我才知道。"藤井医生后来回忆说。[88]

藤井医生读了文章后发现，"里面的每字每句都跟他说的分毫不差"[89]，并且他们长达三个小时的对话，赫西都记得一清二楚。(中村太太也惊叹于赫西"记住所有细枝末节"[90]的能力。)藤井医生给赫西写了一张明信片，"感谢你送来的《纽约客》"，并说，"你可以想象我读到这篇有关原子弹的《广岛》，特别是读到关于我的段落时有多么开心。我相信，你善意的表达定然会在全世界引起轰动"。[91]

谷本牧师后来也致信赫西，表示这篇报道让他"深感惊喜和兴奋"——同时，他也惊讶于《纽约客》竟能顺利地将这篇文章发表。

"美国当局能允许你们刊发这样一篇从战败国视角看待秘密武器影响的报道,与日本前领导人相比高下立判,令人感到悲哀,"他写道,"美国人民令人动容的反应,是美国的民主,以及美国人民强大的人道主义和基督教兄弟友爱精神的生动体现。"[92]

他在信中提到,他和其他《广岛》主人公们开始每个月聚会,并把这种聚会称作"赫西小组"(Hersey Group)。谷本牧师还写道,他听说SCAP目前仍然没有允许将《广岛》译为日语。如果SCAP方面政策有所松动,他愿意自告奋勇,担任翻译。

最后,谷本牧师告诉赫西,美国第八集团军司令近期访问广岛,并与他、克莱因佐格神父、藤井医生、佐佐木医生以及佐佐木小姐进行了"面谈"。[93](他上一次见中村太太还是跟赫西一起,他也不知道司令是不是也找她谈了。)

两年多之后,在美国作家联盟(Authors' League of America)的干预下,麦克阿瑟将军才允许《广岛》一书在日本发行。放行日译本的同时,麦克阿瑟将军宣称有关他封杀"赫西这本书"的说法"完全没有一点事实依据"。[94]

"这是一场恶意的虚假新闻宣传攻势,"他指出,"意在让世人错误地认为,这里存在专断、残酷的言论审查。"[95]

1949年4月25日,谷本牧师参与翻译的《广岛》日文版正式上架,并立即成为畅销书。[96]SCAP曾担心这本书可能引起日本民众的怨恨和报复情绪——或者如占领军媒体守则中所说,"扰乱公共安宁",但实际上,日本读者似乎怀着兼有悲伤和审慎乐观的复杂情绪看待《广岛》。一位书评人在《东京新闻》(*Tokyo Shimbun*)撰文表示,《广岛》"表达了一种超越胜败立场的人道主义",人们"应当怀着对和平的悲戚希望,认真阅读"。[97]

不畏人言

1947年秋天,《纽约客》的编辑们尝试寻找下一个与赫西合作的选题。想要再续《广岛》的辉煌并非易事。罗斯想让赫西回到日本做一篇跟进报道。"跟你的主人公们重聚，再写一篇文章。"他向赫西提议道。[98]

这个想法被赫西否决了。《广岛》问世后，他在新闻界销声匿迹了几个月[99]，不想现在就重返日本。罗斯向一位北美报业联盟（North American Newspaper Alliance）的熟人感叹说，说服赫西重返日本的成功率"大概只有四十二分之一"。[100]

结束了多年的海外采访、重新与妻子家人团聚的赫西开始将注意力从新闻报道转向小说创作。他认为，小说拥有比非虚构作品更强大的感染力。（赫西持有这样的观点实在讽刺，因为尽管赫西一生创作了十多部小说，但《广岛》至今仍是他最知名、最具影响力的作品。）他开始为一本设定在华沙犹太区（Warsaw Ghetto）的小说做研究——作为《时代》周刊驻莫斯科战地记者时，他曾经参观过华沙犹太区的遗址。这本书最终命名为《围墙》（*The Wall*）。正如初见广岛的惨景时一样，华沙犹太区遗迹和集中营让赫西大为震撼。从华沙归来后过了很长时间，他"对人类所作所为的义愤"[101]才平息下来。但据他后来说："那次经历同时也让我感到某种乐观，因为无论是华沙犹太区还是集中营，都有人幸存下来，这说明人类是不会轻易被击垮的。"[102]

为《围墙》做研究期间，赫西代表《纽约客》对刚刚卸任的美国驻联合国原子能委员会前代表伯纳德·巴鲁克进行了专访。这篇专访文章于1948年1月，也就是《广岛》问世近一年半后发表。此后，赫西、罗斯和肖恩的"广岛三人组"仅合作完成了一个重大项目：1951年初分五部分刊发的杜鲁门总统专访。那年晚些时候，哈罗德·罗斯败给了癌症，死在了手术台上。

在《广岛》给美国政府的声誉造成了如此重击的情况下，《纽约客》团队竟然还能说服总统接受专访，不得不说是一个奇迹。但实际上，自从《广岛》发表后，罗斯一直在有策略地培养与总统新闻秘书查尔斯·罗斯之间的关系。带有讽刺意味的是，《纽约客》的编辑们在说服总统团队的过程中，又一次抛出了《广岛》的写作思路。对于与白宫沟通的方式方法，肖恩在给罗斯的书面材料中提出，他们的目标是"描绘杜鲁门作为普通人的一面"[103]。他们的策略奏效了：赫西获得了采访总统的许可。

在1950年年末赫西跟访杜鲁门总统时，苏联刚刚于前一年成功引爆了首枚原子弹，永远终结了美国的核垄断地位（并证明了格罗夫斯将军关于苏联要过20年才能加入核俱乐部的论断是完全错误的)。杜鲁门总统立即试图加快美国热核武器开发,重获竞争优势。1952年,美国首次成功引爆氢弹——"原子比尔"劳伦斯称之为"地狱炸弹"(Hell Bomb)——其炸药量相当于1000万吨TNT当量,威力约是广岛核弹的666倍[104]。

《纽约客》最终刊发的专访文章并未提到以上问题,也没有涉及广岛和长崎,因此我们也无法知道赫西和杜鲁门总统是否谈到了这些。杜鲁门总统几乎从未在公开场合谈论过对日投放原子弹。《大西洋月刊》(*Atlantic*)刊发了杜鲁门总统写给政府临时委员会成员、物理学家卡尔·康普顿的信——他在信中称,投放原子弹前"日本人已经受到了警告"——而这封仅有98个单词的信便是美国公众能看到的总统本人对核弹问题看法最全面的陈述了。[105] 我们不知道,拒谈核弹问题是否是白宫同意《纽约客》专访的前提条件,但赫西的确试图将话题导向这方面,他问总统"是否愿意推荐十本书,帮助人们更好地应对原子时代的生活"。总统没有提供这样的书单,只是让赫西去参考经典著作。

"人性从来没有改变,"杜鲁门告诉他,"变的只有我们给各种东西起的名字。"[106]

赫西获准参加并记录了杜鲁门总统与助手的一次工作会议，会议的主题是研究一篇据称被杜鲁门"认为他到那时为止的总统生涯中最重要的"[107]广播讲话。当时，朝鲜战争全面打响，总统准备宣布全美进入紧急状态。在这次会议上，杜鲁门总统的顾问团队讨论了东京方面收集到的相关情报；此时的日本已经如六年前美军开始占领时所期望的那样，成为美国在太平洋战区的可靠据点。根据赫西的描述，总统与国务卿迪安·艾奇逊（Dean Acheson）对如何将把世界拖向核战争边缘的责任归在苏联身上展开了争论。

"我认为，必须明确我们永远不会主动挑起世界大战——换言之，如果爆发了世界大战，那么一定是别的国家挑起的，"艾奇逊据称如此表示，"或许我们应该这样表述：已经证明了，他们不惜将世界拖向战争的边缘。"[108]

"俄国人就是这样做的，"杜鲁门总统回应说，"到处招惹是非。"[109]

在一场赫西代表《纽约客》报道的白宫朝鲜问题新闻发布会上，杜鲁门总统告诉与会记者们，不排除使用原子弹。根据赫西的记述，总统还告诉白宫媒体团，"政府已经为阻止第三次世界大战竭尽全力,并且仍在为避免战争爆发而努力"。[110]

所有这些描绘出的,是一个被夹在前一次世界大战尾声与下一次世界大战先兆之间的美国总统的形象。即便杜鲁门总统在私下采访中表露出对事态发展方向的警惕,或者对自己在广岛、长崎核爆中扮演角色的反思,赫西也并没有将这些内容写进《纽约客》的专访里。不过,杜鲁门总统的确向赫西坦承,一些媒体对他的评断让他感到困扰——在他看来,个别媒体的言论甚至有叛国嫌疑。"在我的观念里,没有什么比无端抹黑别人的人格更加非美。"他说。[111]在这一点上,总统的态度在倔强与脆弱之间摇摆不定。

"我不在乎别人怎么评价我,"他告诉赫西,"我也是人,我也会犯错。任何人无论多么全心全意地为国效力,都会犯错。"[112]

在他余下的总统任期内,杜鲁门一直"积极考虑"[113]在可能爆发的军事冲突中使用原子弹。他说,原子弹与常规武器没有区别,只不过个头更大、效率更高、效果更好,它们理应是美国武器库的一部分。他的继任者德怀特·D.艾森豪威尔总统在这方面与他见解相近,甚至认为原子弹在减少军事行动成本方面具有极高的价值。[114] 他在1953年5月13日的国家安全委员会（National Security Council）会议上表示，或许对朝鲜使用原子弹成本要低于常规武器作战。更何况，投放原子弹可以免去将常规武器弹药从美国运到前线的后勤成本和麻烦。

生生不息

《广岛》发表后的数十年中，愈演愈烈的核军备竞赛不断刷新赫西对于他的文章产生的长远影响的复杂认识。时隔几十年后，到了20世纪80年代，面对美苏双方新一轮狂热的核战争边缘政策，他告诉一位学者，他感到"广岛和长崎的核爆是对世界发出的重大警告，在避免下一场核战争爆发方面发挥了作用"。[115] 同时，他认为，核爆幸存者的记述——包括他通过《纽约客》传递出去的——产生了重要的影响。

"我认为，自1945年以来，保护世界免受核爆威胁的，与其说是核威慑或者对某种特定武器的恐惧，倒不如说是人们的记忆，"1986年他在少见地接受采访时表示，"具体来说，就是人们对广岛发生的事情的记忆。"只要人们清晰地记得广岛和长崎发生过什么，他们就想象得到"如果在人口中心引爆一枚杀伤力更大的原子弹，将有怎样的后果"——进而他们会想到，如果是他们自己所在的城市、他们自己的孩子成为核攻击的目标，结果又会如何——并因此反对再次使用核武器。[116]

尽管如此，他仍然忧心忡忡：虽然一代又一代的政治领袖、活动人士和学界代表在《广岛》的影响下为遏制乃至终结核军备竞赛而奔走，但华盛顿权力中心对于核爆余波的记忆似乎变得越来越"斑驳不清"。他列举时任国务卿卡斯帕·温伯格（Caspar Weinberger）和负责全球战略事务的助理国防部部长理查德·珀尔（Richard Perle）为例，说他们"继续推动建设一个拥有更大、威力更强核武器的未来，显然从来没有领会到广岛核爆的真正意义"。他进一步指出，更糟糕的是苏联的权力机构可能根本没有这样的记忆："那里的信息管制如此严格，我不知道有多少人知道广岛的真相。"[117]

赫西认为，记忆的淡化或者缺失才是对核威慑真正的威胁。在这种情况下，谷本牧师、中村太太、佐佐木小姐、藤井医生、克莱因佐格神父以及佐佐木医生的证言就显得更加重要。

在赫西看来，《广岛》的六位主人公——以及多年来他笔下记述的许许多多位战争幸存者——不仅是警世的寓言，更是希望的标志。他一生痴迷于人类求生的意志和能力，虽然亲历了太多人性的丑恶，却仍能保持惊人的乐观。人类"保全性命的智慧令人难以置信"，赫西曾写道。[118]

"尽管（人类）发明了足以自毁的可怖武器，"他总结说，"但依我看，人类爱这肮脏俗世，胜过他深深畏惧却又反复试探的末日……我相信，人类仍将生生不息。"[119]

后记

虽然哈罗德·罗斯曾希望约翰·赫西可以在《广岛》发表后不久重返日本,但赫西真正回到日本报道六位主人公的命运,已经是近40年之后的事情了。1985年,《纽约客》"漫游闲笔"栏目刊发了赫西的新作《广岛:余波》("Hiroshima: The Aftermath")。罗斯1951年离世后,威廉·肖恩成为杂志的主编(《纽约时报》称他为《纽约客》长期主政的"温和暴君"[1]),亲自操刀赫西的续篇。

"很显然,(广岛给六位主人公的生活留下的)阴影比我在原作中写的那一年要长,"赫西回忆道,"长很多很多。"[2]他最终决定回到广岛,看看六位主人公及其家人的近况。

多年来,赫西很少谈论他1946年的广岛之行。他极少接受采访——无论是否与广岛有关。不同于诺曼·梅勒（Norman Mailer）、汤姆·沃尔夫（Tom Wolfe）这些在报道中拥有极强存在感并且享受成名的后辈知名记者，赫西一直刻意回避抛头露面，埋头在康涅狄格州乡下、玛莎葡萄园岛（Martha's Vineyard）、基韦斯特（Key West）以及纽黑文（New Haven）的家中写作了20多部小说和非虚构作品，还当了五年耶鲁大学皮尔逊学院（Pierson College）的院长。"对作者的崇拜就是从他那一代人开始的——像诺曼·梅勒这样的人都做了《迪克·卡维特秀》（*The Dick Cavett Show*）——但他不想参与这些，"约翰·赫西之子贝尔德·赫西（Baird Hersey）回忆说，"他没办过全国巡回宣传活动……不愿意上电视广播或者发表演讲。"[3] 对于后继的明星记者，赫西说自己就像"一个忧心忡忡的老爷爷"，并表示"记者本身形象的重要性（越来越）压过了他报道的事件"。[4]

抵达广岛后，赫西发现，就在"小男孩"把广岛夷为平地近40年后，这座城市"已经从1945年的废墟上浴火重生"。[5] 重建后的广岛如今拥有超过100万居民。宽阔的大道两侧绿树成荫。赫西观察到，今天的广岛已经成为一个"奋斗者和享乐者的城市"[6]，还有数百家书店和上千家酒吧。

美国对日占领结束后,几乎每年的8月6日,全球各地的新闻机构都会联系赫西的六位广岛幸存者进行核爆纪念日采访。20世纪40年代末,谷本牧师已经成为享誉全球的反核倡议人士。在核爆后的多年里,他多次到美国为教堂重建募集资金,讲述自己的经历,并参与发起了一个为在核爆中毁容的日本女性提供整形手术的项目。有一种说法是,1948年到1950年,谷本牧师在美期间发表了582场演说。[7]第二次访美期间,他受邀主持国会参议院1951年2月5日下午场的开场祷告。谷本牧师在祷文中称,美国是"人类历史上最伟大的文明",并表示"主啊,我们感谢你,让日本有幸受到美国慷慨的恩惠"。[8]赫西写道,这次在国会的露面是"(谷本牧师)此次美国之行的高峰,或许也是他人生最高光的时刻"。[9]

但谷本牧师在美国的经历也并非一帆风顺。1955年,谷本牧师在访美期间受邀于5月11日在洛杉矶接受NBC的采访。当他抵达录制现场的时候发现,他参加的是在美国拥有4000万观众的《这就是你的生活》(*This Is Your Life*)节目。[10]就在谷本牧师落座,摄像机开始嗡嗡作响的时候,节目主持人拉尔夫·爱德华兹(Ralph Edwards)

对他说："您可能觉得这只是一次关于您目前从事工作的常规采访，是吧？我们给您带来了一些惊喜。"接着，他告诉谷本牧师，他们将"在这个舞台上……重新讲述他这一生的故事。我们希望您可以从中获得一些快乐"。[11]然后，他请已经目瞪口呆的牧师重温一下他在1945年8月6日的经历；背景音效伴随着他的讲述响起，有空袭警报，有亚洲风情的音乐，有时钟的嘀嗒作响，也有震耳欲聋的爆炸声。谷本牧师仓促讲述的中途却被节目赞助商黑兹尔·毕晓普（Hazel Bishop）指甲油一段冗长的现场广告打断：一位手模用钢丝球疯狂摩擦自己涂了指甲油的指甲，以证明产品的韧性。广告结束后，主持人才请谷本牧师继续讲述他是如何从核末日死里逃生的。

节目制作组不但秘密地把谷本牧师的家人——包括他的夫人知纱和女儿纮子，她们二人都是核爆幸存者——从日本接到了录制现场，还找来了执行广岛投弹任务的"艾诺拉·盖"号轰炸机的副驾驶员罗伯特·刘易斯（Robert Lewis）上尉。刘易斯上尉战后在纽约一家糖果公司担任人事经理。当讲到他们如何驾驶B-29轰炸机执行投弹任务时，刘易斯一度接近落泪；当时年仅10岁的谷本纮子也看到了刘易斯眼中的泪光，虽然刚见到他时感到满心愤恨，却也主动拉过了他的手。[12]（根据赫西在《广岛：余波》中的记述，刘易斯其实并不是在哭，而是他在上节目前一直在"泡吧"[13]，喝醉了。）谷本牧师在这次录制节目的过程中虽然备受煎熬，却也并非一无是处；节目据称从观众那里共计募集到了 5 万美元捐款。[14]

谷本牧师 1982 年正式退休，1986 年因肺炎引发的肾衰在广岛一家医院辞世[15]，享年 77 岁。

《广岛》发表后，克莱因佐格神父也时常接到采访请求。他先后上了德国的广播和电视节目，不过最终他成为一名日本公民，并改名"高仓诚"（Makoto Takakura）。"广岛被毁的时候我就下定决心要成为一名日本人，"他在一次采访中说，"我想作为上帝意志的工具，永远留在广岛。"[16]

他余生饱受感染、"原子弹爆炸性白内障"和慢性感冒症状等各种健康问题的困扰，1977 年离世。1976 年他因病住院时，一位医院护工在他的入院登记表上写了"活死人"几个字。根据赫西的记述，他临终前在病床上告诉看护他的日本女士吉木佐江（Satsue Yoshiki），要多读《圣经》和列车时刻表，因为"只有它们从不说谎"。[17]

藤井正和医生沉醉于《广岛》带来的名望，但他也坦承，成名有时让他感到应接不暇。"赫西写了我的故事之后，每年（核爆纪念日）前后都非常忙碌，多少有些不便。"他1952年接受采访时表示。时隔多年之后他才真正从核爆的阴影中走出来——"无论是感情上、身体上还是物质上，我都经历了很多挣扎。"他说。[18]——不过至少，他的诊所没过多久又重新开张了。核爆发生几年后，一位美国医生路过他的新医院——就建在藤井医生已经倒塌的诊所旧址上——看到了一块英文标牌：

赫西名篇《广岛》人物藤井在此执业 [19]

到了1951年，标牌上的文字升级成了：

> 藤井医生在此执业
> 约翰·赫西闻名全球的大作
> 《广岛》六位主人公之一
> 核爆后阔别三年
> 原址复业 [20]

与赫西相识、被写入《广岛》一直是藤井医生引以为豪的事情。赫西的名片他一直带在钱包里，不时骄傲地拿出来展示给访客。"这是我的珍宝。"他后来直言道。[21] 美军占领期间，藤井医生的诊所生意兴隆。他生活优渥，甚至加入了一个乡村俱乐部。

藤井医生1973年去世后，美方经营的原爆伤害调查委员会（Atomic Bomb Casualty Commission，简称"ABCC"）——这个组织于美占领期间在日本创建，旨在研究核爆的影响——对他的遗体进行了尸检，发现"他的肝脏上长了一颗乒乓球大小的肿瘤"[22]。

佐佐木辉文医生核爆后继续在广岛红十字会医院工作，他主要的工作内容之一便是切除很多核爆受害者身上的瘢痕瘤。后来他开了一间私人诊所，也像藤井医生一样过上了富裕的生活，但有时也会困扰于自己《广岛》主人公的光环。"来自美国的书信堆成了山。"佐佐木医生后来回忆说。起初他曾尝试回复，但最终放弃了。"我不想再回想那个时候了。"他在接受日本媒体采访时表示。[23]

"四十年来，他几乎从未对任何人讲起过核爆发生后那几天的事情，"赫西在《纽约客》的续篇中写道，"有一件事让他无法释怀：爆炸后的最初几天里，红十字会医院一片狼藉，不计其数的死者被人拖到外面集体火葬，根本无法一一分辨他们的身份。这意味着多年后的今天，可能仍然有无名的亡灵徘徊在原地，无人祭拜，无法安息。"[24]

1947年，佐佐木敏子小姐开始在广岛福利院工作。她与赫西一样惊异于这座被核弹化为灰烬的城市重建的速度。"与其说这座城市完成了重建，我看倒不如说这是一座全新的城市。"她在20世纪50年代时这样说道。[25]她的左腿在14个月内先后接受了三次大手术；此后，她基本可以正常行走了。1954年，在克莱因佐格神父的指引下，佐佐木小姐进入修道院。1957年，她发了终誓，成为多米尼克·佐佐木（Dominique Sasaki）修女。

赫西说，她仍旧受到发烧、血斑、盗汗、肝功能紊乱等病症的困扰，而"跟很多被爆者一样，这些病症可能是核爆引起的，也可能不是"[26]。与佐佐木医生一样，她也不愿谈及1945年8月6日的经历。

"从核爆中死里逃生的经历让我仿佛被赋予了第二次生命，"她说，"我应该向前看。"[27]

中村初代太太核爆后疾病缠身，但一直没钱求医。（日本政府直到1957年才给被爆者提供实质性的医疗援助。）她留在广岛，靠打各种零工维生：为面包房送面包（每天赚大约50美分），沿街贩卖沙丁鱼，或者帮当地报刊投递员收报刊费。后来她终于在一家生产樟脑球的企业找到一份长期工作。她的三个孩子都完成了学业，结婚成家。有证据显示，他们中至少有一个在核爆后患上了创伤后应激障碍（PTSD）：中村太太后来告诉记者，她的女儿美也子"由于房子倒塌时被埋到了胸口，对战争产生了极度的恐惧，我一度甚至考虑（离开广岛）搬到山里去"。[28]

威廉·肖恩于1987年被1985年收购《纽约客》的康泰纳仕出版集团（Condé Nast Publications）老板小S.I.纽豪斯（S. I. Newhouse Jr.）罢免了主编职务。1992年，肖恩死于心脏病发作。[29]

肖恩去世几个月后，1993年3月24日，约翰·理查德·赫西死于癌症[30]，享年78岁。

今天，广岛县有近300万人口。[31]那里有一座讲述核爆及其影响的世界级博物馆，还有一座核爆主题的公园和很多纪念碑。原爆圆顶塔（Atomic Bomb Dome）——一座接近核爆震中但部分结构得以保留的建筑——是联合国教科文组织（UNESCO）世界遗产地。

如今屹立在核爆中心的：一座低层的医疗中心和一间711便利店。

* * *

《广岛》发表后进行的一次问卷调查显示，大多数受访者认为赫西的报道是对公益的贡献。[32]的确，促使赫西写下《广岛》的，不是对某个国家、某个种族或者某个政党利益的关注，而是对全人类未来的关切。

这篇令人不安的文章也时刻提醒着读者，他们选出的政府领导人的很多作为均不为人知，而且并非总能照顾到他们的切身利益。赫西和《纽约客》的编辑们创造出《广岛》，是因为他们相信记者必须追究当权者的责任。他们相信，对于刚刚逃过一劫的民主政体而言，舆论自由不可或缺。

对于赫西等参与第二次世界大战报道的联军记者来说，这场全球性的冲突关乎这样的理想能否得以留存。正如第一个进入核爆后长崎的外国记者、《芝加哥每日新闻》的乔治·韦勒所说，美国人民正"为他们的知情权而战"。

"他们不想被愚弄,"他说,"他们想听到真相。他们可以直面真相。"[33]

在采写《广岛》之前,赫西在《阿达诺之钟》里讽刺了专制残暴的美国将军乔治·S.巴顿,因为在赫西看来,巴顿将军随心所欲的暴行正是"我们参加这场战争所要反对的东西"[34]。赫西和韦勒等人宣称,谁也封不住他们的嘴,他们也绝不会容许掌权者玷污他们好不容易才捍卫下来的自由。

1937年,在入职《时代》周刊之前,赫西曾担任作家辛克莱·刘易斯的助理。面对民粹主义和恶毒的政府宣传机器的崛起、对真相和事实的攻击、独裁领导人的上台,刘易斯在1935年的小说《这里不可能发生这样的事》(*It Can't Happen Here*)中警告美国人,尽管他们或许自认为对于这样的事件具有天然的抵抗力,但实际上,欧洲发生的一切完全可能在美国重演。赫西这一代人希望"二战"的结束可以证明刘易斯的判断是错误的,确也情有可原。

但21世纪最大的悲剧,或许正在于我们没能从20世纪最大的悲剧中学到什么。显然,每一代人都要亲身体验过灾难的教训,方能刻骨铭心。让我们在这里再复习一下：核冲突或将彻底终结地球上的生命。大规模的非人化（dehumanization）可能正是种族灭绝的肇始。独立媒体的消亡将催生暴政，让百姓们无力自保，只能任由蔑视法律和良知的政府蹂躏摧残。

如果说1945年时的美国人听够了让人泄气的战时新闻，那么今天的美国人同样被如今短暂的新闻周期和日复一日、每时每刻不断涌来的海量信息搞得应接不暇。但麻木不仁、不闻不问将带来灾难性的后果。无论这个世界让人多么疲惫、多么望而生畏，美国人都不能再像阿尔伯特·爱因斯坦所说的那样"躲进轻松的慰藉当中"[35]。如果赫西等人仍然在世，定然会将现今美国舆论场中对事实的扭曲、对媒体自由的钳制视为我们这个时代所面对的最可怕、影响最深远的挑战之一。美国人必须尊重并坚决捍卫这个国家的第四阶级[1]。现在开始学习历史悲剧的教训，仍然为时未晚。

---

[1] 第四阶级（the fourth estate），又称"第四权"，指媒体和公众舆论。

1945年年初,约翰·赫西坐在《时代》周刊编辑部的办公桌前。当时年仅30岁的赫西作为全程参与大战报道的国际记者的职业生涯已经令人艳羡。当年晚些时候,他凭借1944年出版的小说《阿达诺之钟》赢得了普利策奖。(图片来源:Time Life Pictures/Pix Inc.)

重达近 1 万英磅的铀弹"小男孩"引爆后,广岛上空升起的蘑菇云,高度达到数万英尺。(图片来源:Time Life Pictures/US Army Air Force)

核爆后广岛的废墟。估算死亡人数在 7.8 万到 28 万之间,但确切的伤亡人数已无从确证。(图片来源:Hulton-Deutsch/Hulton-Deutsch Collection)

1945年8月15日：200万人涌入纽约时代广场，庆祝日本战败。据一位《纽约时报》记者回忆，当《纽约时报》在其电子公告板上宣布日本正式投降的

消息后,"胜利的吼声……震耳欲聋"。庆祝大会"瞬间陷入狂热","整个大都会的激情如原子能一般爆发"。(图片来源:CORBIS)

1945年8月30日，对日占领初期，盟军最高统帅道格拉斯·麦克阿瑟将军抵达厚木机场（位于日本神奈川县，占地横跨大和市与绫濑市，为美国海军和日本海上自卫队共用的基地）。在很多日本人看来，这个国家似乎一下子有了两位天皇。（图片来源：Time Life Pictures/US Army）

麦克阿瑟将军将其在东京的总指挥部设在了堡垒似的第一生命保险株式会社大厦，与天皇当时仍然居住的皇宫隔街相望。麦克阿瑟如此选择，其意味不言自明。（图片来源：Paul Popper）

合众社记者莱斯利·中岛1945年8月22日进入广岛,是核爆后首位进入广岛的西方新闻机构记者。他的专线报道指称,当时的广岛到处是灰烬和瓦砾,已经是一片废土。《纽约时报》对中岛的报道进行了大量删节后才刊登。(经中岛/时田家族许可使用)

尽管占领当局禁止外国记者在日本境内自由旅行,但资深战地记者威尔弗雷德·贝却敌随同盟军占领军先头部队抵达日本后,立即前往广岛。他后来为《每日快报》撰写的报道《原子瘟疫》指出辐射效应导致核爆幸存者死亡,引起了世界的强烈反响。一位美国官员指责他"成为了日本政治宣传的受害者"。(经威尔弗雷德·贝却敌遗产继承人许可使用)

《芝加哥每日新闻》记者乔治·韦勒(图左)也随同先期抵达的占领军一起进入日本,并单独潜入于广岛核爆后三天的1945年8月9日被另一枚核弹摧毁的长崎。韦勒关于长崎损毁情况的报道被截获并"佚失"。占领当局很快宣布外国记者禁止进入核爆城市。(经安东尼·韦勒许可使用)

记者转行的美国空军公共关系官、别名"泰克斯"的约翰·里根·麦克拉里中校带领着一群精心挑选的盟军记者进入广岛，但同时要求记者们对他们看到的广岛现场的情况进行淡化处理。"我认为国内的人们还没有做好准备。"他告诉记者们。（经迈克尔·麦克拉里许可使用）

1945年6月16日，"曼哈顿计划"的领导人莱斯利·R.格罗夫斯中将和物理学家J.罗伯特·奥本海默在位于新墨西哥州的原子弹试爆现场。9月9日，二人带领一众记者参观了现场，以平息舆论对原子弹副作用的担忧。"日方宣称有人死于辐射，"格罗夫斯将军告诉记者们，"即便确有其事，死者数量也屈指可数。"（图片来源：Rolls Press）

1945年夏秋时节到田纳西州橡树岭（Oak Ridge）核研究实验室走访"曼哈顿计划"实验室和工业承包商期间，格罗夫斯将军在讲话中告诉在场观众，没有必要为核爆而心存愧疚。他说，他本人完全没有这方面的顾虑。（橡树岭国家实验室位于美国田纳西州诺克斯维尔以西30公里，1943年成立后最初作为"曼哈顿计划"的一部分从事核技术研究工作，目前已成为涵盖可再生能源、环境科学、生物科学、量子科学等领域的大型综合性研究基地。）（图片来源：PhotoQuest）

《纽约客》副主编威廉·肖恩是编辑部的"赌徒"，虽然生性害羞内向，但却颇具个人魅力。据曾与他合作的一位撰稿人回忆，在肖恩看来，"每个人都一样宝贵……每个生命都是神圣的。"（图片由莉莉安·罗斯拍摄，经莉莉安·罗斯遗产继承人许可使用）

1946年,在中国执行报道任务的约翰·赫西。接下来的5月,他就将飞往日本开展广岛报道。(图片来源:Dmitri Kessel)

《纽约客》创始人兼主编哈罗德·罗斯挥金如土，嘴巴很毒——挖掘独家报道是他的强项，甚至能从到处都是记者的战争废墟中找到独特的角度。"抢先世界简直太简单了。"战争期间他对一位记者如是说。（图片来源：Bachrach）

位于西43街25号、绵延数层的《纽约客》的办公室无论用怎样的标准评判都是破破烂烂的。电梯厅里摆着一个金属火盆，里面堆满了烟头和揉成一团的退稿通知单。[图片由霍巴特·威克斯（Hobart Weekes）拍摄，经詹姆斯·麦克科尔农（James McKernon）许可使用]

哈罗德·罗斯在《纽约客》编辑部的办公室。赫西·罗斯和肖恩把自己锁在这间办公室里整整10天，秘密修改《广岛》的文稿。他们这个项目堪称新闻界的"曼哈顿计划"。（图片由霍巴特·威克斯拍摄，经詹姆斯·麦克科尔农许可使用）

赫西《广岛》的第一位主人公威廉·克莱因佐格神父。克莱因佐格是一位常驻广岛的德国牧师,为赫西充当翻译,并为他引荐了其他广岛的被爆者。[图片来源:《朝日画报》(*Asahigraph*),1952年]

赫西的第二位主人公,在大火吞噬城区时英勇地将核爆受害者撤离到安全地带的"救命天使"广岛本地人谷本清牧师。(图片来源:《朝日画报》,1952年)

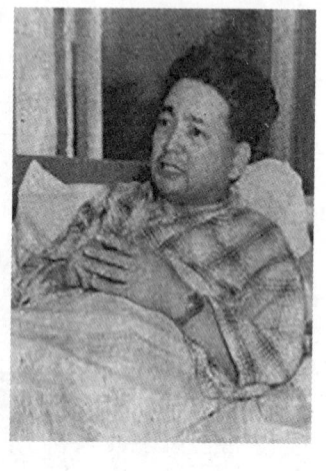

赫西《广岛》的第三位主人公佐佐木辉文医生核爆当天在他供职的医院值班。作为广岛为数不多的没有在核爆中受伤的医护人员之一,他在核爆发生后几天内救治了数百位患者。到核爆后第三天,他此前救治过的患者都已经死亡。(图片来源:《朝日画报》,1952年)

赫西的第四位主人公藤井正和医生经营的私人诊所在核爆时坍塌,将他压在了下面。(图片来源:《朝日画报》,1952年)

赫西的第五位主人公,一位名叫中村初代的年轻寡妇在核弹爆炸时正在家中准备早餐,她的三个孩子被埋在了废墟里。(图片来源:《朝日画报》,1952年)

核弹引爆后,赫西的最后一位主人公,年轻文员佐佐木敏子小姐差点被办公室倾倒的书架压死。(图片来源:《朝日画报》,1952年)

谷本牧师与妻子知纱的爱女谷本纮子在核爆前后拍摄的照片。核弹引爆时，知纱正在家中，怀里抱着纮子；坍塌的房子将二人压在下面。知纱的双臂被瓦砾压在身侧动弹不得，但她竭尽全力抽出一只手，在废墟中掏出了一个窟窿。很快，窟窿的大小足够纮子钻出。最终母女二人都平安脱险。（图片经近藤纮子许可使用）

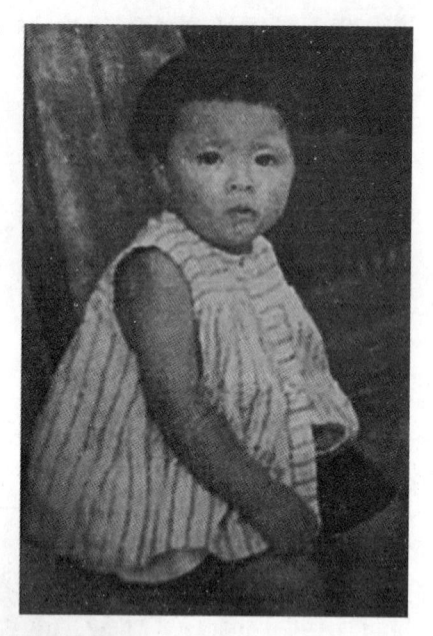

1946 年 8 月 31 日的《纽约客》除了《广岛》一文之外几乎再无其他内容。其他栏目均被砍掉。这幅与正文极不搭调的封面图向读者传递了一个令人不安的信息：它描绘了一个梦游的美国，它像爱因斯坦此前几个月指出的那样"躲进轻松的慰藉当中"，对原子时代的危险视而不见。（图片经《纽约客》杂志许可使用）

哈里·杜鲁门总统听取战争部前部长亨利·L. 史汀生关于广岛核爆的报告。在赫西的《广岛》发表之后，杜鲁门并未就报道进行公开表态，但指派史汀生对当年秋天发酵的舆论争议进行回应，"矫正视听"。随后，史汀生以他的名义在《哈泼斯》杂志上发表了一篇由多位战争部原班人马联合撰写的驳斥文章。（图片来源：Bettmann）

率记者团完成核爆后的广岛采访任务之后,泰克斯·麦克拉里跳槽,与身兼模特和演员的妻子金克丝·法肯伯格共同主持 NBC 早间广播节目《你好,金克丝》。赫西的《广岛》发表之后,麦克拉里用了两个节目时间段报道这篇引起巨大震动的文章,却并未披露他本人此前在掩盖真相中扮演的角色。但后来,麦克拉里终于承认:"我隐瞒的真相,被赫西挖出来了。"(图片来源:Leonard McCombe)

致 谢

研究写作《核爆余波》是我职业生涯最大的荣耀,但我能完成这项艰巨的工作,离不开很多人的帮助和支持。我的编辑伊蒙·多兰(Eamon Dolan)以及经纪人莫莉·弗雷德里克(Molly Friedrich)和露茜·卡尔森(Lucy Carson)帮助我完成了这个项目最初的构思,并全程深度参与。《核爆余波》的几版初稿,短的只有 250 页,长的则多达 1000 页;对于每一个版本,伊蒙都能巧妙地从如山的材料中梳理出叙事的主线,再用他的魅力说服我对手稿做出痛苦的删减。莫莉和露茜则时常为我提供宝贵的编辑意见和鼓励。

本书的研究工作是在三块大陆上用四种语言完成的。我尤其要感谢我的首席俄语译者和研究员阿纳斯塔西娅·奥希波娃(Anastasiya Osipova),她在本书写作过程中扮演了研究助理的角色，不仅亲自陪同我走访了多个档案馆收集资料，还帮助我做了大量沟通协调的工作；她夜以继日地帮我查找文件、文章和其他资料，并在本书研究、撰写和编辑的过程中给我提供了很多重要的意见和建议。驻东京的研究员和翻译艾利尔·阿科斯塔（Ariel Acosta）也为本书做出了重要的贡献，她在我到日本期间担当了我的助理。衷心感谢我的德语翻译兼研究员西吉·莱昂哈特（Sigi Leonhard）教授和娜嘉·莱昂哈特—胡珀（Nadja Leonhard-Hooper），以及我长期合作的研究助理艾莉森·福布斯（Alison Forbes）——她不仅在文献研究方面做了大量工作，还帮我找到了很多行踪不定的联系人。国家档案和记录管理局（National Archives and Records Administration）的迈克尔·G.布雷西（Michael G. Bracey）提供了本书成书不可或缺的文献资料，并耐心帮助我和我的团队在管理局保管的海量SCAP、美国政府和美国军方档案中找出我们需要的内容。劳拉·凯西（Laura Casey）核查了手稿中涉及的事实，并在终稿的编订过程中提供了重要的编辑意见。

我十分荣幸能与为数不多的仍然健在的《广岛》主人公之一、近藤纮子（Koko Tanimoto Kondo）共事。她亲自带我游览了广岛，陪我参观了"小男孩"的引爆点，多次抽出时间与我长谈，并与我分享了她对于日本被爆者群体的洞见。自那以后，她就成了我珍视的挚友，我也将此书献给她。我同样深深感激《广岛》其他主人公的后人们为本书提供的帮助和支持，包括威廉·克莱因佐格神父的外甥帕特·弗兰茨－安东·奈尔（Pater Franz-Anton Neyer）、莱斯利·中岛的女儿时田一惠（Kazue Tokita）和外孙女时田奈津子（Natsuko Tokita）、迈克尔·麦克拉里（Michael McCrary）、乔治·贝却敌（George Burchett）、安东尼·韦勒（Anthony Weller）、珍妮特·科南特（Jennet Conant）以及莱斯莉·叙桑（Leslie Sussan）。

衷心感谢广岛县知事汤崎英彦接受我的采访并给予我大力支持；感谢亚太倡议（Asia Pacific Initiative）主席船桥洋一（Yoichi Funabashi）向我分享了他的见解，并帮助我在日本牵线搭桥。我还想感谢广岛和平研究所（Hiroshima Peace Institute）的水本和实教授（Kazumi Mizumoto）接受我的采访，并耐心地解答了很多问题。感谢马特·福勒（Matt Fuller）在我访日期间不辞辛苦地引荐介绍，并提供了其他重要的支持和指导。前美国驻日大使约翰·V.鲁斯（John V.

Roos）和威廉·F.哈格蒂四世（William F. Hagerty IV）能赏光接受采访让我感激不尽；我还要感谢美国驻东京使馆的布鲁克·斯佩尔曼（Brooke Spelman）以及哈格蒂大使的行政助理大卫·曼迪斯（David Mandis）提供的帮助。

"原子能科学家公报"组织多位理事会成员和同人对本书予以了支持，我深深感激他们的帮助和指引。美国国防部前部长威廉·J.佩里（William J. Perry）和加州前州长杰里·布朗（Jerry Brown）都接受了我的采访。感谢肯妮特·本尼迪克特（Kennette Benedict）博士提供的重要意见，以及珍妮丝·辛克莱尔（Janice Sinclaire）不知疲倦的辛勤工作。我还希望向"威廉·J.佩里项目"的罗宾·佩里（Robin Perry）、黛博拉·戈登（Deborah Gordon）以及埃文·韦斯特拉普（Evan Westrup）表达谢意。

衷心感谢《纽约客》团队一直以来给予我的支持。《纽约客》主编大卫·雷姆尼克（David Remnick）接受我的采访并给予我很多鼓励，《纽约客》撰稿人亚当·戈普尼克自始至终对本书提供了不可或缺的意见和建议。约翰·迈克菲（John McPhee）、约翰·本内特（John Bennet）、比尔·威特沃斯（Bill Whitworth）、萨拉·利平科特（Sarah

Lippincott)、简·克莱默（Jane Kramer）、安妮·莫提莫－马多克斯（Anne Mortimer-Maddox）、马丁·巴伦（Martin Baron）、理查德·萨克斯（Richard Sacks）和帕特·基奥（Pat Keogh）为本书的撰写提供了回忆、参考或者指导。娜塔莉·拉比（Natalie Raabe）在研究过程中帮我解决了很多问题，法比奥·贝尔托尼（Fabio Bertoni）慷慨地许可我大量引用《纽约客》的历史资料。迈克尔·盖茨·吉尔（Michael Gates Gill）对本书的创作给予了鼓励，并分享了有关他父亲布兰丹·吉尔在《纽约客》的经历以及他与赫西先生之间友谊的信息；苏珊·莫里森（Susan Morrison）允许我使用莉莉安·罗斯遗留下来的资料。

我有幸在研究和写作的过程中得到了来自多个领域的专家、传记作者和学者的意见。马丁·舍温（Martin Sherwin）教授在苏联和原子弹方面对我进行了指点；罗伯特·杰·利夫顿（Robert Jay Lifton）博士和格雷格·米切尔（Greg Mitchell）接受了我的采访并提供了帮助，更要感谢他们在美国与广岛之间的紧张关系方面的突破性研究；罗伯特·S.诺里斯（Robert S. Norris）博士在搜集莱斯利·格罗夫斯将军相关信息中给我提供了不可或缺的帮助；美国科学家联合会（Federation of American Scientists，简称"FAS"）核信息项目（Nuclear Information Project）的助理研究员马特·柯达（Matt Korda）帮助我核实了当今全球核武器储备情况以及本书中详述的其他有关原子弹的历史和技术性事实。感谢 FAS 政府保密项目负责人史蒂文·埃夫特古德（Steven Aftergood）、美国国家安全档案馆（National Security Archive）核安全档案项目主管威廉·柏尔（William Burr）博士和 FAS 核信息项目主管汉斯·克里斯滕森（Hans Kristensen）博士。理查德·罗德斯（Richard Rhodes）就阿尔伯特·爱因斯坦在原子弹制造中发挥的作用提供了指引。

感谢《纽约客》传记作家本·亚戈达（Ben Yagoda）和哈罗德·罗斯传记的作者托马斯·昆克尔（Thomas Kunkel）给予的支持和反馈。盖伊·特立斯（Gay Talese）分享了关于《纽约时报》历史的知识，并为我引荐了多位专家。迈克尔·耶文迪蒂（Michael Yavenditti）教授给予了我很多支持，帮助我找到了他1970年发表的重要论文《1945年到1947年美国人对对日使用原子弹的反应》。感谢日本外国特派员协会（Foreign Correspondents' Club of Japan）研究战后日本外国记者的历史学家查尔斯·波默罗伊（Charles Pomeroy）帮助我解答了很多问题。我还要感谢研究言论审查的历史学家迈克尔·斯维尼（Michael Sweeney）教授和宪法第一修正案法律专家让—保罗·贾西（Jean-Paul Jassy），感谢电影历史学家珍宁·D.贝辛格（Jeanine D. Basinger）教授在"二战"时期美国商业电影、宣传电影以及军事媒体材料中日本形象方面提供的指导。感谢南加州大学公共外交研究中心（USC Center on Public Diplomacy）主任王坚教授、南加州大学安纳伯格传播与新闻学院（USC Annenberg School for Communication and Journalism）院长威罗·贝伊（Willow Bay）、南加州大学教授乔·萨尔茨曼（Joe Saltzman）和杰弗里·考恩（Geoffrey Cowan），以及我的母校威廉姆斯学院（Williams College）的政治科学专家托马斯·科哈特（Thomas Kohut）教授、电影学专家吉姆·谢巴德（Jim Shepard）教授和历史学专家英子·丸子·施奈华（Eiko Maruko Siniawer）。

衷心感谢在本书研究过程中给我和我的团队提供过帮助的档案保管员，包括耶鲁大学图书馆（Yale University Library）拜内克古籍善本馆（Beinecke Rare Book & Manuscript Library）

的杰西卡·塔比斯（Jessica Tubis）和安妮·玛丽·门塔（Anne Marie Menta），得克萨斯大学奥斯汀分校（University of Texas at Austin）哈里·兰塞姆中心（Harry Ransom Center）的弗吉尼亚·T. 西摩尔（Virginia T. Seymour），《纽约时报》档案馆的杰夫·罗斯（Jeff Roth）和阿兰·德拉奎里耶尔（Alain Delaqueriere），麦克阿瑟纪念图书馆和档案馆的詹姆斯·W. 佐贝尔（James W. Zobel），《生活》杂志图像档案馆（Life Photo Archive）主管吉尔·戈尔登（Jill Golden）和时代集团档案馆的比尔·胡珀（Bill Hooper），康奈尔大学（Cornell University）珍本与手稿藏品处（Division of Rare and Manuscript Collections）的艾莎·尼利（Eisha Neely），哥伦比亚大学（Columbia University）古籍善本馆（Rare Book & Manuscript Library）的大卫·A. 奥尔森（David A. Olson）、高红灯（音译）和泰·琼斯（Thai Jones），纽约公共图书馆（New York Public Library）手稿、档案与珍本处（Manuscripts, Archives, and Rare Books division）的梅瑞狄斯·曼恩（Meredith Mann），斯坦福大学（Stanford University）胡佛研究院图书馆与档案馆（Hoover Institution Library & Archives）的萨拉·巴顿（Sarah Patton）和戴

安娜·L.塞克斯（Diana L. Sykes），联合通讯社档案馆的特里西娅·盖思娜（Tricia Gesner）和弗朗西斯卡·皮塔罗（Francesca Pitaro），普林斯顿大学图书馆（Princeton University Library）珍本特藏部的艾玛·M.萨尔科尼（Emma M. Sarconi）和加布里埃尔·斯威夫特（Gabriel Swift），约翰·F.肯尼迪总统图书馆（John F. Kennedy Presidential Library）的阿比盖尔·马兰戈内（Abigail Malangone）和马特·波特（Matt Porter），《名利场》摄影研究主管珍妮·罗德斯（Jeannie Rhodes），康泰纳仕图书馆（Condé Nast Library）的迪尔德丽·麦凯比·诺兰（Deirdre McCabe Nolan），日本外国特派员协会的森胁广子（Hiroko Moriwaki），哈里·S.杜鲁门图书馆和博物馆（Harry S. Truman Library & Museum）的兰迪·索维尔（Randy Sowell）和大卫·克拉克（David Clark），耶鲁大学图书馆手稿与档案部（Manuscripts and Archives）的比尔·兰蒂斯（Bill Landis）和克里斯汀·魏德曼（Christine Weideman），哈佛大学档案馆（Harvard University Archives）的各位咨询工作人员，以及贝弗利山庄公共图书馆（Beverly Hills Public Library）的雅艾尔·赫克特（Yael Hecht）。

在本书研究写作过程中，我获准参考了很多此前从未发布的材料，为此我希望向那些允许我浏览并引用这些材料的人们表示感谢：近藤纮子与我分享了她家的老照片，并许可我引用她父亲未公开的日记和信函；斯科特·桑德斯（Scott Sanders）、邦妮·桑德斯（Bonnie Sanders）和彼得·D.桑德斯（Peter D. Sanders）找到了第一本赫西传记作者大卫·桑德斯采访赫西先生的笔记，并与我分享；莱斯莉·叙桑为我提供了她尚未发表的手稿中记述她父亲在核爆后广岛经历的部分章节。

多位当代记者和制作人为我引荐了战争报道文化方面的专家，并提供了支持和指导，包括汤姆·贝塔格（Tom Bettag）、约翰·唐文（John Donvan）和杰克·劳伦斯（Jack Laurence）。感谢大卫·缪尔（David Muir）提供的关于在核灾难区内开展新闻报道的指导。衷心感谢包括萨拉·扎斯特（Sarah Just）、詹姆斯·布鲁（James Blue）、戴娜·沃尔夫（Dana Wolfe）、史蒂夫·戈德布鲁姆（Steve Goldbloom）和梅丽莎·威廉姆斯（Melissa Williams）在内的美国公共电视网（PBS）《新闻一小时》（*NewsHour*）或《那一刻》（*That Moment When*）（专为"脸书"打造）

节目组团队对本书的来龙去脉以及本书所记录的事件重要性进行的报道。《时代》周刊的布莱恩·本内特（Brian Bennett）为本书提供了重要的意见、支持，并引荐了联系人；他的太太安·蔡·本内特（Anne Tsai Bennett）帮助我与美国国务院取得了联系。我对他们二人都深表感激。感谢 PBS《新闻一小时》节目资深全国记者安纳·纳瓦兹（Amna Nawaz）；PBS《新闻一小时》节目外交与国防事务副高级制片人丹·萨加林（Dan Sagalyn）；冲突报道记者、作家盖尔·彻马赫·雷蒙（Gayle Tzemach Lemmon）和她的丈夫贾斯汀·雷蒙（Justin Lemmon）给予我很多支持，并做了重要的引荐工作；奇普·克朗凯特（Chip Cronkite）在项目初期提供了支持。感谢 ABC 新闻记者凯伦·崔沃斯（Karen Travers）和格洛丽亚·里维埃拉（Gloria Riviera）；ABC 新闻外国新闻部吉利特·拉迪亚（Kirit Radia）；常驻莫斯科 ABC 新闻撰稿人帕特里克·雷维尔（Patrick Reevell）；《城里城外》（*Town & Country*）杂志的伊丽莎白·安吉尔（Elizabeth Angell）；《名利场》杂志的大卫·弗兰德（David Friend）；《纽约时报》的安雅·斯特雷泽曼（Anya Strzemein）；以及《巴黎评论》（*Paris Review*）的前编辑妮可·鲁迪克（Nicole Rudick）。

一些赫西的生前好友、学生和同事慷慨地拨冗与我见面，与我分享他们关于赫西的记忆，包括罗斯·斯泰隆（Rose Styron）、玛格丽特·布莱克斯通（Margaret Blackstone）、简·奥莱丽（Jane O'Reilly）、菲利斯·罗斯（Phyllis Rose）、大卫·沃尔考斯基（David Wolkowsky）、罗斯·克莱尔博恩（Ross Clairborne）、林恩·三津子·东村·考菲尔特（Lynn Mitsuko Higashi Kaufelt）以及菲尔·卡普托（Phil Caputo）。我对他们每个人都怀着深深的谢意。我还要感谢纳撒尼尔·索贝尔（Nathaniel Sobel）与我分享了他为申请耶鲁大学学位而撰写的研究赫西的论文以及相关研究资料。

我还要感谢我在西蒙与舒斯特出版社（Simon & Schuster）的团队：齐波拉·贝奇（Tzipora Baitch）为本书付出了大量孜孜不倦的支持和指导，并承担了组织工作；负责内容审校的版权编辑大卫·切萨诺（David Chesanow）极其耐心地完成了艰巨复杂的内容审校工作；高级设计师勒维林·波兰科（Lewelin Polanco）；西蒙与舒斯特出版社营销团队的史蒂芬·贝德福德（Stephen Bedford）；法律顾问菲丽丝·贾维特（Felice Javit）；制作编辑凯希·樋口（Kathy Higuchi）；高级推广经理布莉娅娜·沙芬博格（Brianna Scharfenberg）和推广总监茱莉亚·普洛瑟（Julia Prosser）；以及封面设计师里奇·海瑟伯格（Rich Hasselberger）。感谢我的电影经纪人、匿名内容（Anonymous Content）公司的豪威·桑德斯（Howie Sanders）和他的助理塔拉·蒂明斯基（Tara Timinsky）自项目研究初期以来为我提供的巨大支持。我还要感谢我常驻伦敦的文学经纪人卡斯比安·丹尼斯（Caspian Dennis）以及书吏出版社（Scribe Publications）负责《核爆余波》的编辑亨利·罗森布鲁姆（Henry Rosenbloom）。萨沙·奥迪诺娃（Sasha Odynova）、藤井萌子（Moeko Fujii）和安妮·汉密尔顿（Annie Hamilton）等人也为本书的研究工作提供了重要的支持。

感谢林恩·诺维克（Lynn Novick），萨丽·奎恩（Sally Quinn），《中国新闻》（Chugoku Shimbun）的西本雅美（Masami Nishimoto），日本外国特派员协会的丹·斯隆（Dan Sloan），苏菲·平克汉姆（Sophie Pinkham），莉斯尔·席林格（Liesl Schillinger），格林尼丝·麦克尼克尔（Glynnis MacNicol），马克·罗佐（Mark Rozzo），安迪·刘易斯（Andy Lewis），ABC新闻的小范·斯科特（Van Scott Jr.）和朱莉·汤

森(Julie Townsend),盖蒂图片社(Getty Images)的米歇尔·普莱斯(Michelle Press),神秘码头书店(Mystery Pier Books, Inc)的哈维·杰森(Harvey Jason),乌格斯·加西亚(Hugues Garcia),艾米丽·伦兹纳(Emily Lenzner),考特尼·多宁(Courtney Dorning),杰弗里·尼利(Jeffrey Neely)博士,凯特琳·马萨雷利(Katelyn Massarelli),霍顿米夫林出版公司(Houghton Mifflin Harcourt)的亚历山大·利特菲尔德(Alexander Littlefield)和塔林·勒德(Taryn Roeder),茱莉亚·德姆琴科(Julia Demchenko),梅丽莎·戈德斯坦(Melissa Goldstein),海瑟·卡尔(Heather Carr),肯特·沃尔夫(Kent Wolf),洛林·斯坦因(Lorin Stein)和赛迪·斯坦因(Sadie Stein),赫伯·约翰逊(Herb Johnson)和丽丝·安吉莉卡·约翰逊(Lise Angelica Johnson),恩内·利斯纳(Ene Riisna)和詹姆斯·格林菲尔德(James Greenfield),亚历克斯·沃德(Alex Ward),萨拉·罗森堡(Sarah Rosenberg),梅琳达·亚伦斯(Melinda Arons),怀利代理公司(Wylie Agency)的奥斯汀·穆勒(Austin Mueller),以及普林斯顿大学出版社授权许可部(Princeton University Press Permissions Department)。

我也想以此书纪念我的父亲，他带我从小在广播编辑室里耳濡目染，更衷心推崇符合道德准则的中性新闻报道。另外，如果没有我的丈夫和长期合作者格里高利·梅塞克（Gregory Macek）提出的一个问题，也就不会有这本书的问世。与我的上一本作品《整个巴黎属于我》（*Everybody Behaves Badly*）一样，《核爆余波》也是属于我们两个人共同的成果。这本书既是对我们两人与新闻业共同渊源的纪念，更颂扬了我们比以往任何时候都更加珍视的宝贵价值：追求真相、正派与荣誉。

注释

引言

1. 赫西曾对迈克尔·J. 耶文迪蒂（Michael J. Yavenditti）做此表示，见于 "John Hersey and the American Conscience: The Reception of 'Hiroshima,' " *Pacific Historical Review* 43, no. 1 (February 1974): 24–49。耶文迪蒂曾与赫西通信，并于 1967 年 9 月 19 日采访了赫西。

2. "Statistics of Damages Caused by Atomic Bombardment, August 6, 1945," Foreign Affairs Section, Hiroshima City. 据广岛市估算，截至 1945 年 8 月 25 日，共有 21,135 名男性平民和 21,227 名女性平民死亡，另有 3772 人失踪。到了当年 11 月 30 日，广岛市的估算数字上升到 38,756 名男性平民和 37,065 名女性平民死亡，2329 人失踪。这是赫西在撰写《广岛》过程中所依赖的几份伤亡损失统计数据之一。参见：John Hersey Papers, Beinecke Library, Yale University.

3. John Hersey, "Hiroshima," *New Yorker*, August 31, 1945, 15.

4. 对于广岛的死亡人数，不同估算差异巨大，低者仅有 6.8 万（据美国原子能委员会计算），高者则多达 28 万（由广岛当地报纸《中国新闻》计算）。1970 年，来自广岛大学核医学与生物学研究所的社会学家、研究员由崎实（Minoru Yuzaki）博士对广岛核爆伤亡者进行了研究，认为总死亡人数在 20 万左右。由崎的研究尝试绘制出核爆冲击发生时精确到房屋的广岛地图。不过，就连由崎本人也认为他的估算仅是"初步的"。参见："Japan: To Count the Dead,"

Time, August 10, 1970.

5 例如，仅 1987 年一年，深受喜爱的广岛公园缩景园（Shukkei-en Garden）——也就是赫西在《广岛》中写到的浅野公园——就发掘出 64 具核爆受害者的遗体。2018 年 11 月 30 日，广岛县知事汤崎英彦在接受莱斯莉·布鲁姆采访时表示，官方尚未对广岛地下埋藏的遗骨进行彻底的发掘。

6 莱斯莉·布鲁姆 2018 年 11 月 30 日对广岛县知事汤崎英彦的采访。

7 President Harry S. Truman, "Statement by the President of the United States," White House Press Release, August 6, 1945，全文可见于原子遗产基金会（Atomic Heritage Foundation）官网：https://www.atomicheritage.org/key-documents/truman-statement-hiroshima.

8 Walter Cronkite, *A Reporter's Life* (New York: Alfred A. Knopf, Inc., 1996), 124.

9 E. B. White, *New Yorker,* August 18, 1945, 13.

10 Sidney Shalett, "New Age Ushered; Day of Atomic Energy Hailed by President, Revealing Weapon," *New York Times,* August 7, 1945, 1.

11 Arthur Gelb, *City Room* (New York: G. P. Putnam's Sons, 2003), 103–4.

12 亨利·L. 史汀生（Henry L. Stimson）1945 年 6 月 6 日的表态，摘自：Monica Braw, *The Atomic Bomb Suppressed: American Censorship in Japan* (Armonk, NY: M. E. Sharpe, Inc., 1991), 138.

13 Office of the Supreme Commander for the Allied Powers Press Code, issued September 19, 1945, as reprinted in William Coughlin, *Conquered Press: The MacArthur Era in Japanese Journalism* (Palo Alto, CA: Pacific Books, 1952), 149–50, and Monica Braw, *The Atomic Bomb Suppressed*, 41.

14 President Harry S. Truman, statement made at Columbia University, August 27–29, 1959, as quoted in Cyril Clemens, ed., *Truman Speaks* (New York: Columbia University Press, 1960), 93.

15 General Groves speaking to the Senate Special Committee on Atomic Energy, "Hearings: Atomic Energy Act of 1945," as quoted in Michael J. Yavenditti, "John Hersey and the American Conscience," *Pacific Historical Review* 43, no. 1 (February 1974), 27, and Sean Malloy, "'A Very Pleasant Way to Die': Radiation Effects and the Decision to Use the Atomic Bomb

against Japan," *Diplomatic History* 36 (June 2012).

16 John Hersey, "The Mechanics of a Novel," *Yale University Library Gazette* 27, no. 1 (July 1952).

17 World War II death toll estimates: National WWII Museum, 参见：https://www. nationalww2museum.org/students-teachers/ student-resources/research-starters/research-starters-worldwide-deaths-world-war（2019年1月访问）

18 俄国伤亡人数达到2660万的数据来自俄罗斯国防部行政事务负责人亚历山大·基里林少将（Major General Alexandr Kirilin），参见："The Ministry of Defense Clarifies Data on Those Killed in the Second World War," *Kommersant,* May 5, 2010, https://www.kommersant.ru/doc/1364563；美国有超过40.7万军人阵亡的数据来自"U.S. Military Casualties in World War II," National WWII Museum, 详见：https://www.nationalww2museum .org /students-teachers/student-resources/research-starters/research-starters-us-military-numbers（2019年11月访问）

19 Lewis Gannett, "Books and Things," *New York Herald Tribune*, August 29, 1946, 23.

20 Ibid.

21 John Hersey, "A Mistake of Terrifically Horrible Proportions," *Manzanar* (New York: Times Books, 1988), 11–12.

22 "Japanese Relocation During World War II," National Archives, 详见：https://www.archives.gov/education/lessons/japanese-relocation（2019年11月访问）

23 摘自：President Harry S. Truman, "Statement by the President of the United States," White House Press Release, August 6, 1945, 全文可见于原子遗产基金会（Atomic Heritage Foundation）官网：https://www.atomicheritage.org/key-documents/truman-statement-hiroshima.

24 85%的受访者支持对日本使用原子弹的数据来自盖洛普1945年8月调研数据，引自 Robert Jay Lifton and Greg Mitchell, *Hiroshima in America* (New York: G. P. Putnam's Sons, 1995), 33 以及 Michael J. Yavenditti, "John Hersey and the American Conscience," 25；23%的受访者希望对日本投放更多原子弹的数据来自罗珀（Roper）民调数据，Ibid, 33.

25 John Hersey, *Into the Valley* (New York: Schocken, 1989), xxx.
26 John Hersey, "Hiroshima," 15.
27 "A Survey of Radio Comment on the Hiroshima Issue of THE NEW YORKER, September 6, 1946, by Radio Reports, Inc.," *New Yorker* records, New York Public Library.
28 Albert Einstein, "The War Is Won, but the Peace Is Not," speech, December 10, 1945, as reprinted in David E. Rowe and Robert Schulmann, eds., *Einstein on Politics: His Private Thoughts and Public Stands on Nationalism, Zionism, War, Peace, and the Bomb* (Princeton, NJ: Princeton University Press, 2007), 382.
29 John Hersey, "John Hersey, The Art of Fiction No. 92," interview by Jonathan Dee, Paris Review, no. 100 (Summer – Fall 1986).
30 "Tsar Bomba," Atomic Heritage Foundation, August 8, 2014, referenced November 25, 2019, https://www.atomicheritage.org/history/tsar-bomba.
31 Matt Korda email to Lesley Blume, December 2, 2019.
32 Albert Einstein interview with Alfred Werner, "Einstein at Seventy," *Liberal Judaism* (May – June 1949), as quoted in David E. Rowe and Robert Schulmann, eds., *Einstein on Politics: His Private Thoughts and Public Stands on Nationalism, Zionism, War, Peace, and the Bomb* (Princeton, NJ: Princeton University Press, 2007), 405.
33 John Hersey as quoted in "After Hiroshima: An Interview with John Hersey," *Antaeus Report*, Fall 1984, 4.
34 "Closer than ever: It is 100 seconds to midnight: 2020 Doomsday Clock Statement," *Bulletin of the Atomic Scientists*, John Mecklin, ed., January 23, 2020, https://thebulletin.org/doomsday-clock/current-time/.
35 Dr. William J. Perry interview with Lesley Blume, January 31, 2020, and Dr. William J. Perry interview with Lesley Blume, February 5, 2019.
36 Alida R. Haworth, Scott Sagan, and Benjamin A. Valentino, "What do Americans Really Think about Conflict with Nuclear North Korea? The Answer is Both Reassuring and Disturbing," *Bulletin of the Atomic Scientists*, July 2, 2019: https://thebulletin.org/2019/07/what-do-americans-really-think-about-conflict-with-nuclear-north-korea-the-

answer-is-both-reassuring-and-disturbing/.

37 John Hersey, *Here to Stay* (New York: Alfred A. Knopf, Inc.,1963), 243.

第一章 图不尽言

1 Meyer Berger, "Lights Bring Out Victory Throngs," *New York Times*, May 9, 1945, 17.
2 纽约市环卫局（New York City Department of Sanitation）称，为期两天的庆祝德国无条件投降活动后共回收 1074 吨纸张。"Paper Salvage Lowered by V-E Day Celebrations," *New York Times,* May 10, 1945, 20.
3 "Life Goes to Some V-E Day Celebrations," *Life*, May 21, 1945, 118 – 21.
4 John Hersey, "John Hersey, The Art of Fiction No. 92," interview by Jonathan Dee, *Paris Review*, issue 100 (Summer-Fall 1986).
5 John Hersey, *Into the Valley* (New York: Schocken Books, 1989), xxv.
6 John Hersey Papers, Beinecke Rare Book & Manuscript Library, Yale University Library. Winchell mention of Hersey: "Winchell Coast-to-Coast," *Daily Mirror*, July 6, 1944; clipping also in John Hersey Papers at Beinecke.
7 John McChesney, "John Hersey '32: The Novelist," *Hotchkiss Magazine*, July 1965.
8 Baird Hersey as quoted in Russell Shorto, "John Hersey: The Writer Who Let 'Hiroshima' Speak for Itself," *New Yorker*, August 31, 2016. 贝尔德还表示，赫西"并非宗教信仰者——他最终叛逆了自己的出身"。
9 Brook Hersey as quoted in Ibid.
10 "约翰·赫西并不是一个喜欢推销自己的人，"他后来在诺普夫出版社的编辑朱迪斯·琼斯（Judith Jones）回忆说，并表示，"他没有经纪人，几乎从来不接受采访，也不愿巡回签售。"（参见：Judith Jones, VP, Knopf, "As Others Saw Him," *Yale Alumni Magazine,* October 1993.）尽管如此，赫西自从职业生涯的早期就非常重视保留他的职业遗产，他将《广岛》的材料捐献给了耶鲁大学拜内克古籍善本馆（Beinecke Rare Book & Manuscript Library），并收藏有剪报、私人通信和工作信函、邀请函、关于他的文章和专访、作品初稿和研究材料、照片以及其他自传性的材料和纪念品。这些私人材料和工作资料也捐献给了耶鲁大学，现在可供研究者查阅。赫西的收藏和捐赠表明，他深知未来的学者、记者和传记作家将对他作为公众人物的生活和经历感兴趣并从中受益，也愿意为他们提供有关材料，帮助他们还原他的生活、报道和创作。

11 David Scott Sanders, unpublished notes ("John Hersey Interview, Expanded Notes") from an August 13, 1987, interview with John Hersey, 3.

12 John Hersey, "The Mechanics of a Novel," *Yale University Library Gazette* 27, no. 1 (July 1952).

13 卢斯曾声称，"20世纪必定将是属于美国的世纪"，简明地概括了他的观点。详见：Luce biography by Alan Brinkley, *The Publisher: Henry Luce and His American Century* (New York: Random House, Inc., 2010) 以 及 Alden Whitman, "Henry R. Luce, Creator of Time-Life Magazine Empire, Dies in Phoenix at 68," *New York Times*, March 1, 1967.

14 Theodore H. White, *In Search of History: A Personal Adventure* (New York: Harper & Row, Publishers, Inc., 1978), 257.

15 John Hersey, "Henry Luce's China Dream," *New Republic*, May 2, 1983, as reprinted in John Hersey, *Life Sketches* (New York: Alfred A. Knopf, Inc., 1989), 27; Thomas Griffith, *Harry & Teddy: The Turbulent Friendship of Press Lord Henry R. Luce and His Favorite Reporter, Theodore H. White* (New York: Random House, Inc., 1995), 141.

16 John Hersey, "Henry Luce's China Dream," as reprinted in John Hersey, Life Sketches, 38.

17 Robert E. Herzstein, *Henry R. Luce, Time, and the American Crusade in Asia*, 49.

18 Meyer Berger, "Lights Bring Out Victory Throngs," *New York Times*, May 9, 1945, 17.

19 John Hersey, "After Hiroshima: An Interview with John Hersey," *Antaeus Report*, Fall 1984, 3. 赫西写道："原以为我们不得不入侵日本，而真若如此，双方的损失都会十分惨烈。" Ibid.

20 Richard L. Strout, "V-E Day: A Grand Anticlimax for Some," *Christian Science Monitor*, May 8, 1945, 16.

21 Harrison E. Salisbury, *A Journey for Our Times: A Memoir* (New York: Harper & Row, Publishers, Inc., 1983), 251.

22 Bill Lawrence, *Six Presidents, Too Many Wars* (New York: Saturday Review Press, 1972), 123–24.
23 Bill Lawrence, *Six Presidents, Too Many Wars*, 125. 他还补充说，根据他的报道,情报官员估算将有50万盟军将士在原定1945年秋天的地面攻势中丧生。Ibid., 126.
24 Ibid., 126.
25 John Hersey to Michael Yavenditti, as depicted in Michael J. Yavenditti, "John Hersey and the American Conscience," *Pacific Historical Review* 43, no. 1 (February 1974), 35; and John Hersey to David Scott Sanders, as reflected in unpublished notes ("John Hersey Interview, Expanded Notes") from their August 13, 1987, interview, 5.
26 President Harry S. Truman, "Statement by the President of the United States," White House Press Release, August 6, 1945, 全文参见：https://www.atomicheritage.org/key-documents/truman-statement-hiroshima.
27 John Hersey to David Scott Sanders, as reflected in unpublished notes ("John Hersey Interview, Expanded Notes") from their August 13, 1987, interview, 5.
28 President Harry S. Truman, "Statement by the President of the United States," White House Press Release, August 6, 1945, 全文参见：https://www.atomicheritage.org/key-documents/truman-statement-hiroshima. 也见：Jay Walz, "Atom Bombs Made in 3 Hidden 'Cities,' " *New York Times*, August 7, 1945, 1.
29 William L. Laurence, *Dawn Over Zero: The Story of the Atomic Bomb* (New York: Alfred A. Knopf, Inc., 1946), 197.
30 John Hersey to David Scott Sanders, as reflected in unpublished notes ("John Hersey Interview, Expanded Notes") from their August 13, 1987, interview, 5; John Hersey to Michael Yavenditti, as depicted in Michael J. Yavenditti, "John Hersey and the American Conscience," 35.
31 John Hersey, "After Hiroshima: An Interview with John Hersey," *Antaeus Report*, 3.
32 Ibid.
33 Hersey to Michael J. Yavenditti, July 30, 1971, as quoted in Michael J.

Yavenditti, "John Hersey and the American Conscience," 35.

34 William L. Laurence, "Atomic Bombing of Nagasaki Told by Flight Member," *New York Times*, September 9, 1945.

35 Sidney Shalett, "First Atomic Bomb Dropped on Japan; Missile Is Equal to 20,000 Tons of TNT; Truman Warns Foe of a 'Rain of Ruin,'" *New York Times,* August 7, 1945, 1.

36 Monica Braw, *The Atomic Bomb Suppressed: American Censorship in Japan* (Armonk, NY: M. E. Sharpe, Inc., 1991), 11. 日本政府和媒体最初隐瞒了攻击的真实规模，以及美军使用的是原子弹而非常规武器的事实。但实际上，日本顶级物理学家仁科芳雄（Yoshio Nishina）教授早在8月8日便就有关情况向日本政府做了全面汇报，并且日本政府当即派他前赴广岛调查损失情况。仁科教授在其报告中称，现场景象"无法言喻"，死者成千上万："到处都堆积着尸体……生病、受伤、一丝不挂的人茫然地四处游荡……几乎所有建筑都塌了。"他为自己不得不将美国使用了原子弹这件新式武器的消息告知政府感到遗憾（Ibid., 12）。他之所以能识别出美军武器的真相，是因为日本像德国一样一直在从事核研究。不过"曼哈顿计划"的莱斯利·格罗夫斯将军此前"非常确信"，在核竞争方面，"日本（对美国）构不成威胁"。参见：Robert S. Norris, *Racing for the Bomb* (South Royalton, VT: Steerforth Press L.C., 2002), 450.

37 *Asahi Shimbun* article quoted in Monica Braw, *The Atomic Bomb Suppressed*, 11.

38 Ibid., 14.

39 "Tokyo Radio Says Hiroshima Hit by Parachute Atomic Bombs," United Press, August 7, 1945.

40 Ibid.

41 Emperor Hirohito's August 15, 1945, surrender radio address, as quoted in Monica Braw, *The Atomic Bomb Suppressed*, 17.

42 Ibid.

43 Alexander Feinberg, "All City 'Lets Go': Hundreds of Thousands Roar Joy After Victory Flash is Received," *New York Times,* August 15, 1945, 1.

44 "City Police Prepared for V-J Celebration," *New York Herald Tribune*, August 9, 1945, 2B.

45 Alexander Feinberg, "All City 'Lets Go,' " 1.
46 1945年8月的盖洛普调研显示，85%的美国人支持使用原子弹，参见：Robert Jay Lifton and Greg Mitchell, *Hiroshima in America* (New York: G. P. Putnam's Sons, 1995), 33, and Michael J. Yavenditti, "John Hersey and the American Conscience," 25.
47 1945年8月罗珀调研数据显示，受访的美国人中有23%后悔没能在日本投降前对日投放更多原子弹，参见：Robert Jay Lifton and Greg Mitchell, *Hiroshima in America*, 33.
48 Fiorello La Guardia, August 15, 1945, radio address, as quoted in "Mayor Proclaims Two Victory Days," *New York Times*, August 15, 1945, 6.
49 Leslie Nakashima, "Hiroshima as I Saw it," United Press, August 27, 1945.
50 Ibid.
51 Ibid.
52 "Hiroshima Gone, Newsman Finds," *New York Times*, August 31, 1945, 4.
53 "Japanese Reports Doubted," *New York Times*, August 31, 1945, 4.
54 Ibid.
55 Wilfred Burchett, "The Atomic Plague," *Daily Express*, September 5, 1945, 1. 也见于：Wilfred Burchett, *Shadows of Hiroshima* (London: Verso Editions, 1983), 34 – 36.
56 *Public Enemy Number One* (documentary about Wilfred Burchett, directed by David Bradbury), 1981.
57 Wilfred Burchett, "The Atomic Plague," *Daily Express*, September 5, 1945, 1. 也见于：Wilfred Burchett, *Shadows of Hiroshima* (London: Verso Editions, 1983), 34 – 36.
58 Ibid.
59 Ibid.
60 W. H. Lawrence, "Visit to Hiroshima Proves It World's Most-Damaged City," *New York Times*, September 5, 1945, 1.
61 W. H. Lawrence, "Atom Bomb Killed Nagasaki Captives," *New York Times*, September 9, 1945.
62 Ibid.
63 Michael Yavenditti, "American Reactions to the Use of Atomic Bombs on

Japan, 1945 - 1947," dissertation for doctorate of philosophy, University of California, Berkeley, 1970, 362.

64　Bill Lawrence letter to John Hersey, September 10, 1945, John Hersey Papers, Beinecke Library, Yale University.

65　Charles J. Kelly, *Tex McCrary: Wars, Women, Politics: An Adventurous Life Across the American Century* (Lanham, MD: Hamilton Books, 2009), 1.

66　Richard Severo, "Tex McCrary Dies at 92; Public Relations Man Who Helped Create Talk-Show Format," *New York Times*, July 30, 2003, C12.

67　Clark Lee of INS, as quoted in Dickson Hartwell and Andrew A. Rooney, *Off the Record: Inside Stories from Far and Wide Gathered by Members of the Overseas Press Club* (New York: Doubleday & Company, Inc., 1953), 225.

68　Ibid. 麦克拉里传记作者查尔斯·J. 凯利（Charles J. Kelly）在《泰克斯·麦克拉里》(*Tex McCrary*) 一书第 79 页写道，采访团的初衷在于"尽一切手段确保美国空军在美国人民眼中克敌制胜的战略武器地位"，但多名入选采访团的记者回忆说，他们从一开始就被明确告知，派他们来就是为了报道作为此次战争最大事件的两次核爆。

69　Charles J. Kelly, *Tex McCrary*, 89.

70　Bill Lawrence to John Hersey, September 10, 1945, and Clark Lee of INS, as quoted in Dickson Hartwell and Andrew A. Rooney, *Off the Record*, 225.

71　Clark Lee of INS, as quoted in Dickson Hartwell and Andrew A. Rooney, *Off the Record*, 226.

72　克拉克·李（Clark Lee）等采访团成员后来表示，他们原定要亲眼见证广岛核爆，但麦克拉里中途调用飞机载着他和他的妻子、演员兼模特金克丝·法肯伯格（Jinx Falkenburg）到罗马访问（后者到意大利参加一场美国劳军联合组织的演出），导致采访团日程延误。法肯伯格九个月后临盆，这说明这孩子是二人在罗马期间怀上的；其中一位记者冷淡地提到，这个孩子绰号"英雄"（Hero）——亦即"广岛"（Hiroshima）一词的简写——以纪念这段"证明了爱情比原子弹更强大的时光"。Clark Lee as quoted in Dickson Hartwell and Andrew A. Rooney, *Off the Record*, 227.

73　Bill Lawrence, *Six Presidents, Too Many Wars*, 131 - 32.

74　Clark Lee, *One Last Look Around* (New York: Duell, Sloan, and Pearce, 1947), 77.

75 Wilfred Burchett, *Shadows of Hiroshima*, 17.
76 Ibid., 15.
77 Charles J. Kelly, *Tex McCrary*, 98.
78 Bill Lawrence, *Six Presidents, Too Many Wars*, 139.
79 Wilfred Burchett, *Shadows of Hiroshima*, 21, 42–43.
80 Ibid., 24.
81 Charles J. Kelly, *Tex McCrary*, 96.
82 Wilfred Burchett, *Shadows of Hiroshima*, 23.
83 George Weller, *First into Nagasaki: The Censored Eyewitness Dispatches on Post-Atomic Japan and Its Prisoners of War*, edited by Anthony Weller (New York: Three Rivers Press, 2006), 251.
84 Ibid., 4–5.
85 Ibid., 276.
86 Ibid., 19.
87 Bill Lawrence letter to John Hersey, September 10, 1945, John Hersey Papers, Beinecke Library, Yale University.
88 Ibid.
89 John Hersey, "After Hiroshima: An Interview with John Hersey," *Antaeus Report*, Fall 1984, 2.

第二章 抢先世界

1 "From Dazzling to Dirty and Back Again: A Brief History of Times Square," 参见: https://www.timessquarenyc.org/history-of-times-square.
2 "News Paper Spires: From Park Row to Times Square: New York Times Annex," 参见: https://www.skyscraper.org/EXHIBITIONS/PAPER_SPIRES/nw14_ta.php.
3 Ibid.
4 Brendan Gill, *Here at* The New Yorker (New York: Random House, Inc., 1974), 104.
5 Ibid., 4–5.

6　Ibid., 370.

7　Harold Ross, "The New Yorker Prospectus," Fall 1924, 参见：Thomas Kunkel, *Genius in Disguise* (New York: Carroll & Graf Publishers, Inc., 1995), 439 - 40.

8　Wolcott Gibbs, "Time... Fortune... Life... Luce," *New Yorker*, November 28, 1936.

9　赫西后来已经记不起是在哪家夜总会见到约翰·F. 肯尼迪的了。("John Hersey, Interview with Herbert Farmet," Oral History Research Office, Columbia University, December 8, 1976, 8 - 9.）肯尼迪传记作者迈克尔·奥布莱恩（Michael O'Brien）认为，二人这次会面发生在 1944 年 2 月 9 日，地点在斯托克俱乐部。(Michael O'Brien, *John F. Kennedy: A Biography* [New York: St. Martin's Press, 2005], 170.）本·亚戈达（Ben Yagoda）为《纽约客》所写的传记（*Around Town* [New York: Scribner, 2000], 184）则称二人见面的夜总会是马提尼克（La Martinique）。(亚戈达为《纽约客》所作传记全名为 "*About Town: The New Yorker and the World It Made*"，此处疑似作者有误。——译者注）

10　"John Hersey, interview with Herbert Farmet," Oral History Research Office, Columbia University, December 8, 1976, 8 - 9.

11　根据赫西在耶鲁读书时的同班同学、《纽约客》供稿人、《纽约客》传记作者布兰丹·吉尔（Brendan Gill）的儿子迈克尔·吉尔·盖茨（Michael Gill Gates）的说法，最初将赫西引荐给《纽约客》团队的或许正是布兰丹·吉尔。吉尔一直将《时代》周刊视为一个"除非万不得已否则不可久留之地"，并一直尝试说服赫西改投《纽约客》。参见：Michael Gates Gill interview with Lesley Blume, January 29, 2018.

12　Harold Ross to Joseph Kennedy, May 18, 1944, *New Yorker* records, New York Public Library.

13　Harold Ross letter to Alexander Woollcott, May 19, 1942, as excerpted in Thomas Kunkel, *Genius in Disguise*, 354.

14　John Hersey, "Note," *Life Sketches* (New York: Alfred A. Knopf, 1989), ix.

15　Ibid.

16　Janet Flanner, "Introduction: The Unique Ross," in Jane Grant, *Ross, The New Yorker, and Me* (New York: Reynal and Company, Inc., 1968), 12.

17 E. B. White obituary of Harold Ross, as quoted in Brendan Gill, *Here at* The New Yorker, 297.
18 Brendan Gill, *Here at* The New Yorker, 7.
19 John Hersey, "Note," *Life Sketches*, x.
20 Lillian Ross, *Here but Not Here: A Love Story* (New York: Random House, Inc., 1998), 11.
21 Michael Gates Gill email to Lesley Blume, January 31, 2018.
22 Harold Ross letter to Stephen T. Early, March 14, 1944, as quoted in Ben Yagoda, *About Town*, 182.
23 John Bennet interview with Lesley Blume, February 7, 2018.
24 Lillian Ross, *Here but Not Here*, 15.
25 Ibid., 50.
26 William Shawn, untitled essay, in Brendan Gill, *Here at* The New Yorker, 392.
27 Brendan Gill, *Here at* The New Yorker, 88.
28 Harold Ross quoted in Jane Grant, *Ross, The New Yorker, and Me*, 261.
29 William Shawn to John Bennet, as recounted in Bennet interview with Lesley Blume, February 7, 2018.
30 "赌徒"（hunch man）这个绰号是哈罗德·罗斯给肖恩起的。参见：Thomas Kunkel, *Genius in Disguise,* 352.
31 Janet Flanner, "Letter from Cologne," *New Yorker*, March 31, 1945.
32 Harold Ross letter to Janet Flanner, March 27, 1945, as excerpted in Ben Yagoda, *About Town*, 180.
33 Harold Ross letter to Janet Flanner, March 27, 1945, as excerpted in Ben Yagoda, *About Town*, 181.
34 Ibid.
35 William Shawn, untitled essay in Brendan Gill, *Here at* The New Yorker, 391.
36 赫西为《纽约客》写的肯尼迪侧记被呈送到海军公共关系办公室，对方代表回复"可刊发,不持异议"（no objections to its publication）。Letter from Allan R. Jackson, LT. USNR, Navy Dep Office of Public Relations to William Shawn, May 25, 1944, *New Yorker* records, New York Public Library.

37 "John Hersey, Interview with Herbert Farmet," Oral History Research Office, Columbia University, December 8, 1976, 10.
38 John Hersey to David Scott Sanders, as reflected in unpublished notes ("John Hersey Interview, Expanded Notes") from their August 13, 1987, interview, 5.
39 Harold Ross to Ambassador Joseph Kennedy, May 18, 1944, *New Yorker* records, New York Public Library, Box 52.
40 Robert Dallek, *An Unfinished Life: John F. Kennedy, 1917–1963* (New York: Little, Brown, and Company, 2003), 130, and Michael O'Brien, *John F. Kennedy*, 201–2.
41 Eric Pace, "William Shawn, 85, is Dead; *New Yorker*'s Gentle Despot," *New York Times*, December 9, 1992, A1.
42 赫西 1945 年为《纽约客》创作的报道包括 1945 年 7 月 20 日的《聪明的傻瓜》("The Brilliant Jughead")以及 1945 年 8 月 31 日的《变数远征》("Long Haul, with Variables")。
43 "The Biggest Story in History. . . and He Was the Only Reporter There!," *New York Times* circular to advertisers, undated, *New York Times* archives.
44 Robert Simpson, "The Infinitesimal and the Infinite," *New Yorker*, August 18, 1945, 26.
45 John Hersey, "After Hiroshima: An Interview with John Hersey," *Antaeus Report*, Fall 1984, 2.
46 "The Tokyo Express: A *Life* Photographer Takes a Ride to Hiroshima on Japan's Best Train," *Life*, October 8, 1945, 27–35.
47 September 14, 1945, War Department press release to publication editors, paraphrased in Monica Braw, *The Atomic Bomb Suppressed* (Armonk, NY: M. E. Sharpe, Inc., 1991), 111.
48 September 14, 1945, War Department press release to publication editors, as quoted in George Weller, *First into Nagasaki: The Censored Eyewitness Dispatches on Post–Atomic Japan and Its Prisoners of War,* edited by Anthony Weller (New York: Three Rivers Press, 2006), 266.
49 Charles Ross memo to Lieutenant Colonel B. W. Davenport, August 27, 1945, as quoted in Robert Jay Lifton and Greg Mitchell, *Hiroshima in*

America (New York: G. P. Putnam's Sons, 1995), 51.

50 William L. Laurence, "U.S. Atom Bomb Site Belies Tokyo Tales," *New York Times*, September 12, 1945, 1.

51 Ibid.

52 "William Laurence: Science Reporter," Internal *New York Times* employee sketch, June 20, 1952, *New York Times* archives.

53 William L. Laurence, "U.S. Atom Bomb Site Belies Tokyo Tales," *New York Times*, September 12, 1945, 1.

54 Ibid.

55 Dr. Philip Morrison, quoted in Daniel Lang, "A Fine Moral Point," *New Yorker*, June 8, 1946, 62 and 76.

56 Ibid., 69.

57 Ibid., 62.

58 General Leslie Groves as quoted in William L. Laurence, "U.S. Atom Bomb Site Belies Tokyo Tales," *New York Times*, September 12, 1945, 1.

59 William H. Lawrence, "No Radioactivity in Hiroshima Ruin," *New York Times*, September 13, 1945, and Robert Jay Lifton and Greg Mitchell, *Hiroshima in America*, 54.

60 Wilfred Burchett, *Shadows of Hiroshima* (London: Verso Editions, 1983), 22 – 23.

61 Ibid.

62 W. H. Lawrence, "No Radioactivity in Hiroshima Ruin," *New York Times*, September 13, 1945, 4.

63 Ibid.

64 General Leslie Groves, as quoted in Michael J. Yavenditti, "John Hersey and the American Conscience," *Pacific Historical Review* 43, no. 1 (February 1974), 27, and Sean Malloy, " 'A Very Pleasant Way to Die': Radiation Effects and the Decision to Use the Atomic Bomb Against Japan," *Diplomatic History* 36 (June 2012).

65 General Leslie Groves, Comments at Oak Ridge, August 29, 1945, as quoted in Robert S. Norris, *Racing for the Bomb* (South Royalton, VT: Steerforth Press L.C., 2002), 441.

66 哈罗德·罗斯和威廉·肖恩在刊发赫西《广岛》的 1945 年 8 月 31 日《纽约客》专号首页附上了一段简短的编者按,其中称,他们之所以刊发这篇报道,部分原因在于他们"坚信我们中只有少数人真正理解了这件武器惊人的破坏力,并且大家都需要花一些时间考虑动用这件武器的可怕后果"。("To Our Readers," *New Yorker*, August 31, 1945, 15.)

67 John Hersey, "After Hiroshima: An Interview with John Hersey," *Antaeus Report*, Fall 1984, 2.

68 Ben Yagoda, *About Town*, 185.

69 John Hersey, *Into the Valley*, xxix.

70 在 1942 年的一篇报道中,他将日本人称作"与我们为敌的野兽"。(John Hersey, "The Marines on Guadalcanal," *Life*, November 9, 1942.)

71 John Hersey, *Into the Valley* (New York: Schocken, 1989), 49 and 67.

72 John Hersey, "The Mechanics of a Novel," *Yale University Library Gazette* 27, no. 1 (July 1952).

73 John Hersey, *Into the Valley*, xxx.

74 Wilfred Burchett, *Shadows of Hiroshima*, 28-30.

75 George Weller, *First into Nagasaki*, 276-77.

76 美国国家档案与文件署(National Archives and Records Administration,简称"NARA")留存的东京 SCAP、PRO 文件包含大量关于跟踪记者和监控其行动的详细记录。仅粗略翻阅一下 1946 年 4 月到 6 月的文件,就可以看到《关于媒体、言论、出版和电影的报告(1946 年 5 月 1 日)》《关于言论、媒体和电影的报告(1946 年 5 月 15 日)》《关于言论、出版和电影的报告(1946 年 5 月 30 日)》等报告。值得一提的是,只有一份 1946 年 5 月的报告题目为《时代 – 生活国际在日本的活动》(Activities of Time-Life International in Japan)。任何有关广岛的报道都须提交申请"发表许可"(Permission to Publish)。(NARA, SCAP, "List of Papers, No. 000.76, File #3, Sheet #1," April 23–June 24, 1946.)此前相关的文件可能更多;一位资深的 NARA 档案管理员估算,SCAP 档案现存仅有 1% 到 3%。

77 Greg Mitchell, *Atomic Cover-up: Two U.S. Soldiers, Hiroshima & Nagasaki, and the Greatest Movie Never Made* (New York: Sinclair Books, 2012), 30-31. "来自第 2 师的海军陆战队队员以及三个团级作战队占领了长崎,而美国陆军第 24 师和第 41 师占领了广岛。" Ibid., 30.

78 Greg Mitchell, *Atomic Cover-up*, 30.
79 General Douglas MacArthur cable to Warcos (PRO), November 2, 1946, SCAP Papers, NARA.
80 George Weller, "The Iron Curtain of Censorship," attempted dispatch to the *Chicago Daily News*, August 22, 1945, as excerpted in Anthony Weller, ed., *Weller's War* (New York: Three Rivers Press, 2009), 606.
81 赫西与诺普夫签署《巴丹将士》合约的时候,诺普夫在其 1942 年 3 月 12 日的简讯标题中宣布了这一消息,并称"赫西先生正在战争部的许可和协助下进行创作"。
82 John Hersey, "John Hersey: The Art of Fiction No. 92," *Paris Review*, interview by Jonathan Dee, issue 100, Summer–Fall 1986;John Hersey to David Scott Sanders, August 13, 1987, as quoted in unpublished notes ("John Hersey Interview, Expanded Notes") from their August 13, 1987, interview, 3.
83 John Hersey, American Audio Prose Library interview with Kay Bonetti, 1988.

第三章 麦克阿瑟的封闭王国

1 John Hersey, "The Marines on Guadalcanal," *Life*, November 9, 1942.
2 John Hersey, "Joe Grew, Ambassador to Japan: America's Top Career Diplomat Knows How to Appease the Japanese or Be Stern with Them," *Life*, July 15, 1940.
3 "The Battle of the River," *Life*, November 23, 1942, 99.
4 John Hersey, *Into the Valley* (New York: Schocken Books, Inc., 1989), 65.
5 Russell Brines, *MacArthur's Japan* (Philadelphia: J. B. Lippincott Company, 1948), 23.
6 General Leslie Groves in conversation with Lieutenant Charles Rea, doctor at Oak Ridge Hospital, as quoted in Robert Jay Lifton and Greg Mitchell, *Hiroshima in America* (New York: G. P. Putnam's Sons, 1995), 45.
7 John Hersey, *Into the Valley*, xxviii.

8　Ibid.

9　Ibid., xxviii – xxix.

10　John Hersey, Interview with Kay Bonetti, Hersey American Audio Prose Library, 1988.

11　John Hersey, "Letter from Chungking," *New Yorker*, March 7, 1946.

12　William Shawn cable to John Hersey, March 1, 1946, *New Yorker* records, New York Public Library.

13　Bob Considine, *It's All News to Me: A Reporter's Disposition* (New York: Meredith Press, 1967), 199.

14　Ibid.

15　William Shawn cable to John Hersey, March 22, 1946, *New Yorker* records, New York Public Library.

16　"Operation Crossroads: Fact Sheet," Naval History and Heritage Command, 参见：https://www.history.navy.mil/about-us.html.

17　Bob Considine, *It's All News to Me*, 199.

18　Norman Cousins recollection quoted in Robert Jay Lifton and Greg Mitchell, *Hiroshima in America*, 84.

19　Bob Considine, *It's All News to Me*, 202.

20　Clark Lee, *One Last Look Around* (New York: Duell, Sloan and Pearce, 1947), 293–94.

21　Ibid., 294.

22　Robert Simpson, "The Infinitesimal and the Infinite," *New Yorker*, August 18, 1945, 28.

23　William L. Laurence, "U.S. Atom Bomb Site Belies Tokyo Tales; Tests on New Mexico Range Confirm That Blast, and Not Radiation, Took Toll," *New York Times*, September 12, 1945, 1.

24　William L. Laurence, "Blast Biggest Yet," *New York Times*, July 25, 1946.

25　根据1946年8月30日盖洛普问卷调查，参见：Michael Yavenditti, "American Reactions to the Use of Atomic Bombs on Japan, 1945–1947," dissertation for doctorate of philosophy, University of California, Berkeley, 1970, 333.

26　Greg Mitchell, *Atomic Cover-up: Two U.S. Soldiers, Hiroshima & Nagasaki, and the Greatest Movie Never Made* (New York: Sinclair Books, 2012), 33.

27 John Hersey, "A Reporter in China: Two Weeks' Water Away—II," *New Yorker*, May 25, 1946.

28 John Hersey, "John Hersey: The Art of Fiction No. 92," interview by Jonathan Dee, *Paris Review*, issue 100, Summer – Fall 1986.

29 John Hersey, "After Hiroshima: An Interview with John Hersey," *Antaeus Report*, Fall 1984, 2.

30 John Hersey, "John Hersey: The Art of Fiction No. 92."

31 William L. Laurence, "Blast Biggest Yet," *New York Times*, July 25, 1946, 2.

32 William L. Laurence, *Dawn Over Zero: The Story of the Atomic Bomb* (New York: Alfred A. Knopf, 1946), 224.

33 John Hersey, American Audio Prose Library Interview with Kay Bonetti, 1988.

34 Cable from 1st Lt. Cav. Robert F. Jobson to John Hersey, May 13, 1946, John Hersey Papers, Beinecke Library, Yale University.

35 Cable from Lt. General Gillem to John Hersey, May 21, 1946, John Hersey Papers, Beinecke Library, Yale University.

36 Bill Lawrence, *Six Presidents, Too Many Wars* (New York: Saturday Review Press, 1972), 121.

37 John Hersey, "Joe Grew, Ambassador to Japan: America's Top Career Diplomat Knows How to Appease the Japanese or Be Stern with Them," *Life*, July 15, 1940.

38 George Weller, *Weller's War*, edited by Anthony Weller, 602.

39 Russell Brines, *MacArthur's Japan*, 291.

40 Ibid.

41 Ibid., 71.

42 Ray C. Anderson, Ph.D, M.D., *A Sojourn in the Land of the Rising Sun: Japan, the Japanese, and the Atomic Bomb Casualty Commission: My Diary, 1947 – 1949* (Sun City, AZ: Elan Press, 2005), 443.

43 Ibid., 15.

44 Dr. Masakazu Fujii, as quoted in Norman Cousins, "John Hersey," *Book-of-the-Month Club News*, March 1950.

45 *Nippon Times*, "Over Here," September 22, 1946.

46　Ibid.
47　Ibid.
48　Greg Mitchell, *Atomic Cover-up*, 22–23.
49　Ibid., 23.
50　Ibid., 24.
51　Greg Mitchell, "The Great Hiroshima Cover-up—And the Greatest Movie Never Made," *Asia-Pacific Journal* 9, issue 31, no. 4 (August 8, 2011).
52　Charles Pomeroy, ed., *Foreign Correspondents in Japan: Reporting a Half Century of Upheavals; From 1945 to the Present* (Rutland, VT: Charles E. Tuttle Company, 1998), 14. 我们不清楚赫西在赴广岛之前、短居东京期间是否居住在俱乐部。研究该俱乐部的历史学家查尔斯·波默罗伊（Charles Pomeroy）称，俱乐部档案管理员——俱乐部档案目前仍然留存，只不过在另外一个位置——找不到赫西在俱乐部居住的记录，但表示赫西"无疑到访过俱乐部，并很可能曾经留宿"。（Charles Pomeroy email to Lesley Blume, May 26, 2018.）他还说，俱乐部研究员搜索了现存的俱乐部档案，"在1946年的FCCJ（亦即日本外国记者俱乐部）中没有找到赫西的名字"，不过"当时的重要记录现存已不多"。（Charles Pomeroy email to Lesley Blume, May 28, 2018.）
53　Richard Hughes, as quoted in Charles Pomeroy, ed., *Foreign Correspondents in Japan*, 16.
54　Leslie Sussan, untitled, unpublished biography of her father, Herbert Sussan. 将赫西引荐给丹尼尔·麦戈文中校的可能是另一位报道对日占领的记者，或是帮赫西接收与威廉·肖恩往来书信、当时驻东京的《时代》周刊和《生活》杂志记者约翰·卢顿（John Luten）。无论赫西是通过何种方式结识麦戈文的，耶鲁大学拜内克图书馆（Beinecke Library）保存的赫西日本笔记中都提到了麦戈文中校、其办公地点以及他制作广岛题材影片的情况。
55　General Orvil Anderson to Herbert Sussan, as quoted in Greg Mitchell, *Atomic Cover-up*, 25.
56　McGovern quoted in Robert Jay Lifton and Greg Mitchell, *Hiroshima in America*, 59.
57　Sussan quoted in Greg Mitchell, *Atomic Cover-up*, 23.
58　Greg Mitchell, *Atomic Cover-up*, 23–24.

59 叙桑等人向赫西引荐广岛当地人士联系方式的情况以及双方会面的细节来自：Leslie Sussan, untitled, unpublished biography of her father, Herbert Sussan; Greg Mitchell, "The Great Hiroshima Cover-up—And the Greatest Movie Never Made"; and Robert Jay Lifton and Greg Mitchell, *Hiroshima in America*, 259. 麦戈文摄制小队 1946 年拍摄的广岛神父的影片如今已经解密，可以在网上观看。

60 耶鲁大学拜内克图书馆馆藏的赫西个人文件中包含一份刊载了西梅斯神父证词的 1946 年 2 月 11 日太平洋战区袖珍本《时代》周刊。文件中同时还包括一份来自 USSBS 保密文件的篇幅更长的西梅斯报告（Memorandum, "Eyewitness Account of the Bombing of Hiroshima," Headquarters, U.S. Strategic Bombing Survey [Pacific], December 6, 1945），属于赫西为创作《广岛》所做的最初研究材料之列。赫西后来曾对一位《图书馆杂志》（*Library Journal*）的读者表示，他在前赴广岛之前就读过西梅斯的报告，并也正是因此找到了广岛的神父。（Letter from John Hersey to Robert H. Donahugh, July 21, 1985, John Hersey Papers, Beinecke Library, Yale University.）

61 Account of "Rev. John A. Siemes, S.J., professor of modern philosophy at Tokyo's Catholic University," *Time* Pacific pony edition, February 11, 1946, 10.

62 Ibid.

63 Mark Gayn, *Japan Diary* (Rutland, VT: Charles E. Tuttle Company, 1981), 3.

64 Joseph Julian, *This Was Radio: A Personal Memoir* (New York: The Viking Press, 1975), 132.

65 Charles Pomeroy, ed., *Foreign Correspondents in Japan*, 13. 耶鲁大学拜内克图书馆馆藏赫西日本笔记中提到了东京广播电台以及作为电报收发室的大楼二层。

66 Cable from William Shawn to John Hersey, March 22, 1946, *New Yorker* records, New York Public Library.

67 Russell Brines, *MacArthur's Japan*, 293.

68 Ibid.

69 General Legrande Diller as quoted in William J. Coughlin, *Conquered Press: The MacArthur Era in Japanese Journalism* (Palo Alto, CA: Pacific Books, 1952), 116.（关于"杀手迪勒"的外号，见：Ibid., 111.）

70 General Legrande Diller as quoted in William J. Coughlin, *Conquered Press*, 116.
71 Ibid.
72 Ibid., 122.
73 "Correspondents in the Far East," Letter from F. G. Tillman, Liason Officer in Charge, to FBI Director, United States Department of Justice, Doc. 6275, Tokyo, Japan, June 10, 1946, the Records of the Federal Bureau of Investigation.
74 罗伯特·杰伊·利夫顿（Robert Jay Lifton）和格雷格·米切尔（Greg Mitchell）提到："原子弹在日本基本上是一个禁忌。1945年到1948年间，关于原子弹的题材，日本仅出版了四本书和一本诗集。"参见：*Hiroshima in America,* 56. 莫妮卡·布拉夫（Monica Braw）也提到："在长达四年的时间里，日本记者来自被核爆城市的信息以及有关原子弹效果的讨论都被检查、扣留、雪藏或者删除。"参见：*The Atomic Bomb Suppressed* (Armonk, NY: M. E. Sharpe, Inc., 1991), 92.
75 Robert Jay Lifton and Greg Mitchell, *Hiroshima in America*, 79.
76 Lindesay Parrott, "Hiroshima Builds Upon Atomic Ruins," *New York Times*, February 26, 1946, 12.
77 Ibid.
78 Joseph Julian, *This Was Radio: A Personal Memoir* (New York: The Viking Press, 1975), 149.
79 Winston Churchill, "Iron Curtain" speech, March 5, 1946, Archives of the Central Intelligence Agency: https://www.cia.gov/library/readingroom/docs/1946-03-05.pdf.
80 John Hersey, "Letter from Peiping," *New Yorker*, May 4, 1946.
81 "Invitation Travel Order AGPO 144-21, " General Headquarters, United States Army Forces, Pacific, May 24, 1946. John Hersey Papers, Beinecke Library, Yale University.
82 Ibid.

第四章　六位幸存者

1. "The Tokyo Express: A Life Photographer Takes a Ride to Hiroshima on Japan's Best Train," *Life*, October 8, 1945, 27.
2. Ray C. Anderson, Ph.D, M.D., *A Sojourn in the Land of the Rising Sun* (Sun City, AZ: Elan Press, 2005), 12.
3. Ibid., 324.
4. Kiyoshi Tanimoto, "My Diary Since the Atomic Catastrophe, up to This Day," 187.
5. Mark Gayn, *Japan Diary* (Rutland, VT: Charles E. Tuttle Company, 1981), 268.
6. John Hersey, "After Hiroshima: An Interview with John Hersey," *Antaeus Report*, Fall 1984, 2.
7. John Hersey, interview with Kay Bonetti, Hersey American Audio Prose Library, 1988.
8. Ibid.
9. Ibid.
10. Russell Brines, *MacArthur's Japan* (Philadelphia: J. B. Lippincott Company, 1948), 40.
11. Mark Gayn, *Japan Diary*, 267–68.
12. Ursula Baatz, *Hugo Makibi Enomiya-Lasalle: Mittler zwischen Buddhismus und Christentum* (Kevelaer, Germany: Topos Taschenbücher, 2017), translated from German by Nadja Leonhard-Hooper.
13. Mark Gayn, *Japan Diary*, 267.
14. Ibid.
15. John Hersey, "Hiroshima," *New Yorker*, August 31, 1946, 50. 赫西的笔记中包含一份四位京都大学植物学家对核爆后广岛所进行的植物学研究，研究细数了在核爆中幸存的植物种类，赫西注意到其中包含小白菊和黍草；研究报告还确认，一些复生的植物表现出"辐射明显的促进生长的作用"，这表明原子弹对某些物种具有"刺激生长的作用"。赫西在《广岛》中使用了这一说法。("On the Influence upon Plants of the Atomc Bomb in Hiroshima on August 6, 1945, Preliminary Report," undated, Kyoto University, John Hersey Papers,

Beinecke Library, Yale University.）

16　Michihiko Hachiya, M.D., *Hiroshima Diary: The Journal of a Japanese Physician, August 6 - September 30, 1945, Fifty Years Later* (Chapel Hill: The University of North Carolina Press, 1995), 19.

17　Ray C. Anderson, Ph.D, M.D., *A Sojourn in the Land of the Rising Sun*, 33.

18　雷·安德森（Ray Anderson）博士称，1946年10月他的一位同事身在广岛，告知了部分区域被隔离的消息。参见：Ray C. Anderson, Ph.D, M.D., *A Sojourn in the Land of the Rising Sun*, 35 - 36.

19　赫西在广岛期间曾经采访过的美国陆军军官约翰·D. 蒙哥马利（John D. Montgomery）中尉担任研究创建国际友好研究所（Institute of International Amity）事宜的规划会议的顾问。《广岛》中引述了蒙哥马利中尉的话，他的名字也出现在赫西手写的在日联系人名单中。《广岛》问世后，蒙哥马利中尉就《纽约客》的报道致信赫西，回忆他们在广岛讨论规划项目的那个"阴冷"的夜晚，并告诉赫西《广岛》可能是最重要的战争题材作品。参见：Letter from Lieutenant John D. Montgomery to John Hersey, September 6, 1946, John Hersey Papers, Beinecke Library, Yale University.

20　Ray C. Anderson, Ph.D, M.D., *A Sojourn in the Land of the Rising Sun*, 37.

21　Ibid.

22　Ibid.

23　Ibid.

24　*New York Times* AP report published December 29, 1945, "Atom Bowl Game Listed; Nagasaki Gridiron Will Be Site of Marines' Contest Tuesday" (dateline filed December 28), and *New York Times* U.P. report published January 3, 1946, "Osmanski's Team Wins: Sets Back Bertelli's Eleven by 14 - 13 in Atom Bowl Game" (dateline filed January 2, 1946).

25　Colonel Gerald Sanders quoted in "Nagasaki, 1946: Football Amid the Ruins," *New York Times*, John D. Lukacs, December 25, 2005, 9.

26　Kiyoshi Tanimoto, "Postscript: My Diary Since the Atomic Catastrophe," and Kiyoshi Tanimoto, "My Diary Since the Atomic Catastrophe up to This Day," 173.

27　Professor Kazumi Mizumoto to Lesley Blume, December 8, 2018.

28　"Invitation Travel Order AGPO 144–21," General Headquarters, United

States Army Forces, Pacific, May 24, 1946. John Hersey Papers, Beinecke Library, Yale University.

29 Kiyoshi Tanimoto, "My Diary Since the Atomic Catastrophe up to This Day," 174.

30 赫西在《广岛》中将拉萨尔神父的姓氏拼写为"LaSalle"。但拉萨尔神父的传记作者厄休拉·巴茨博士（Dr. Ursula Baatz）确认，正确的拼写是"Lassalle"。

31 Masami Nishimoto, "History of Hiroshima: 1945–1995; Hugo Lassalle, Forgotten 'Father' of Hiroshima Cathedral," *Chugoku Shimbun*, Part 14, Article 2, December 16, 1995.

32 Ibid.

33 Father Johannes Siemes, "Atomic Bomb on Hiroshima: Eyewitness Account of F. Siemes," 3, and Masami Nishimoto, "History of Hiroshima: 1945–1995; Hugo Lassalle, Forgotten 'Father' of Hiroshima Cathedral," *Chugoku Shimbun*, Part 14, Article 2, December 16, 1995.

34 Ursula Baatz, *Hugo Makibi Enomiya-Lasalle: Mittler zwischen Buddhismus und Christentum* (Kevelaer, Germany: Topos Taschenbücher, 2017), 46–47; translated from German by Nadja Leonhard-Hooper.

35 "Atomic Bomb on Hiroshima: Eyewitness Account of F. Siemes," extended written testimony, 3. 这篇加长版的西梅斯神父证言曾经修订后出现在《时代》周刊袖珍本中。1945年12月6日，美国（太平洋地区）战略轰炸调查总部在对核爆影响开展调查的过程中将这篇证言分送相关单位。随证言所附的致参与调查各部门的信中称："文件由美国陆军与驻日海军技术代表团（U.S. Army and Naval Technical Mission, Japan）联合调查获得。"附信和加长版证言均收录在耶鲁大学拜内克图书馆约翰·赫西档案有关《广岛》的相关材料中。

36 Ibid., 3–4.

37 Pater Franz-Anton Neyer interview with Dr. Sigi Leonhard on behalf of Lesley Blume, January 19, 2018.

38 Pater Wilhelm Kleinsorge interview, *Bayersicher Rundfunk*, "Strahlen aus der Asche," 1960; translated from German by Nadja Leonhard-Hooper.

39 Ibid.

40 John Hersey, "Hiroshima," *New Yorker*, August 31, 1946, 18.

41 Ibid.

42 Father Johannes Siemes, "Atomic Bomb on Hiroshima: Eyewitness Account of F. Siemes," 3.
43 Ibid., 4.
44 Mr. Fukai as paraphrased by Father Johannes Siemes, Ibid., 4.
45 Ibid.
46 Ibid.
47 Ibid.
48 Ibid., 5.
49 Ibid.
50 John Hersey, "Hiroshima," *New Yorker*, August 31, 1946, 33.
51 Ibid., 54.
52 克莱因佐格神父后来表示: "我帮他找到了出现在书中的其他采访对象, 他们都来自我的熟人圈。" (Franz-Anton Neyer interview with Dr. Sigi Leonhard on behalf of Lesley Blume, January 19, 2018.)
53 "Survivors of Hiroshima and Nagasaki," Atomic Heritage Foundation, Thursday, July 27, 2017: https://www.atomicheritage.org/history/survivors-hiroshima-and-nagasaki.
54 克莱因佐格神父后来在采访中称自己为赫西担任翻译, 参见《朝日画报》1952年8月6日专访 "First Interviews with Atomic Bomb Victims"。
55 Letter from Kiyoshi Tanimoto to John Hersey, May 29, 1946. John Hersey Papers, Beinecke Library, Yale University.
56 Kiyoshi Tanimoto, "My Diary Since the Atomic Catastrophe up to This Day," entry dated September 18, 1945.
57 根据谷本牧师日记记载, 赫西与克莱因佐格神父是在1946年5月29日(周三)到访他家的。Ibid., 172.
58 Kiyoshi Tanimoto, "My Diary Since the Atomic Catastrophe up to This Day," entry dated "September 21, 1945 - October 29, 1945," 113.
59 Kiyoshi Tanimoto, "My Diary Since the Atomic Catastrophe up to This Day," entry dated May 29, 1946, 172.
60 Kiyoshi Tanimoto, "Postscript: My Diary Since the Atomic Catastrophe up to This Day." John Hersey Papers, Beinecke Library, Yale University.
61 Kiyoshi Tanimoto, "My Diary Since the Atomic Catastrophe up to This Day,"

entry of May 29, 1946, 172.
62 谷本1945年5月29日写给赫西的信连同手绘地图一起,仍保存在耶鲁大学拜内克图书馆的赫西档案中。
63 Kiyoshi Tanimoto, "Postcript: My Diary Since the Atomic Catastrophe."
64 Kiyoshi Tanimoto, "My Diary Since the Atomic Catastrophe up to This Day," entry of May 29, 1946, 173.
65 Ibid.
66 Ibid.
67 Kiyoshi Tanimoto, "My Diary Since the Atomic Catastrophe up to This Day," entry of May 29, 1946, 1 - 2.
68 Father Johannes Siemes, "Atomic Bomb on Hiroshima: Eyewitness Account of F. Siemes," 1.
69 Kiyoshi Tanimoto, "My Diary Since the Atomic Catastrophe up to This Day," entry of May 29, 1946, 3.
70 Ibid., 1.
71 Ibid., 4.
72 Ibid., 4–5.
73 Ibid., 8–9.
74 Ibid., 10.
75 Ibid.
76 Ibid., 20.
77 Ibid., 15.
78 Ibid., 17.
79 Koko Tanimoto Kondo interview with Lesley Blume, November 29, 2018.
80 Ibid.
81 Kiyoshi Tanimoto, "My Diary Since the Atomic Catastrophe up to This Day," 22, 42.
82 Ibid. 22-23. 后文关于用船将幸存者渡至浅野公园的细节亦出于此。
83 Ibid., 34.
84 Ibid. 22–23.
85 Ibid., 36.
86 Ibid., 1.

87 Ibid., 173.

88 Ibid., 173 - 74.

89 赫西后来告诉采访他的大卫·桑德斯（David Sanders），他这些采访没有录音，不过留了笔记。("他采访那些对象的时候录音机还不存在，录音录像设备还没有成为调查记者的标准配置，因此他扩充并整理了手写笔记……"参见：Hersey interview with Sanders, August 13, 1987, as summarized in *John Hersey Revisited,* David Sanders [Boston: Twayne Publishers, 1991], 15）赫西此前外出采访用的是小笔记本；在瓜达卡纳尔岛，他把笔记本塞在避孕套里以免本子被水打湿。(John Hersey, *Into the Valley,* xx.) 不过，计划囊括赫西写作《广岛》时所有参考研究资料的耶鲁大学拜内克图书馆文档中却没有他 1946 年五六月间在广岛采访的笔记。

90 赫西后来回忆道："刘易斯要求我在一个月内学会速记法——他建议我要么学格雷格速记法，要么学速写——并且让我从'二指禅'打字改成盲打。"(参见：John Hersey, "First Job," *Yale Review,* Spring 1987, as reprinted in John Hersey, *Life Sketches* [New York: Alfred A. Knopf, 1989], 13.) 据称，使用格雷格速记法的人每分钟可以手写记录多达 225 个单词。参见：Dennis Hollier, "How to Write 225 Words per Minute with a Pen," *Atlantic,* June 24, 2014: https://www.theatlantic.com/technology/archive/2014/06/yeah-i-still-use-shorthand-and-a-smartpen/373281/.

91 Norman Cousins, "John Hersey," *Book-of-the-Month Club News*, March 1950.

92 Mrs. Hatsuyo Nakamura, as quoted in Norman Cousins, "John Hersey," *Book-of-the-Month Club News*, March 1950.

93 John Hersey, "Hiroshima," *New Yorker*, August 31, 1946, 17.

94 Kiyoshi Tanimoto, "My Diary Since the Atomic Catastrophe up to This Day," 31.

95 文中援引广岛医护人员伤亡数字来自国际红十字委员会（International Committee of the Red Cross）马赛尔·朱诺（Marcel Junod）医生的统计，他于 1945 年 9 月到广岛走访并在日记中记下了这些伤亡数字。他的日记内容概要和摘录可见于国际红十字委员会网站："The Hiroshima Disaster—a Doctor's Account," December 9, 2005: https://www.icrc.org/en/doc/resources/documents/misc/hiroshima-junod-120905.htm. 赫西在《广岛》

中写道，广岛150名医生中有65名死亡，其余多数受伤。他对护士伤亡率的统计与朱诺医生的统计相同。(参见：John Hersey, "Hiroshima," *New Yorker*, August 31, 1946, 21.)

96 Michihiko Hachiya, M.D., *Hiroshima Diary: The Journal of a Japanese Physician, August 5 - September 30, 1945, Fifty Years Later* (Chapel Hill: The University of North Carolina Press, 1995), v.

97 Ibid., 21.

98 另外三名日本翻译的身份不明，但另有文献显示，广岛当时会讲英语的人为数不少。"好多广岛的日本佬在美国待过。"一位在赫西到访广岛后不久开始常驻广岛的美国医生说。他在广岛工作期间遇到过很多在美国出生、受美国教育的第二代日裔美国人（nisei）。参见：Ray C. Anderson, Ph.D, M.D., A Sojourn in the Land of the Rising Sun, 229.

99 Michihiko Hachiya, M.D., *Hiroshima Diary: The Journal of a Japanese Physician, August 5 - September 30, 1945, Fifty Years Later* (Chapel Hill: The University of North Carolina Press, 1995), 11 - 12.

100 John Hersey, "Hiroshima," *New Yorker*, August 31, 1946, 58.

101 Dr. Masakazu Fujii, as quoted in Norman Cousins, "John Hersey," *Book-of-the-Month Club News*, March 1950.

102 Ibid.

103 John Hersey, "Hiroshima," *New Yorker*, August 31, 1946, 18.

104 Kiyoshi Tanimoto, "My Diary Since the Atomic Catastrophe up to This Day," 38 - 39.

105 John Hersey, "Hiroshima," *New Yorker*, August 31, 1946, and "First Interviews with Atomic Bomb Victims," *Asahigraph*, August 6, 1952, translated from Japanese by Ariel Acosta.

106 John Hersey, "Hiroshima," *New Yorker*, August 31, 1946, 24.

107 John Hersey, "John Hersey: The Art of Fiction No. 92," interview by Jonathan Dee, *Paris Review*, issue 100, Summer - Fall 1986.

108 Kiyoshi Tanimoto, "My Diary Since the Atomic Catastrophe up to This Day," 173.

109 Mark Gayn, *Japan Diary*, 258.

110 John Hersey, American Audio Prose Library, interview with Kay Bonetti,

1988.
111 Kiyoshi Tanimoto, "My Diary Since the Atomic Catastrophe up to This Day," 179.
112 John Hersey, "Hiroshima," *New Yorker*, August 31, 1946, 58.
113 Ibid., 64, and Pater Franz-Anton Neyer interview with Dr. Sigi Leonhard on behalf of Lesley Blume, January 19, 2018.
114 John Hersey, "Hiroshima," *New Yorker*, August 31, 1946, 63, and Norman Cousins, "John Hersey," *Book-of-the-Month Club News*, March 1950.

第五章　广岛二三事

1 *New Yorker*, June 15, 1946.
2 John Hersey cable to William Shawn, received June 12, 1946, 3:30 p.m., *New Yorker* records, New York Public Library.
3 Letter from Elizabeth Gilmore to John Hersey, September 7, 1946, John Hersey Papers, Box 36, Beinecke Library, Yale University, and Hersey notes, John Hersey Papers, Beinecke Library, Yale University.
4 "Hickam Field," *Aviation: From Sand Dunes to Sonic Booms*, U.S. Department of the Interior, 参见：https://www.nps.gov/articles/hickam-field.htm (as of March 14, 2019).
5 John Hersey, "John Hersey: The Art of Fiction No. 92," interview by Jonathan Dee, *Paris Review*, issue 100, Summer – Fall 1986.
6 John Hersey, Manuscript, First Draft, "Hiroshima," John Hersey Papers, Beinecke Library, Yale University.
7 John Hersey, "Hiroshima," *New Yorker*, August 31, 1946, 43.
8 John Hersey, "The Novel of Contemporary History," *Atlantic Monthly*, 1949.
9 John Hersey interview with Kay Bonetti, American Audio Prose Library, 1988.
10 John Hersey, "John Hersey: The Art of Fiction No. 92."
11 John Hersey to Michael Yavenditti, July 30, 1971, as quoted in "Hersey and the American Conscience: The Reception of 'Hiroshima,'" *Pacific*

Historical Review Vol. 43, No. 1 (Feb., 1974).

12. 1946年6月，威廉·劳伦斯正在筹备发布《零点破晓》，该书最终于当年8月22日上市。参见："Book Notes," *New York Herald Tribune*, July 23, 1946.
13. William L. Laurence, *Dawn Over Zero* (New York: Alfred A. Knopf, 1946), 4.
14. John Hersey, "Hiroshima," *New Yorker*, August 31, 1946, 15.
15. Ibid.
16. John Hersey, Manuscript, First Draft, "Hiroshima," John Hersey Papers, Beinecke Library, Yale University.
17. 在《广岛》的初稿、刊发版以及图书中，赫西都将谷本牧师的幼女绂子误认作男孩儿。
18. John Hersey, "Hiroshima," *New Yorker*, August 31, 1946, 22.
19. 赫西在写作过程中还参考了日本医生都筑正男（Masao Tsuzuki）于1926年发表的题为《对硬X射线生物作用的实验性研究》（"Experimental Studies on the Biological Action of Hard Roentgen Rays"）的论文，文中列举了就辐射如何影响实验室动物所开展的实验研究的结果。赫西可能是从《纽约客》供稿人丹尼尔·郎（Daniel Lang）那里听说了或者得到了这篇论文，后者此前刚刚在一篇题为《一个微妙的道德问题》（"A Fine Moral Point"，1946年6月8日）的杂志文章中提到都筑医生。郎在文中援引都筑医生的话说："人体（辐射）试验仍然有待（美国人）进行。"（第64页）
20. John Hersey, Manuscript, First Draft, "Hiroshima," John Hersey Papers, Beinecke Library, Yale University.
21. Ibid.
22. John Hersey, "Hiroshima," *New Yorker*, August 31, 1946, 58.
23. 广岛市的伤亡统计数字在赫西《广岛》的写作素材中。报告称，截至1945年11月30日，共有78,150名广岛平民丧生，13,983人下落不明。另有9428人受重伤，27,997人受轻伤。（参见："Statistics of Damages Caused by Atomic Bombardment, August 6, 1945," Foreign Affairs Section, Hiroshima City, undated. John Hersey Papers, Beinecke Library, Yale University.）
24. "A Preliminary Report on the Disaster in Hiroshima City Caused by the Atomic Bomb," Research Commission of the Imperial University of Kyoto, John Hersey Papers, Beinecke Library, Yale University.
25. Ibid.

26 "U.S. Strategic Bombing Survey: The Effects of the Atomic Bombings of Hiroshima and Nagasaki," June 19, 1946: https://www.trumanlibrary.org/whistlestop/study_collections/bomb/large/documents/pdfs/65.pdf, and John Hersey Papers, Beinecke Library, Yale University.

27 Ibid.

28 Ibid.

29 Ibid.

30 Ibid.

31 John Hersey, "Hiroshima," *New Yorker*, August 31, 1946, 68.

32 William Shawn as quoted by Hersey in "John Hersey: The Art of Fiction No. 92."

33 "The Press: Six Who Survived," *Newsweek*, September 9, 1946, 70.

34 John McPhee email to Lesley Blume, January 26, 2018.

35 Harold Ross biographer Thomas Kunkel email to Lesley Blume, November 15, 2018, and "The Press: Six Who Survived," *Newsweek*, September 9, 1946, 70.

36 珍珠港被袭当天是个周日,罗斯和肖恩闻讯后直奔《纽约客》办公室,立即"(启动了)罗斯所谓杂志的战时状态",《纽约客》撰稿人詹姆斯·瑟伯说,"大幅修改'街谈巷议'板块,用大炮和旗帜的标识替代平时的装饰花边,派出记者四处搜寻战地专题、侧写题材以及'漫游闲笔'板块报道"。参见:James Thurber, *The Years with Ross* [Boston: Little, Brown and Company, 1959], 166.

37 Harold Ross letter to Janet Flanner, June 25, 1946, as quoted in Ben Yagoda, *About Town* (New York: Scribner, 2000), 193.

38 Harold Ross letter to E. B. White, August 7, 1946, as quoted in Ben Yagoda, *About Town*, 183.

39 "Of All Things," *New Yorker*, February 21, 1925, 2.

40 Harold Ross, "The *New Yorker* Prospectus," Fall 1924, as reprinted in Thomas Kunkel, *Genius in Disguise: Harold Ross of The New Yorker* (New York: Carroll & Graf Publishers, Inc., 1996), 439 – 41.

41 "The Press: Six Who Survived," *Newsweek*, September 9, 1946, 70.

42 Thomas Kunkel, *Genius in Disguise*, 372, and John Hersey, "John Hersey:

The Art of Fiction No. 92."
43 Harold Ross letter to Rebecca West, August 27, 1946, as quoted in Thomas Vinciguerra, *Cast of Characters: Wolcott Gibbs, E. B. White, James Thurber, and the Golden Age of The New Yorker* (New York: W. W. Norton & Company, 2016), 285.
44 Ibid.
45 Brendan Gill, *Here at* The New Yorker (New York: Random House, 1975), 42.
46 "The Press: Six Who Survived," *Newsweek*, September 9, 1946, 70.
47 Thomas Kunkel interview with Lesley Blume, November 14, 2018.
48 纽约市公共图书馆馆藏的《纽约客》档案中似乎未见到1946年8月31日杂志的"假刊"或者"备刊"（alternative），但多位现已退休的《纽约客》工作人员回忆，当时确实准备了一份假刊，并且除了罗斯、肖恩、赫西以及罗斯的秘书之外，只有杂志社排版员卡门·佩佩（Carmen Peppe）知道罗斯办公室里编辑《广岛》专号的事情。一位《纽约客》前排版员回忆说，根据曾在部门工作的同事的说法，"只有少数几个编辑部员工知道（赫西）那篇文章，而且为了保密，当时审定了当期另外一份备刊"。（Pat Keogh email to Lesley Blume, February 9, 2018.）另一位曾长期在《纽约客》工作的编辑回忆："我从20世纪20年代就在编辑部工作的排版部门同事听说了这个故事……所有人都在忙活当期的假刊。只有肖恩和罗斯还有排版部门的负责人知道。我感觉这件事非常离谱，但他们发誓这是真的。"（John Bennet interview with Lesley Blume, February 7, 2018.）
49 Thomas Kunkel interview with Lesley Blume, November 14, 2018.
50 "The Press: Six Who Survived," *Newsweek*, September 9, 1946, 70.
51 Ibid.
52 *New Yorker*, August 31, 1946.
53 Brendan Gill, *Here at* The New Yorker, 181.
54 Harold Ross memo on Part II of "Some Events at Hiroshima," August 6, 1946, as reprinted in Ben Yagoda, *About Town*, 190.
55 Ibid.
56 Brendan Gill, *Here at* The New Yorker, 25.
57 Harold Ross memo on Part II of "Some Events at Hiroshima," August 6,

1946, as reprinted in Ben Yagoda, *About Town*, 190.
58 Ibid., 188–89.
59 Ibid.
60 James Thurber, *The Years with Ross*, 167.
61 John Hersey, "John Hersey: The Art of Fiction No. 92."
62 Ibid.
63 Adam Gopnik interview with Lesley Blume, June 15, 2017.
64 Lindesay Parrott, "Japan Notes Atom Anniversary; Hiroshima Holds Civic Festival," *New York Times*, August 7, 1946, 13.
65 "Japan: A Time to Dance," *Time*, August 19, 1946, 36.
66 John Hersey, "Hiroshima," *New Yorker*, August 31, 1946, 19.
67 Harold Ross letter to John Hersey, September 11, 1946, *New Yorker* records, New York Public Library.
68 Harold Ross letter to John Hersey, September 25, 1946, *New Yorker* records, New York Public Library.
69 纽约公共图书馆馆藏的《纽约客》档案包含很多战争期间《纽约客》编辑与战争部公共关系官员们就稿件的审查与许可进行沟通的往来书信。
70 1945年9月28日签署的9631号行政命令"解散审查办公室"[TERMINATION OF THE OFFICE OF CENSORSHIP(1)]规定："根据1941年12月9日颁布的8985号行政命令建立的审查办公室应着手清算工作，并于1945年11月15日停止运行，审查主管（Director of Censorship）职责同时废止。"（Executive Orders, Harry S. Truman, 1945–1953, 参见：https://www.trumanlibrary.org/executiveorders/index.php?pid=391&st=&st1=.）
71 September 14, 1945, government letter to editors: Monica Braw, *The Atomic Bomb Suppressed* (Armonk, NY: M. E. Sharpe, Inc., 1991), 111.
72 Daniel Lang, "A Fine Moral Point," *New Yorker*, June 8, 1946, 62.
73 Sanderson Vanderbilt letter to Major Walter King, May 15, 1946, *New Yorker* records, New York Public Library. 桑德森战前曾在《纽约客》工作，战争期间在美国陆军服役，为军刊《扬基人》（*Yank*）撰稿；他1945年重回《纽约客》，似乎应是战后《纽约客》与战争部公共关系部门沟通的绝佳渠道。（"Sanderson Vanderbilt, 57, Dies; New Yorker Editor Since 1938," *New York Times*, January 24, 1967, 28.）

74 Atomic Energy Act of 1946, Public Law 585, 79th Congress, Chapter 724, 2D Session, S. 1717.

75 Harold Ross letter to Milton Greenstein, August 1, 1946, *New Yorker* records, New York Public Library.

76 Milton Greenstein letter to Harold Ross, August 12, 1946, *New Yorker* records, New York Public Library.

77 Michael Sweeney email to Lesley Blume, March 24, 2019.

78 William Shawn letter to General Leslie Groves, August 15, 1946, *New Yorker* records, New York Public Library.

79 General Leslie Groves speech to IBM Luncheon, September 21, 1945, as quoted in "Keep Bomb Secret, Gen. Groves Urges," *New York Times*, September 22, 1945, 3. 哈罗德·罗斯与威廉·肖恩很可能知晓格罗夫斯将军的言论和态度。这段表态是格罗夫斯前一年秋天在华道夫－阿斯多里亚酒店（Waldorf-Astoria hotel）参加一场专为他举办的午宴上当着约两百位嘉宾做出的，相关报道在《纽约时报》显著位置刊载。当年秋天格罗夫斯将军的其他类似演讲和表态也多见诸报端。

80 General Leslie Groves memo to John M. Hancock, January 2, 1946, as excerpted in Robert S. Norris, *Racing for the Bomb* (South Royalton, VT: Steerforth Press L.C., 2002), 472–73.

81 当时的主流报刊已经在帮美国人想象自己的国家受到核威胁的情形；例如，《新闻周刊》不久之后就报道称，政府下发了在城市建设大规模地下避难所甚至地下村镇的计划。("Ever-Ever Land?" *Newsweek*, September 9, 1946, 66.）

82 Notes from General Leslie R. Groves's appointment book notes, entry August 7, 1946, National Archives and Records Administration, and courtesy of personal files of Groves biographer Robert S. Norris. 沟通中，格罗夫斯提出要派德里上校（Col. Derry）或者考克利少校（Maj. Coakley）到《纽约客》办公室沟通。威廉·肖恩恳请相关军官转天上午过来，"这样的话如果有重大改动，下午之前就可以改好"。我们无从得知最终哪位军官去了《纽约客》办公室，不过那天之后一位名叫罗伯特·J.考克利（Robert J. Coakley）的少校确实曾与肖恩有过后续沟通。Ibid.

83 赫西可能参加了与格罗夫斯将军代表的会谈，尽管他在后续的采访以及对《广岛》问世前后的讲述中均未说明是否曾经有过这样一场会谈。不过，有证据表明，

329

他至少知道《广岛》接受了战争部的审核。五个月后尝试说服战争部允许在日本发行《广岛》时,他提到文章已经通过了战争部的核准。(John Hersey letter to Jay Cassino, January 8, 1947, John Hersey Papers, Beinecke Library, Yale University.)

84 John Hersey, "Hiroshima," *New Yorker*, August 31, 1946, 62.

85 William Shawn letter to General Leslie R. Groves, August 15, 1946, *New Yorker* records, New York Public Library.

86 "Charles Elmer Martin, or CEM, New Yorker Artist, Dies at 85," *New York Times*, June 20, 1995, B10.

87 Albert Einstein, speech at Hotel Astor, Nobel fifth anniversary, "The War Is Won, but the Peace Is Not," December 10, 1945, as quoted in David E. Rowe and Robert Schulmann, eds., *Einstein on Politics: His Private Thoughts and Public Stands on Nationalism, Zionism, War, Peace, and the Bomb* (Princeton, NJ: Princeton University Press, 2007), 381–82.

88 《时代》周刊对《广岛》问世经过的报道援引了一位未具名的《纽约客》编辑的话: "Without Laughter," *Time*, September 9, 1946.

89 Ibid.

90 John Hersey letter to Alfred Knopf, September 6, 1946, Alfred A. Knopf, Inc., Archive, Harry Ransom Center, University of Texas at Austin.

91 R. Hawley Truax letter to Edgar F. Shilts, September 13, 1946, *New Yorker* records, New York Public Library.《纽约客》杂志直到20世纪90年代才允许文章配照片,当时的主编是蒂娜·布朗(Tina Brown)。(Natalie Raabe, executive director and head of communications, *New Yorker*, email to Lesley Blume, April 8, 2019.)

92 John Hersey interview with Kay Bonetti, American Audio Prose Library interview, 1988.

93 "Memorandum on the Use of the Hersey Article," August 30, 1946, *New Yorker* records, New York Public Library. 关于各方同意的声明见:"All in abeyance" noted on memorandum.

94 "The Press: Six Who Survived," *Newsweek*, September 9, 1946, 70, and John Bennet interview with Lesley Blume, February 7, 2018.

95 Harold Ross note, undated, John Hersey papers, Beinecke Library, Yale

University.

96　William Shawn letter to John Hersey, August 27, 1946, John Hersey Papers, Beinecke Library, Yale University.

第六章　引爆

1. Letter from *New Yorker* editors to news outlet editors regarding "Hiroshima," August 28, 1946, *New Yorker* records, New York Public Library.
2. Lillian Ross, *Here but Not Here* (New York: Random House, Inc., 1998), 21–22.
3. Ibid., 155.
4. Ibid.
5. John Hersey, "John Hersey: The Art of Fiction No. 92," *Paris Review*, interview by Jonathan Dee, issue 100, Summer–Fall 1986.
6. Editor's note introducing "Hiroshima," *New Yorker*, August 31, 1946, 15.
7. Letter from *New Yorker* editors to news outlet editors regarding "Hiroshima," August 28, 1946, *New Yorker* records, New York Public Library.
8. Harold Ross letter to Charles Merz, September 5, 1946, *New Yorker* records, New York Public Library.
9. 哈罗德·罗斯只得向媒体等各方解释："(赫西)改完稿子之后就离开纽约了，到现在没回来，近一段时间也不会回来。"(Letter from Harold Ross to Jack Skirball, September 12, 1946, *New Yorker* records, New York Public Library.)自《广岛》发表到9月27日之间，赫西的通信地址都是北卡罗来纳州风吹岩镇。
10. "The Press: Atomic Splash," *Newsweek*, September 9, 1946, 70.
11. *Watertown Daily Times*, September 9, 1946, 7.
12. Richard Pinkham letter to Harold Ross, September 11, 1946, *New Yorker* records, New York Public Library.
13. Lewis Gannett, "Books and Things," *New York Herald Tribune*, August 29,

1946, 23.
14. Ibid.
15. Editorial, *New York Herald Tribune*, August 30, 1946, 14.
16. Harold Ross letter to Lewis Gannett, September 11, 1946, *New Yorker* records, New York Public Library.
17. Harold Ross letter to Jack Skirball, September 12, 1946, *New Yorker* records, New York Public Library.
18. "Editorial for Peace," *Indianapolis News*, September 10, 1946.
19. Ibid.
20. "News and Comments," *Monterey Peninsula Herald*, September 10, 1946.
21. Secretarial note to Harold Ross, August 29, 1946, 1:00 p.m., *New Yorker* records, New York Public Library.
22. "Atom Bomb Edition Out," *New York Times*, August 29, 1946.
23. "Time from Laughter," *New York Times*, August 30, 1946, 13.
24. Ibid.
25. Ibid.
26. J. Markel letter to Harold Ross, August 30, 1946, John Hersey Papers, Beinecke Library, Yale University.
27. Don Hollenbeck letter to William Shawn, September 9, 1946, *New Yorker* records, New York Public Library.
28. C. V. R. Thompson letter to Harold Ross, August 30, 1946, *New Yorker* records, New York Public Library.
29. Letter from Dick [no surname] to John Hersey, undated, John Hersey Papers, Beinecke Library, Yale University.
30. Harold Ross letter to Charles Merz, September 5, 1946, *New Yorker* records, New York Public Library.
31. Harold Ross letter to Kay Boyle, September 5, 1946, *New Yorker* records, New York Public Library.
32. Harold Ross letter to Janet Flanner, November 25, 1946, *New Yorker* records, New York Public Library.
33. Harold Ross letter to Blanche Knopf, September 5, 1945, *New Yorker* records, New York Public Library.

34 Louis Forster memo to Harold Ross, William Shawn, and John Hersey, September 5, 1946, *New Yorker* records, New York Public Library.

35 William McGuire memo to William Shawn, August 30, 1945, *New Yorker* records, New York Public Library.

36 Gordon Weel letter to John Hersey, August 1946, John Hersey Papers, Beinecke Library, Yale University.

37 William McGuire memo to William Shawn, August 30, 1945, *New Yorker* records, New York Public Library.

38 Louis Forster Jr. memo to Harold Ross, December 13, 1946, *New Yorker* records, New York Public Library. 加州大学洛杉矶分校（UCLA）对读者来信的研究发现，"来信者的所在地多种多样"，来自"众多乡村和城镇地区"，包括很多大城市、南方以及西北地区。（Joseph Luft, "Reaction to John Hersey's 'Hiroshima' Story," UCLA report, July 14, 1947, *New Yorker* records, New York Public Library. ）

39 Louis Forster to Harold Ross, September 6, 1946, September 9, 1946, and September 17, 1946, *New Yorker* records, New York Public Library.

40 所有致罗斯、肖恩和赫西信件的节选均摘自：Joseph Luft, "Reaction to John Hersey's 'Hiroshima' Story," UCLA report, July 14, 1947, *New Yorker* records, New York Public Library. 加州大学洛杉矶分校对赫西和《纽约客》编辑部收到的与《广岛》有关的信件的研究显示，"这篇报道对美国人产生了惊人的影响"，绝大多数读者来信"均对文章表示毫无保留的认可"。

41 Louis Forster memo to Harold Ross, William Shawn, and John Hersey, September 4, 1946, *New Yorker* records, New York Public Library.

42 J. B. Betherton letter to John Hersey, September 1946, Beinecke Library, Yale University.

43 Editorial, *New York Daily News*, September 16, 1946.

44 Ibid.

45 Dwight MacDonald, "Hersey's Hiroshima," *politics*, October 1946, 308.

46 Mary McCarthy to Dwight MacDonald, *politics*, November 1946, 367.

47 Book-of-the-Month pamphlet, Fall 1946, Alfred A. Knopf, Inc., Archive, Harry Random Center, University of Texas at Austin.

48 "The Press," *Newsweek*, September 9, 1946, 69 - 71.

49 Harold Ross letter to Hersey, September 11, 1946, *New Yorker* records, New York Public Library.
50 "Without Laughter," *Time*, September 9, 1946.
51 Ibid.
52 Theodore H. White, *In Search of History* (New York: Harper & Row, Publishers, Inc., 1978), 258.
53 Thomas Kunkel, *Genius in Disguise* (New York: Carroll & Graf Publishers, Inc., 1996), 374.
54 Karen Fishman, David Jackson, and Matt Barton, "John Hersey's 'Hiroshima' on the Air: The Story of the 1946 Radio Production," Library of Congress, October 6, 2016: https://blogs.loc.gov/now-see-hear/2016/10/john-herseys-hiroshima-on-the-air-the-story-of-the-1946-radio-production/.
55 Joseph Julian, *This Was Radio: A Personal Memoir* (New York: The Viking Press, 1975), 155.
56 "Hiroshima Report," American Broadcasting Company, Inc., September 9, 1946, 9:30 – 10:00 p.m.
57 Robert Saudek letter to John Hersey, September 13, 1946, John Hersey papers, Beinecke Library, Yale University.
58 Robert Saudek letter to R. Hawley Truax, October 25, 1946, *New Yorker* records, New York Public Library.
59 "Award Profile: *Hiroshima*, 1946, ABC Radio, Robert Saudek (Honorable Mention), Outstanding Education Program," 参见：http://www.peabodyawards.com/award-profile/hiroshima.
60 "A Survey of Radio Comment on the Hiroshima Issue of THE NEW YORKER," Radio Reports Inc., September 6, 1946. 该项研究监测了8月28日至9月5日广播电台对《广岛》的报道，称"美国总计1000家广播电台中至少有一半做了报道"。
61 英国广播公司（BBC）于1946年10月14、15、16、17日连续四晚播放《广岛》的改编广播节目。(F. S. Norman letter to Harold Ross, October 7, 1946, John Hersey Papers, Beinecke Library, Yale University.)
62 Bill Leonard, "This Is New York," WABC, August 30, 1946.

63 Raymond Swing, WJZ ABC, August 30, 1946.
64 Ed and Pegeen Fitzgerald, "The Fitzgeralds," WJZ NYC, August 31, 1946.
65 Alec Cumming and Peter Kanze, *New York City Radio* (Charleston, SC: Arcadia Publishing, 2013), 59.
66 Charles J. Kelly, *Tex McCrary: Wars, Women, Politics; An Adventurous Life Across the American Century*, 109.
67 Jinx Falkenburg and Tex McCrary, "City of Decision," WEAF, September 4, 1946, 6:15 p.m.
68 Tex McCrary, *Hi Jinx*, WEAF, August 30, 1946, 8:30 a.m.
69 Tex McCrary, as quoted in Richard Severo, "Tex McCrary Dies at 92; Public Relations Man Who Helped Create Talk-Show Format," *New York Times*, August 30, 2003.
70 Editorial, *New York Daily News*, September 16, 1946.
71 Memo from R. Hawley Truax to John Hersey, Harold Ross, and William Shawn, August 29, 1946, *New Yorker* records, New York Public Library.
72 Harold Ross letter to Jack Skirball, September 12, 1946, *New Yorker* records, New York Public Library.
73 Earl Blackwell, President of the Celebrity Information and Research Service, Inc., letter to John Hersey, December 11, 1946, John Hersey Papers, Beinecke Library, Yale University.
74 Harold Ross letter to John Hersey and William Shawn, December 16, 1946, *New Yorker* records, New York Public Library.
75 1946 Pulitzer Prize Winner in reporting: "William Leonard Laurence of *The New York Times*," https://www.pulitzer.org/winners/william-leonard-laurence.
76 Harold Ross letter to Dorothy Thompson, September 17, 1946, John Hersey Papers, Beinecke Library, Yale University.
77 Verner W. Clapp letter to John Hersey, September 3, 1946, John Hersey Papers, Beinecke Library, Yale University.
78 Donald G. Wing letters to John Hersey, November 8, 1946, and January 15, 1947, John Hersey Papers, Beinecke Library, Yale University.
79 Untitled press release, Yale University News Bureau, May 2, 1947. 第一段

开门见山地宣布:"1936 届校友、知名作家约翰·赫西将其名作《广岛》的原始手稿捐赠给耶鲁大学图书馆。"

80 Harold Ross letter to Harding Mason, May 19, 1947, *New Yorker* records, New York Public Library.
81 Harold Ross letter to Alfred Knopf, September 13, 1946, *New Yorker* records, New York Public Library.
82 "Publication Proposal: Hiroshima," September 4, 1946, Alfred A. Knopf, Inc., Archive, Harry Ransom Center, University of Texas at Austin. 诺普夫估算,《广岛》将在发行后 6 个月内卖出超过 10 万册。
83 Harold Ross letter to Dore Schary, September 6, 1946, *New Yorker* records, New York Public Library.
84 Book-of-the-Month advertisement, Fall 1946, *New Yorker* records, New York Public Library.
85 Randall Gould letter to John Hersey, September 26, 1946, John Hersey Papers, Beinecke Library, Yale University.

第七章　余波

1 McGeorge Bundy interview with Robert Jay Lifton, 1994, as quoted in Robert Jay Lifton and Greg Mitchell, *Hiroshima in America* (New York: G. P. Putnam's Sons, 1995), 90.
2 General Thomas Farrell letter to Bernard Baruch, September 3, 1946, as quoted in James Hershberg, *James B. Conant: Harvard to Hiroshima and the Making of the Nuclear Age* (New York: Alfred A. Knopf, 1993), 295.
3 Maj. Cav. Robert J. Coakley to William Shawn, September 23, 1946, *New Yorker* records, New York Public Library.
4 General Leslie Groves, "Remarks of Major General L. R. Groves Before the Command and General Staff School, Fort Leavenworth, Kansas," September 19, 1946, Hoover Institution, Stanford University.
5 Maj. Cav. Robert J. Coakley to William Shawn, September 23, 1946, *New Yorker* records, New York Public Library.

6 Jay Cassino, Chief, Magazines and Books, Public Relations Division, War Department, letter to R. Hawley Truax, January 8, 1947, *New Yorker* records, New York Public Library.

7 Norman Cousins, "The Literacy of Survival," *Saturday Review of Literature*, September 14, 1946, 14.

8 Fleet Adm. William F. (Bull) Halsey Jr. as quoted in "Use of A-Bomb Called Mistake," *Watertown Daily News*, September 9, 1946, 7.

9 Report of the Committee on Political and Social Problems, Manhattan Project "Metallurgical Laboratory," University of Chicago, June 11, 1945, 参见：https://www.atomicheritage.org/key-documents/franck-report.

10 J. Robert Oppenheimer, farewell speech at Los Alamos, October 16, 1945, as quoted in Kai Bird and Martin J. Sherwin, *American Prometheus: The Triumph and Tragedy of J. Robert Oppenheimer* (New York: Alfred A. Knopf, 2005), 329.

11 Richard Rhodes email to Lesley Blume, January 25, 2020.

12 "On the Atomic Bomb, as Told to Raymond Swing, Before 1 October 1, 1945," *Atlantic Monthly*, November 1945, as reprinted in David E. Rowe and Robert Schulmann, eds., *Einstein on Politics: His Private Thoughts and Public Stands on Nationalism, Zionism, War, Peace, and the Bomb* (Princeton, NJ: Princeton University Press, 2007), 376.

13 Albert Einstein letter to Niels Bohr, December 12, 1944, as reprinted in David E. Rowe and Robert Schulmann, eds., *Einstein on Politics*, 364.

14 Albert Einstein, "The War Is Won, but the Peace Is Not," speech, Hotel Astor, New York, December 10, 1945, as reprinted in David E. Rowe and Robert Schulmann, eds., *Einstein on Politics*, 381.

15 Albert Einstein, "The Real Problem Is in the Hearts of Men," *New York Times Magazine*, June 23, 1946, as reprinted in David E. Rowe and Robert Schulmann, eds., *Einstein on Politics*, 383–84.

16 Ibid., 387.

17 Albert Einstein letter to recipients of "special facsimile reprint" of "Hiroshima," September 6, 1946, John Hersey Papers, Beinecke Library, Yale University.

18 Jennet Conant, *Man of the Hour: James B. Conant, Warrior Scientist* (New York: Simon & Schuster, 2017), 377–78, 380.
19 "James B. Conant Is Dead at 84; Harvard President for 20 Years," *New York Times*, February 12, 1978, 36.
20 Arthur Squires to J. Balderston, September 7, 1946, as quoted in Alice Kimball Smith, *A Peril and a Hope: The Scientists' Movement in America: 1945–47* (Chicago: The University of Chicago Press, 1965), 80–81.
21 James B. Conant letter to Muriel Popper, June 21, 1968, as quoted in Jennet Conant, *Man of the Hour*, 378.
22 James B. Conant to Harvey H. Bundy, September 23, 1946, Harvard University, Records of President James Bryant Conant, Harvard University Archives.
23 Ibid.
24 Ibid.
25 Harry S. Truman letter to Henry L. Stimson, December 31, 1946, as quoted in James Hershberg, *James B. Conant*, 295.
26 Harry S. Truman to Karl T. Compton, December 16, 1946, as reprinted in the *Atlantic*, February 1947.
27 Leonard Lyons item, *New York Post*, October 7, 1946.
28 Harold Ross letter to Charles G. Ross, October 9, 1946, *New Yorker* records, New York Public Library.
29 Charles G. Ross letter to Harold Ross, October 14, 1946, *New Yorker* records, New York Public Library.
30 Harry S. Truman letter to Karl T. Compton, December 16, 1946, Truman Collection via Martin Sherwin, and as quoted in Michael Yavenditti, "American Reactions to the Use of Atomic Bombs on Japan, 1945–1947," dissertation for doctorate of philosophy, University of California, Berkeley, 1970, 378.
31 James B. Conant to Harvey H. Bundy, September 23, 1946, Harvard University, Records of President James Bryant Conant, Harvard University Archives.
32 James Hershberg, *James B. Conant*, 294.

33 Robert Jay Lifton and Greg Mitchell, *Hiroshima in America*, 98.
34 James B. Conant to Harvey H. Bundy, September 23, 1946, Harvard University, Records of President James Bryant Conant, Harvard University Archives.
35 "Henry L. Stimson Dies at 83 in His Home on Long Island," *New York Times*, October 21, 1950, 6.
36 Henry L. Stimson letter to Felix Frankfurter, December 12, 1946, as quoted in James Hershberg, *James B. Conant*, 295.
37 John J. McCloy quoted in Robert Jay Lifton and Greg Mitchell, *Hiroshima in America*, 99.
38 Henry L. Stimson, June 6, 1945, as quoted in Monica Braw, *The Atomic Bomb Suppressed* (Armonk, NY: M. E. Sharpe, Inc., 1991), 138.
39 James Hershberg, *James B. Conant*, 294.
40 General Leslie Groves, "Comments on Article by Secretary of War, Henry L. Stimson, *Harper's* Magazine, February 1947, Explains Why We Used the Atomic Bomb," undated, National Archives and Records Administration. 格罗夫斯将军在这篇评论中重申，他曾在史汀生的文章即将定稿时专程前往研提意见。
41 General Leslie Groves letter to McGeorge Bundy, November 6, 1946, as quoted in Robert Jay Lifton and Greg Mitchell, *Hiroshima in America* (New York: G. P. Putnam's Sons, 1995), 99.
42 John Chamberlain, "The New Books," *Harper's*, December 1, 1946.
43 James B. Conant, as quoted in James Hershberg, *James B. Conant*, 296.
44 James B. Conant letter to McGeorge Bundy, November 30, 1946, as quoted in Jennet Conant, *Man of the Hour*, 388.
45 James B. Conant letter to Henry L. Stimson, as quoted in Jennet Conant, *Man of the Hour*, 389.
46 Henry L. Stimson letter to Felix Frankfurter, December 12, 1946, as quoted in James Hershberg, *James B. Conant*, 295.
47 Harry S. Truman letter to Henry L. Stimson, December 31, 1946, as quoted in Robert Jay Lifton and Greg Mitchell, *Hiroshima in America*, 102.
48 Stimson as quoted in Robert Jay Lifton and Greg Mitchell, *Hiroshima in*

America, 102, and Michael J. Yavenditti, "John Hersey and the American Conscience," *Pacific Historical Review* 43, no. 1 (February 1974), 44.
49 Robert Jay Lifton and Greg Mitchell, *Hiroshima in America*, 102.
50 Henry L. Stimson, "The Decision to Use the Atomic Bomb," *Harper's*, February 1947.
51 Ibid.
52 James Hershberg, *James B. Conant*, 301.
53 Henry L. Stimson, "The Decision to Use the Atomic Bomb," *Harper's*, February 1947.
54 Ibid
55 Ibid.
56 "The United States Strategic Bombing Survey: The Effects of Atomic Bombs on Hiroshima and Nagasaki," June 30, 1946.
57 Henry L. Stimson, "The Decision to Use the Atomic Bomb," *Harper's*, February 1947.
58 Harry S. Truman letter to Henry L. Stimson, as quoted in Jennet Conant, *Man of the Hour*, 389.
59 McGeorge Bundy letter to Henry L. Stimson, as quoted in Jennet Conant, *Man of the Hour*, 391.
60 "National Affairs: 'Least Abhorrent Choice,' " *Time*, February 3, 1947, 20.
61 "War and the Bomb," *New York Times*, January 28, 1947, 22.
62 Henry L. Stimson, "The Decision to Use the Atomic Bomb," *Harper's*, February 1947.
63 Ibid.
64 Ibid.
65 Louis Forster Jr. letter to John Hersey, February 14, 1947, *New Yorker* records, New York Public Library.
66 "Hersey's 'Hiroshima' One Year Afterward," Knopf press release, November 20, 1947, John Hersey Papers, Beinecke Library, Yale University.
67 Harold Ross letter to John Hersey and William Shawn, November 25, 1947, *New Yorker* records, New York Public Library.
68 Speech delivered by V. M. Molotov, Head of the Soviet Delegation to the

United Nations Organization, Minister of Foreign Affairs of the U.S.S.R., on "The Soviet Union and International Cooperation," General Assembly of the United Nations, New York City, October 29, 1946.

69 V. M. Molotov, *Molotov Remembers: Inside Kremlin Politics*, edited by Albert Resis (Chicago: Ivan R. Dee, Inc., 1993), 55, 58.

70 "Atomic Race," *New York Herald Tribune*, August 30, 1946, 14.

71 David Holloway, *Stalin and the Bomb: The Soviet Union and Atomic Energy, 1939 - 1956* (New Haven, CT: Yale University Press, 1994), 129 - 30.

72 Alexander Werth, *Russia at War, 1941 - 1945*, 925, as quoted in David Holloway, *Stalin and the Bomb*, 127.

73 John Hersey, handwritten notation on draft of Raoul Fleischmann letter to Andrei Gromyko, undated (but between December 6, 1946, when first dated draft is on file, and December 12, 1946, when the letter was finalized), *New Yorker* records, New York Public Library.

74 John Hersey, "Engineers of the Soul," *Time*, October 9, 1944, as quoted in Nancy L. Huse, *The Survival Tales of John Hersey* (Troy, NY: The Whitson Publishing Company, 1983), 32.

75 David Remnick, "Gromyko: The Man Behind the Mask," *Washington Post*, January 7, 1985.

76 Oskar Kurganov, *Amerikantsy v Iaponii (Americans in Japan)*, (Moscow: Sovetskii Pisatel', 1947), 11. Translated from Russian by Anastasiya Osipova.

77 Ibid., 53 - 54.

78 Joseph Newman, "Soviet Writer Scoffs at Power of Atom Bomb; Says Nagasaki Destruction Was Not Nearly So Bad as Was Claimed by U.S.," *New York Herald Tribune*, July 14, 1947.

79 A. Leites, "O zakonakh istorii i o reaktsionnoj isterii" ("On the Laws of History and Reactionary Hysteria"), *Pravda*, 178th ed., July 12, 1947, 2 - 3. Translated from Russian by Anastasiya Osipova.

80 R. Samarin, "Miles Americanus," *Soviet Literature*, 1949, as translated and excerpted in "A Cold War Salvo," Harry Schwartz, *New York Times Book Review*, July 17, 1949, 81.

81 Office Memorandum, United States Government, from A. H. Belmont to C. H. Stanley, June 2, 1950, the Records of the Federal Bureau of Investigation. 这份备忘录的作者写道:"约翰·理查德·赫西的哥哥"亚瑟·赫西"1948 年受到本局所进行的……忠诚调查……起因是亚瑟·B. 赫西于 1941 年担任华盛顿援华委员会(Washington Committee for Aid to China)司库,而后者被众议院非美活动委员会认定为给共产主义活动打掩护"。关于胡佛指令对约翰·赫西进行问询,见 Internal teletype, J. Edgar Hoover, June 2, 1950, the Records of the Federal Bureau of Investigation. 胡佛称,FBI 对赫西建立的档案编号为 121-668,并要求在接下来一份关于亚瑟·赫西的报告中补充"(来自)你处关于约翰·赫西档案中的相关信息"。

82 "Results of Investigation: Loyalty of Government Employees: Arthur Baird Hersey," June 19, 1950, 1, the Records of the Federal Bureau of Investigation.

83 Federal Bureau of Investigation, "Report title: Arthur Baird Hersey, Economist, Board of Governors of the Federal Reserve System, Washington, D.C.," File no. 121-70, June 14, 1950, 4, the Records of the Federal Bureau of Investigation.

84 Hersey lecture quoted in "Results of Investigation: Security of Government Employees: Arthur Baird Hersey," May 25, 1954, 1, the Records of the Federal Bureau of Investigation.

85 "Results of Investigation: Loyalty of Government Employees: Arthur Baird Hersey," June 19, 1950, 3, the Records of the Federal Bureau of Investigation. 关于赫西因 1946 年赴日本报道而受到问询,见:Federal Bureau of Investigation, "Report title: Arthur Baird Hersey, Economist, Board of Governors of the Federal Reserve System, Washington, D.C.," File no. 121-70, June 14, 1950, 2, the Records of the Federal Bureau of Investigation.

86 Carl Mydans to John Hersey, as recounted in John Hersey letter to William Koshland, December 16, 1946, Alfred A. Knopf, Inc., Archive, Harry Ransom Center, University of Texas at Austin.

87 Reverend Calvert Alexander letter to Charlotte Chapman of the *New Yorker*, September 16, 1946, *New Yorker* records, New York Public Library.

88 Dr. Masakazu Fujii and Hatsuyo Nakamura, as quoted in Norman Cousins, "John Hersey," *Book-of-the-Month Club News*, March 1950.
89 Ibid.
90 Ibid.
91 Dr. Masakazu Fujii postcard to John Hersey, *New Yorker* records, New York Public Library.
92 Reverend Kiyoshi Tanimoto letter to John Hersey, March 8, 1947, *New Yorker* records, New York Public Library.
93 Ibid.
94 General Douglas MacArthur cable to Oscar Hammerstein, April 6, 1948, MacArthur Memorial Archives, RG-5, Box 6, Fol. 3, and also released as a General Headquarters press release on April 7, 1948, MacArthur Memorial Archives, RG-25: Addresses, Speeches, Box 1.
95 Ibid.
96 Ralph Chapman, "All Japan Puts 'Hiroshima' on Best Seller List," *New York Herald Tribune*, May 29, 1949. 查普曼报道称:"首印4万本两周内即告售罄,再版1万本正在印制当中。"
97 Review of Hersey's Japanese-language *Hiroshima*, *Tokyo Shimbun*, May 8, 1949.
98 Harold Ross letter to John Hersey, December 9, 1946, *New Yorker* records, New York Public Library.
99 不过,《纽约客》1947年6月14日刊发表了赫西的短篇小说《短暂的等待》("A Short Wait")。
100 Harold Ross letter to Jack Wheeler, May 22, 1950, *New Yorker* records, New York Public Library.
101 John Hersey, "The Mechanics of a Novel," *Yale University Gazette*, July 1952.
102 Ibid.
103 William Shawn letter to Harold Ross, January 11, 1949, *New Yorker* records, New York Public Library.
104 Matt Korda email to Lesley Blume, December 5, 2019.
105 "Harry Truman: 'The Japanese Were Given Fair Warning,' " *Atlantic*,

February 1947.

106 John Hersey, "Profiles: Mr. President: I. Quite a Head of Steam," *New Yorker*, April 14, 1951, 49.

107 John Hersey, "Profiles: Mr. President: V. Weighing of Words," *New Yorker*, May 5, 1951, 36.

108 Ibid, 37.

109 Ibid.

110 John Hersey, "The Wayward Press: Conference in Room 474," *New Yorker*, December 16, 1950, 86.

111 John Hersey, "Profiles: Mr. President: I. Quite a Head of Steam," *New Yorker*, April 14, 1951, 46.

112 Ibid.

113 John Hersey, "The Wayward Press: Conference in Room 474," *New Yorker*, December 16, 1950, 85.

114 "For Eisenhower, 2 Goals If Bomb Was to Be Used," *New York Times*, June 8, 1984, A8.

115 Martin Sherwin interview with Lesley Blume, March 22, 2018. 舍温对赫西这番表态颇感失望："我的观点与他恰好相反，在我看来正是（广岛和长崎的核爆）开启了军备竞赛。我对他这一观点颇不以为然。"

116 John Hersey, "John Hersey: The Art of Fiction No. 92," interview by Jonathan Dee, *Paris Review*, issue 100, Summer – Fall 1986.

117 Ibid.

118 John Hersey, *Here to Stay*, vii.

119 Ibid.

后记

1 Eric Pace, "William Shawn, 85, Is Dead; *New Yorker*'s Gentle Despot," *New York Times*, December 9, 1992, 1.

2 John Hersey, "John Hersey, The Art of Fiction No. 92," interview by Jonathan Dee, *Paris Review*, no. 100, Summer – Fall 1986.

3 Baird Hersey as quoted in Russell Shorto, "John Hersey, The Writer Who Let 'Hiroshima' Speak for Itself," *New Yorker*, August 31, 2016.
4 John Hersey, "The Art of Fiction No. 92."
5 John Hersey, "Hiroshima: The Aftermath," *New Yorker*, July 15, 1985, 47.
6 Ibid.
7 Associated Press, "Kiyoshi Tanimoto Dies; Led Hiroshima Victims," reprinted in *New York Times*, September 29, 1986, B14.
8 Quotes from Reverend Tanimoto's Senate prayer: *Congressional Record: Proceedings and Debates of the 82nd Congress*, vol. 97, part 16.
9 John Hersey, "Hiroshima: The Aftermath," 59.
10 节目主持人拉尔夫·爱德华兹（Ralph Edwards）向观众介绍谷本牧师的时候称，他花了"几周时间"通过包括赫西在内的多位人士协调才促成了谷本牧师的这期节目，而赫西在为《纽约客》撰写的《广岛：余波》报道中虽然记述了谷本牧师参加《这就是你的生活》节目一事，却并未提及自己居间协调。
11 Ralph Edwards, "This Is Your Life," NBC, May 11, 1955, https://www.youtube.com/watch?v=KPFXa2vTErc.
12 Koko Tanimoto Kondo interview with Lesley Blume, November 29, 2018.
13 John Hersey, "Hiroshima: The Aftermath," 61.
14 John Hersey, "Hiroshima: The Aftermath," 62.
15 "Kiyoshi Tanimoto Dies; Led Hiroshima Victims," *New York Times*, September 29, 1986, B14.
16 Father Wilhelm Kleinsorge and Matoko Takakura, "The First Interviews with Atomic Bomb Victims," *Asahigraph*, August 6, 1952, translated from Japanese by Ariel Acosta.
17 John Hersey, "Hiroshima: The Aftermath," 49, 50.
18 Dr. Masakazu Fujii, "The First Interviews with Atomic Bomb Victims," *Asahigraph*.
19 Ray C. Anderson, Ph.D., M.D., *A Sojourn in the Land of the Rising Sun: Japan, the Japanese, and the Atomic Bomb Casualty Commission: My Diary, 1947–1949* (Sun City: Elan Press, 2005), 428.
20 Leonard Gardner letter to John Hersey, December 30, 1951, John Hersey Papers, Beinecke Library, Yale University.

21 Dr. Masakazu Fujii, as quoted in Norman Cousins, "John Hersey: Journalist into Novelist," *Book-of-the-Month Club News*, March 1950.
22 John Hersey, "Hiroshima: The Aftermath," 56.
23 Dr. Terufumi Sasaki, "The First Interviews with Atomic Bomb Victims," *Asahigraph*.
24 John Hersey, "Hiroshima: The Aftermath," 42, 47.
25 Sasaki Toshiko, "First Interviews with Atomic Bomb Victims," *Asahigraph*.
26 John Hersey, "Hiroshima: The Aftermath," *New Yorker*, 53.
27 Sister Dominique Sasaki, as quoted in John Hersey, "Hiroshima: The Aftermath," *New Yorker*, 54.
28 Hatsuyo Nakamura, "The First Interviews with Atomic Bomb Victims," *Asahigraph*.
29 Eric Pace, "William Shawn, 85, Is Dead; New Yorker's Gentle Despot," *New York Times*, December 9, 1992, 1, 39.
30 Hendrik Hertzberg, "John Hersey," *New Yorker*, April 5, 1993, 111, and Richard Severo, "John Hersey, Author of 'Hiroshima,' Is Dead at 78," *New York Times*, March 25, 1993, A1 and B11.
31 参见：http://visithiroshima.net/about/.
32 加州大学洛杉矶分校对《广岛》读者反馈进行的分析显示,"53%的读者来信表示这篇报道是对公益的贡献"。参见："Reaction to John Hersey's 'Hiroshima' Story," Joseph Luft, UCLA report, July 14, 1947, *New Yorker* Papers, The New York Public Library.
33 George Weller, *First into Nagasaki: The Censored Eyewitness Dispatches on Post-Atomic Japan and Its Prisoners of War*, Anthony Weller, ed. (New York: Three Rivers Press, 2006), 274.
34 John Hersey, "John Hersey, The Art of Fiction No. 92."
35 Albert Einstein, "The War is Won, But the Peace is Not," speech, December 10, 1945, as reprinted in *Einstein on Politics: His Private Thoughts and Public Stands on Nationalism, Zionism, War, Peace, and the Bomb*, ed. David E. Rowe and Robert Schulmann (Princeton, NJ: Princeton University Press, 2007), 382.

译名对照表

A

ABC 美国广播公司
Acheson, Dean 迪安·艾奇逊
Alfred A. Knopf, Inc. 阿尔弗雷德·A. 诺普夫出版公司
Algonquin Hotel 阿尔冈昆酒店
Allied Powers 同盟国
American Civil Liberties Union(ACLU) 美国公民自由联盟
American Red Cross 美国红十字会
Americans in Japan(Amerikantsy v Iaponii) (Kurganov)《美国人在日本》(库尔干诺夫著)
Army Air Forces, U.S. 美国陆军航空队
Asahi Shimbun《朝日新闻》
Asano Park, Hiroshima 广岛浅野公园
Atlantic《大西洋月刊》
atom disease "原子病"
atomic age 原子时代
atomic bomb 原子弹
Atomic Bomb Casualty Commission(ABCC) 原爆伤害调查委员会
atomic bomb disease "原子弹病"
Atomic Bomb Dome 原爆圆顶塔
atomic bombing, of Japan 日本核爆
atomic bomb souvenirs 核爆纪念品
Atomic Energy Act《原子能法案》
"Atomic Plague, The"《原子瘟疫》(贝却敌报纸文章)
Authors' League of America 美国作家联盟
Axis Powers 轴心国

B

Baker, Frayne 弗雷恩·贝克
Baruch, Bernard 伯纳德·巴鲁克
Bataan Death March 巴丹死亡行军
Bell for Adano (Hersey)《阿达诺之钟》(赫西著)

Bikini Atoll 比基尼岛
blast survivors 核爆幸存者
Blowing Rock, N.C. 风吹岩，北卡罗来纳州
Blue Ridge Mountains 蓝岭山脉
Boyle, Kay 凯·博伊尔
Bridge of San Luis Rey, The (Wilder)《圣路易斯雷大桥》（怀尔德著）
Brines, Russel 拉塞尔·布莱恩斯
British Broadcasting Corporation(BBC) 英国广播公司
Bulletin of the Atomic Scientists "原子能科学家公报"
Bundy, Harvey H. 哈维·H.邦迪
Bundy, McGeorge 麦克乔治·邦迪
Burchett, Wilfred 威尔弗雷德·贝却敌

C

Caron, George R. 乔治·R.卡伦
casualties 伤亡者
catastrophe journalism 灾难新闻
Catholic priests 天主教神父
censorship 言论审查
Chicago Daily News《芝加哥每日新闻》
Churchill, Winston 温斯顿·丘吉尔
classified information 机密信息
Cold Spring Harbor, N.Y. 冷泉港，纽约
Cold War 冷战
Cologne, Germany 科隆，德国
Communications Hospital 通信医院
communism 共产主义
Compton, Karl T. 卡尔·T.康普顿

Conant, James B. 詹姆斯·B.科南特
concentration camps 集中营
Condé Nast Publications 康泰纳仕出版集团
copyright laws 版权法
Cousins, Norman 诺曼·卡普斯
Cronkite, Walter 沃尔特·克朗凯特
Culver City, Calif. 卡尔弗城，加州

D

Daily Express(London)《每日快报》（伦敦）
Dawn Over Zero(Laurence)《零点破晓》（劳伦斯著）
"Decision to Use the *Atomic Bomb*, The"(Stimson; *Harper's* article)《动用原子弹的决定》（史汀生发表在《哈泼斯》杂志上的文章）
Dehumanization 非人化
Dick Cavett Show, The 迪克·卡维特秀
Diller, LeGrande A. 勒格兰德·A.迪勒
Disease X "X病"
Doomsday Clock 末日时钟

E

East Asia Tin Works 东亚罐头厂
Edwards, Ralph 拉尔夫·爱德华兹
Einstein, Albert 阿尔伯特·爱因斯坦
Eisenhower, Dwight D. 德怀特·D.艾森豪威尔

Eisenstaedt, Alfred 阿尔弗雷德·艾森斯塔特
Enola Gay "艾诺拉·盖"号
Eyerman, J.R. J.R. 艾尔曼

F

Falkenburg, Jinx 金克丝·法肯伯格
fallout shelters 辐射避难所
Farrell, Thomas F. 托马斯·F. 法瑞尔
Fat Man (Nagasaki bomb) "胖子"（投放到长崎的原子弹）
Federal Bureau of Investigation(FBI) 联邦调查局
First Motion Picture Unit 第一电影部队
Flanner, Janet 珍妮特·弗莱纳
Fleischmann, Raoul 拉乌尔·弗雷西曼
Forster, Louis 路易斯·福斯特
Fort Leavenworth, Kans. 利文沃斯堡，堪萨斯州
Fujii, Masakazu 藤井正和

G

Gannett, Lewis 刘易斯·甘尼特
Gelb, Arthur 亚瑟·盖尔布
genocide 种族灭绝
Germany, Nazi 纳粹德国
Gill, Brendan 布兰丹·吉尔
Gopnik, Adam 亚当·戈普尼克
Gould, Randall 兰道尔·古尔德
Grant, Jane 简·格兰特
Greenstein, Milton 米尔顿·格林斯坦
Grew, Joseph 约瑟夫·格鲁
Gromyko, Andrei 安德烈·葛罗米柯
Gropper, Brother 格罗珀修士
ground zero 核爆零点
Groves, Leslie R. 莱斯利·R. 格罗夫斯

H

Halsey, William F. "Bull" Jr. 小威廉·F. 哈尔西，绰号"蛮牛"
Harrison, George L. 乔治·L. 哈里森
Hersey, Arthur 亚瑟·赫西
Hersey, Baird 贝尔德·赫西
Hersey, Frances Ann 弗兰西丝·安·赫西
Hersey, John 约翰·赫西
Hersey Group "赫西小组"
hibakusha 被爆者
Hickam Field 希卡姆机场
Hicks, George 乔治·希克斯
Hi Jinx (radio show)《你好，金克丝》（广播节目）
Hirohito, Emperor of Japan 日本天皇裕仁
Hiroshima 广岛
Hiroshima, atomic bombing of 广岛核爆
Hiroshima(Hersey)《广岛》（赫西著）
"Hiroshima: The Aftermath"《广岛：余波》（赫西，《纽约客》文章）
Hitler, Adolf 阿道夫·希特勒
Hollywood 好莱坞

Hoover, J. Edgar J. 埃德加·胡佛
Hotchkiss School 霍奇基斯中学
House Un-American Activities Committee 众议院非美活动调查委员会
humanity 人道
hydrogen bombs 氢弹

I
Imperial Hotel, Tokyo 东京帝国饭店
Imperial Japanese Army 日本皇军
Imperial Palace, Tokyo 皇宫，东京
Indianapolis News《印第安纳波利斯新闻报》
International Catholic Hospital, Tokyo 东京国际天主教医院
International News Service 国际新闻社
internment camps, in U.S. 美国的拘留营
Into the Valley (Hersey)《深入山谷》（赫西著）
iron curtain 铁幕
It Can't Happen Here (Lewis)《这里不可能发生这样的事》(刘易斯著)
Ivanov, Mikhail 哈伊尔·伊万诺夫

J
Jesuit Missions《耶稣会教区》
Jones, Judith 朱迪斯·琼斯
journalism 新闻报道
Julian, Joseph 约瑟夫·朱利安

K
Kamai, Mrs. 蒲井太太
Kennedy, John Fitzgerald 约翰·菲茨杰拉德·肯尼迪
Kennedy, Joseph 约瑟夫·肯尼迪
Kleinsorge, Wilhelm 威廉·克莱因佐格
Knopf, Alfred 阿尔弗雷德·诺普夫
Knopf, Blanche 布兰切·诺普夫
Kunkel, Thomas 托马斯·孔克尔
Kurganov, Oskar 奥斯卡·库尔干诺夫
Kyushu Imperial University 九州帝国大学

L
La Guardia, Fiorello 菲奥雷洛·拉瓜迪亚
Lang, Daniel 丹尼尔·朗
Lassalle, Hugo 雨果·拉萨尔
Laurence, Willliam 威廉·劳伦斯
Lauterbach, Richard 理查德·劳特巴赫
Lawrence, Bill 比尔·劳伦斯
Lee, Clark 克拉克·李
Leonard, Bill 比尔·莱纳德
Lewis, Robert 罗伯特·刘易斯
Lewis, Sinclair 辛克莱·刘易斯
Library of Congress 国会图书馆
Life《生活》杂志
Little Boy (Hiroshima bomb) "小男孩"（投放广岛的原子弹）
Los Alamos, N.Mex. 洛斯阿拉莫斯，新墨西哥州
Luce, Henry 亨利·卢斯

M

MacArthur, Douglas 道格拉斯·麦克阿瑟
Mailer, Norman 诺曼·梅勒
Manhattan Project "曼哈顿计划"
Marshall Islands 马绍尔群岛
Martin, Charles E. 查尔斯·E. 马丁
mass cremations 集体火化
McCarthy, Joseph 约瑟夫·麦卡锡
McCarthy, Mary 玛丽·麦卡锡
McCrary, John Reagan 约翰·里根·麦克拉里
McGovern, Daniel A. 丹尼尔·A. 麦戈文
Men on Bataan (Hersey) 《巴丹将士》（赫西著）
mishkids "传二代"
Missouri, USS "密苏里"号战列舰
Molotov, Vyacheslav M. 维亚切斯拉夫·M. 莫洛托夫
Monterey Peninsula Herald 《蒙特雷半岛先驱报》
Morrison, Philip 菲利普·莫里森

N

Nagasaki, atomic bombing of 长崎核爆
Nakamura, Mrs. Hatsuyo 中村初代太太
Nakamura, Myeko 中村美也子
Nakamura, Toshio 中村敏夫
Nakashima, Leslie 莱斯利·中岛
Nanking, China, Japanese rape of 日本在中国南京的暴行

National Security Council 国家安全委员会
National WWII Museum 国家二战博物馆
Newhouse, S. I., Jr. 小 S.I. 纽豪斯
Newsweek 《新闻周刊》
New York Daily News 《纽约每日新闻》
New Yorker 《纽约客》
New York Herald Tribune 《纽约先驱论坛报》
New York Post 《纽约邮报》
New York Times 《纽约时报》
Nippon Times (Japan) 《日本时报》
Nishina, Yoshio 仁科芳雄
nuclear arms race 核军备竞赛
nuclear arsenal 核武库
nuclear energy 原子能
nuclear tests 核试验
nuclear war 核战争
nuclear weapons 核武器
Nuremberg trials 纽伦堡审判

O

occupation forces, in Japan 驻日占领军
Office of War Information 战时情报局
Okinawa 冲绳
Oppenheimer, J. Robert J. 罗伯特·奥本海默

P

Parrot, Lindesay 林赛·帕洛特
Parsons, Louella 卢埃拉·帕森斯

Patton, George S. 乔治·S. 巴顿
Pearl Harbor 珍珠港
Penguin Books 企鹅图书
Perle, Richard 理查德·珀尔
Perry, William J. 威廉·J. 佩里
plutonium bombs 钚弹
poison gas 毒气
politics《政治》
Pomeroy, Charles 查尔斯·波默罗伊
pony editions 袖珍本
populism 民粹主义
Post Traumatic Stress Disorder (PTSD) 创伤后应激障碍
Potsdam Conference 波茨坦会议
Pravda《真理报》
Propaganda 政治宣传
public relations officer (PRO) 公共关系官

R
racism 种族主义
radiation poisoning 辐射中毒
radioactivity, residual 残留辐射
Radio Tokyo 东京广播电台
Reader's Digest《读者文摘》
Red Cross Hospital, Hiroshima 广岛红十字医院
"restricted data" standard "受限数据"标准
Roosevelt, Franklin D. 富兰克林·D. 罗斯福
Ross, Charles G. 查尔斯·G. 罗斯
Ross, Harold 哈罗德·罗斯
Ross, Lilian 莉莉安·罗斯

S
Sasaki, Dominique 多米尼克·佐佐木
Sasaki, Terufumi 佐佐木辉文
Sasaki, Toshiko 佐佐木敏子
Saturday Review of Literature《星期六文学评论》
Saudek, Robert 罗伯特·索德克
Sayre, Joel 乔尔·塞尔
Schiffer, Hubert 胡伯特·希弗
Schneider, Hubert 休伯特·施耐德
Senate, U.S., Special Committee on Atomic Energy of 美国参议院原子能特别委员会
Shanghai Evening Post (China)《大美晚报》(中国)
Shawn, William 威廉·肖恩
Shigeto, Fumio 重人文雄
Siemes, Johannes 约翰纳斯·西梅斯
Society of Jesus, Central Mission of 耶稣会中央教区
Solomon Islands 所罗门群岛
Stalin, Joseph 约瑟夫·斯大林
Stimmen der Zeit (*Voices of the Times*)《时代之声》
Stimson, Henry L. 亨利·L. 史汀生
Strategic Bombing Survey, U.S. 美国战略轰炸调查
Supreme Commander for the Allied

Powers (SCAP) 盟军最高统帅
Sussan, Herbert 赫伯特·叙桑
Swing, Raymond 雷蒙德·斯温

T

Takakura, Makoto 高仓诚
Tanimoto, Chisa 谷本知纱
Tanimoto, Kiyoshi 谷本清
Tanimoto, Koko 谷本纮子
thermonuclear weapons 热核武器
This is Your Life (TV show)《这就是你的生活》(电视节目)
Thurber, James 詹姆斯·瑟伯
Time《时代》周刊
Tinian Island 天宁岛
Tojo, Hideki 东条英机
Tokyo Correspondents Club 东京记者俱乐部
Tokyo Shimbun (Japan)《东京新闻》
Truax, R. Hawley R. 霍利·特鲁瓦克斯
Truman, Harry S. 哈里·S. 杜鲁门
Tsar Bomba "沙皇炸弹"
Tsuzuki, Masao 都筑正男

U

Ujina, Japan 宇品,日本
United Nations Atomic Energy Commission 联合国原子能委员会
United Press (UP) 合众社
uranium bomb 铀弹

V

Victory in Europe Day(V-E Day) 欧洲胜利日
Victory over Japan Day(V-J Day) 对日战争胜利日

W

Wall, The (Hersey)《围墙》(赫西著)
war correspondents 战地记者
war crimes 战争罪
War Department, U.S. 美国战争部
Warsaw Ghetto 华沙犹太区
Weinberger, Caspar 卡斯帕·温伯格
Weller, George 乔治·韦勒
West, Rebecca 瑞贝卡·韦斯特
White, E. B. E.B. 怀特
Wilder, Thornton 桑顿·怀尔德
Winchell, Walter 沃尔特·温彻尔
Winnacker, Rudolph A. 鲁道夫·A. 温纳克
Wolfe, Tom 汤姆·沃尔夫

Y

Yokohama, Japan 横滨,日本
Yoshiki, Satsue 吉木佐江
Yuzaki, Hidehiko 汤崎英彦
Yuzaki, Minoru 由崎实